SÁCALE JUGO AL DÍA

SÁCALE JUGO AL DÍA

7 HÁBITOS DIARIOS QUE TE AYUDARÁN A ESTRESARTE MENOS Y A LOGRAR MÁS

Mark Batterson

ORIGEN

Penguin
Random House
Grupo Editorial

Título original:
Win The Day: 7 Habits That Unleash the Power of 24 Hours
Primera edición: enero de 2021

Esta traducción es publicada bajo acuerdo con Multnomah,
sello editorial de Random House, una división de Penguin Random House LLC

© 2020, Mark Batterson
© 2022, Penguin Random House Grupo Editorial USA, LLC.
8950 SW 74th Court, Suite 2010
Miami, FL 33156

Traducción: María José Hooft
Adaptación del diseño de cubierta de Pete Garceau:
Penguin Random House Grupo Editorial

A menos que se indique lo contrario, todas las citas bíblicas son tomadas de la Santa Biblia, NUEVA VERSIÓN INTERNACIONAL® NVI® © 1999, 2015 por Biblica, Inc.®, Inc.® Usado con permiso de Biblica, Inc.® Reservados todos los derechos en todo el mundo. Otras versiones utilizadas: Versión Reina-Valera 1960 © Sociedades Bíblicas en América Latina, 1960. Renovado © Sociedades Bíblicas Unidas, 1988 (RVR1960); La *Santa Biblia*, Nueva Traducción Viviente (NTV), © Tyndale House Foundation, 2010. Todos los derechos reservados; Palabra de Dios para Todos (PDT) © 2005, 2008, 2012 Centro Mundial de Traducción de La Biblia © 2005, 2008, 2012 Bible League International y Dios Habla Hoy (DHH) *Dios habla hoy* ®, © Sociedades Bíblicas Unidas, 1966, 1970, 1979, 1983, 1996.

Impreso en Estados Unidos / Printed in USA

ISBN: 978-1-64473-283-0

22 23 24 25   10 9 8 7 6 5 4 3 2

A mis abuelos Elmer y Alene Johnson.
Su legado de fe sigue dando fruto hasta la
tercera y cuarta generación (y más).

CONTENIDO

PARTE 3
IMAGINA MAÑANAS POR NACER

INTRODUCCIÓN

COMPARTIMENTOS DE UN DÍA

Casi todos pueden lograr casi todo si trabajan
de forma dura, constante e inteligente.

En 1871, un estudiante de medicina de veintiún años leyó una oración que cambiaría el curso de su vida. En ese momento, la presión de los exámenes finales y la expectativa de comenzar la práctica médica casi lo llevó a una crisis nerviosa. William Osler estaba destinado a convertirse en el médico más famoso de su generación. Él organizaría la Escuela de Medicina Johns Hopkins, establecería el primer programa de residencias para el entrenamiento por especialidad y escribiría el libro de medicina más importante de su época.[1]

El padre de la medicina moderna hasta sería nombrado caballero Sir William por el rey de Inglaterra. Por supuesto, Osler no sabía nada de esto a sus veintiún años. Nadie lo sabía. Todo lo que sabía era que estaba sobrecargado por algo que para él pesaba tanto como el mundo. En ese momento, esas veinticuatro palabras escritas por el historiador escocés Thomas Carlyle cambiaron todo: «Indudablemente, nuestro trabajo principal no es *ver* lo que está a lo lejos, sino *hacer* lo que tenemos claramente al alcance de la mano».[2]

Cuarenta y dos años después, Sir William Osler dio un discurso en la Universidad Yale, el 20 de abril de 1913.[3] Pese a sus distinguidas certificaciones, Osler tenía un coeficiente promedio.

Su éxito no era producto de una inteligencia innata o un talento natural. Entonces, ¿qué podía explicarlo? Osler se remontó a esas veinticuatro palabras que habían cambiado su mirada de la vida. Él tomó esas palabras («*Hacer* lo que tenemos claramente al alcance de la mano») e imprimió en ellas su huella. Al reflexionar acerca de sus propias inseguridades y dudas, Osler les transmitió un desafío a esos estudiantes:

Vivan en compartimentos de un día.[4]

«El peso del mañana sumado al del ayer, hace que hoy perdamos más el equilibrio», dijo Osler.[5] Es cierto, ¿no? Nos sentimos abrumados por los errores del ayer y no aptos para las oportunidades del mañana. Nos sentimos tan agobiados e incapaces que nos vemos tentados a abandonar incluso antes de comenzar. Y eso es lo que hacen muchos: sus vidas se terminan cuando ni siquiera han podido comenzar. Dejan de vivir y comienzan a morir.

Más de un siglo después, las palabras de Osler aún resuenan. En una era de infinitas distracciones, de constante cambio, son más reales que nunca. ¡Las personas están muy agobiadas por muchas cosas! Nos paralizan las cosas que *no podemos cambiar*, como el pasado, y las que *no podemos controlar*, como el futuro. ¿Cuál es la solución? El antiguo consejo de Osler es el mejor lugar para comenzar: Olvida los «ayeres muertos» y los «mañanas por nacer».[6]

El secreto del éxito de Sir William Osler es la solución a miles de problemas. En lugar de enfocarnos en las cosas que están a lo lejos, concentrémonos en lo que está claramente al alcance de la mano. En resumen, enfoquémonos en los procesos y no en los resultados. Si el ayer es historia y el mañana es un misterio, ¡sácale jugo al día! Si aprovechas el día de hoy, el mañana se hace cargo de sí mismo. Si haces esto durante varios días, ¡podrás lograr casi todo lo que te propongas!

¿Cómo aprovechas el día? Para comenzar, debes definir qué es lo que quieres ganar: ¿Qué es importante ahora? Identifica las principales medidas que provocarán los resultados que deseas. Establece rituales diarios que hagan tu vida más significativa. Acaba con los malos hábitos estableciendo hábitos buenos; luego, colecciona esos hábitos productivos de tal forma que generen ganancias más adelante. En las páginas siguientes, voy a desarrollar todas estas ideas y muchas más.

Pocos meses antes de dar este discurso, William Osler había cruzado el océano en un transatlántico. Mientras se encontraba en el puente de ese barco, comprendió todo. El capitán estaba demostrando lo último y más avanzado en tecnología marítima. Él presionó un botón que cambió la velocidad y algunas partes de ese barco se volvieron compartimentos estancos.

Aprovechando esa maquinaria como metáfora, Osler nos comparó a cada uno de nosotros con un transatlántico durante un largo viaje. Él dijo: «Les animo a aprender a controlar esa maquinaria de tal modo que puedan vivir un día a la vez, como si fueran esos compartimentos. Presiona un botón y escucha, en cada área de tu vida, las puertas de hierro encerrando el pasado, los ayeres muertos. Presiona otro botón y encierra, con una cortina de metal, el futuro, los mañanas por nacer».[7]

Este libro habla acerca de presionar ese botón y desatar el poder de las veinticuatro horas. Sepultar los ayeres muertos puede ser tan difícil como estar junto a un ataúd en un funeral. Imaginar mañanas por nacer requiere el mismo trabajo que un parto. Sin embargo, si quieres sacarle el jugo al día, no existe otra forma de hacerlo.

COMPLETAMENTE VIVO

Mientras enseñaba en la Universidad de Pennsylvania, el Dr. Tony Campolo una vez supo convertir un discurso ordinario en

una lección inolvidable. Él le preguntó a un estudiante desprevenido sentado en la primera fila: «Joven, ¿cuánto tiempo has estado
vivo?». El estudiante respondió su edad, pero Tony le dijo: «No,
no, no. Ese es el tiempo que tu corazón ha estado bombeado sangre, no es el tiempo que has vivido».

Tony Campoló le habló a la clase acerca de uno de los momentos
más memorables de su vida. En 1944, hizo un viaje con sus compañeros de cuarto grado a la cima del edificio Empire State. Era el edificio más alto del mundo en ese momento. Cuando Tony, con nueve
años de edad, salió del ascensor y caminó en la terraza de observación contemplando la ciudad de Nueva York, el tiempo se detuvo.
«En un momento mágico y místico, la ciudad me envolvió», dijo.
«Si viviera un millón de años, ese momento aún sería parte de mi
conciencia, porque me sentí completamente vivo cuando sucedió».

Tony volvió a dirigirse al estudiante: «Ahora, permíteme preguntarte nuevamente. ¿Cuánto tiempo has estado vivo?». El estudiante tímidamente dijo: «Cuando lo dice así, tal vez una hora; tal
vez un minuto; o dos».[8]

¿Cuánto tiempo has estado vivo? Quiero decir *realmente* vivo.
Calcular la edad es fácil, más difícil es calcular la vida. ¿Por qué?
Porque *el tiempo se mide en minutos, mientras que la vida se mide
en momentos*. ¿Cuáles son esos momentos para ti? Para la mayoría, son muy pocos y distantes entre sí. ¿Cuándo fue la última vez
que el tiempo se detuvo? Si conviertes esos momentos en minutos,
¿cuánto tiempo has estado vivo?

Según los psicólogos Matthew Killingsworth y Daniel Gilbert,
una persona promedio gasta el 46,9 % de su tiempo pensando en
cualquier otra cosa distinta a la que está haciendo en el momento.[9]
Estamos presentes a medias, la mitad del tiempo, esto significa que
estamos vivos a medias.

La única forma de estar completamente vivos es estar totalmente presentes, y la única forma de hacerlo es vivir en compar timentos de un día. Para muchos de nosotros, la vida pareciera el paso del tiempo sin sentido entre unos pocos momentos significativos. E incluso cuando llegan, nos tomamos fotografías en lugar de estar totalmente presentes. Nos perdemos el momento por vivir en la zona horaria equivocada. Estamos tan pendientes del pasado y tan ansiosos por el futuro que nos perdemos del presente y luego nos preguntamos a dónde se nos fue la vida.

El futuro es aquí, ahora, el eterno presente. El cielo está invadiendo la tierra. La eternidad invade el tiempo. La mayoría de las personas suponen erróneamente que la eternidad comienza en algún momento de un futuro lejano, y viven acorde a eso. La eternidad corre contrarreloj, ¡invade cada segundo de cada minuto de cada hora del día!

«Todo presente es una eternidad si está lleno de Dios», dijo Frank Laubach.[10]

CUENTA LOS DÍAS

Mucho antes de los relojes digitales y los calendarios, un antiguo poeta dijo: «Enséñanos a contar bien nuestros días, para que nuestro corazón adquiera sabiduría».[11] Si quieres que cada día cuente, debes contar los días. ¿Cómo? Intenta contando hacia atrás.

Esto puede parecer un poco sádico, pero si eres de los curiosos, visita el sitio deathclock.com. Ve allí, este libro seguirá aquí cuando regreses. Ingresa tu fecha de cumpleaños, junto con tu índice de masa corporal y te da un día estimado para tu muerte. ¿Quieres saber cuál es mi función favorita? Que puedes elegir entre escenarios normales, sádicos, pesimistas u optimistas. Los escenarios optimistas me dan hasta los noventa y tres años, lo cual se queda corto para mi meta de vivir hasta los cien. Por supuesto, ¡no existe una opción para optimistas *eternos*!

¿Qué significa sacarle el jugo al día? Es vivir como si cada día fuese el primero y el último de tu vida, es tanto un arte como una ciencia. Contaré historias, citaré estudios y compartiré los mejores ejercicios. Juntos, construiremos siete hábitos diseñados para ayudarte a aprovechar el día. Este proceso no será fácil y no sucederá de un día para el otro. Pero si pones en práctica estos siete hábitos, ¡aprovecharás más días de los que vas a desperdiciar! Aprenderás a estresarte menos y a lograr más.

En la parte uno sepultaremos los ayeres muertos. La memoria es una bendición, pero a la vez puede ser una maldición. Sin ella, ¡tendríamos que volver a aprender todo todos los días! El desafío, por supuesto, es recordar lo correcto. Tenemos una tendencia a recordar lo que deberíamos olvidar y a olvidar lo que deberíamos recordar. Así es como nos quedamos atorados en un momento. Si quieres que Dios haga algo nuevo, no puedes seguir haciendo lo mismo de siempre. Los primeros dos hábitos (*cambia el guion* y *abraza la ola*) te ayudarán a reescribir tu historia y procesar tu dolor. Si te sientes prisionero de tu pasado, ¡prepárate para ser libre!

En la parte dos, daremos vuelta a la página del pasado para *sacarle el jugo al día*. El mañana puede ser un misterio, ¡pero el destino no lo es! El destino es una decisión diaria. Con el tiempo, esas decisiones diarias generan intereses. Si haces lo correcto día tras día, Dios se presentará y actuará. No puedo decirte cuándo, dónde ni cómo; será en sus términos y a su tiempo. Pero sí sé esto: no puedes quebrar la ley de la siembra y la cosecha, ya sea para bien o para mal. ¿La buena noticia? ¡Estás a solo una decisión de tener una vida completamente diferente! Los próximos dos hábitos (*trágate ese sapo* y *remonta la cometa*) te ayudarán a tomar las decisiones correctas y establecer los rituales adecuados.

En la parte tres, nos enfocaremos en el futuro e *imaginaremos mañanas por nacer*. Muéstrame el tamaño de tu sueño y te mostraré el tamaño de tu Dios. La capacidad de imaginar el futuro es una función del hemisferio derecho del cerebro y es una dimensión de la imagen de Dios. Si vas a soñar en grande, debes pensarlo bien. Los próximos dos hábitos (*corta la cuerda* y *ajusta el reloj*) te ayudarán a correr los riesgos correctos y jugar un poco mejor el juego. Finalmente, *aprovecharemos el día* con el séptimo hábito. El único momento que tenemos es el *ahora*, ¡es ahora o nunca! Debes *aprender* como si vivieras para siempre, pero *vivir* como si no hubiese mañana. Estás aquí para un tiempo como este. Estás aquí para un lugar como este. Es hora de vivir de esa forma.

¿Puedo darte dos recomendaciones antes de que subas a este transatlántico, presiones el botón que divide tu vida en compartimentos y te embarques en este viaje?

Primero, toma un hábito a la vez. Si intentas hacer demasiados cambios al mismo tiempo, las posibilidades de que tengas éxito serán muy pocas. No te exijas demasiado. Escoge un hábito (cualquiera) y trabaja en él. Roma no se construyó en un día, ¿verdad? Poder aprovechar el día requiere de un esfuerzo constante durante semanas, meses y años. Deseo que este libro sea como un viejo amigo al que visites a menudo.

Segundo, te recomendaría que leyeras este libro con un amigo, con un equipo o con tus colaboradores. Sin dudas te beneficiarás si lo lees tú solo, pero hay sinergia cuando un libro se lee en comunidad. Además de ayudarte a responsabilizarte por el proceso, una comunidad te proporciona un grupo de referencia para probar y evaluar estos aprendizajes.

LA REGLA DE LAS VEINTICUATRO HORAS

Hace algunos años tuve el privilegio de conocer a Emmitt Smith, miembro del Salón de la Fama de la NFL. Emmitt tiene el récord histórico de 18 355 yardas por tierra. Esto equivale a unas 10,4 millas (16 km) y ¡con trescientas libras (136 kg) frenándolo con tacles cada 4,2 yardas! ¿Cómo lo logró? ¡Un partido a la vez, un juego a la vez, una yarda a la vez!

Durante un panel que presidimos, Emmitt compartió uno de los secretos de su éxito. Él lo llamó «la regla de las veinticuatro horas». Ganara o perdiera, Emmitt se daba a sí mismo una ventana de veinticuatro horas para celebrar la victoria o lamentar la derrota. Suena parecido a los compartimentos de Osler, ¿no? Al siguiente día, había que volver al trabajo, volver a lo esencial. Él dijo: «Nunca termina. Si juegas para ganar un Súper Tazón o dos y luego estar satisfecho, estás jugando por la motivación equivocada. No importa cuánto ganes, siempre querrás ganar más».[12]

¿Y si aplicáramos la regla de las veinticuatro horas a toda la vida?

¡Apuesto a que acumularíamos más yardas y aprovecharíamos más días!

Me encanta la aplicación específica de Emmitt Smith, pero la regla de las veinticuatro horas no es nada nuevo. Es la pieza central de la oración más famosa de todos los tiempos: «Danos hoy nuestro pan cotidiano».[13] Hasta quienes no son religiosos reconocen esta oración, quizás hasta la han orado. En su discurso, William Osler desafió a los estudiantes de Yale a orar con esta frase del Padrenuestro todos los días.[14] Como hijo de pastor, Osler la conocía bien. Él también sabía que era más fácil decirlo que efectivamente practicar esta oración todos los días.

¿Puedo decirte lo que deseo que hubiera dicho? «Danos esta *semana* nuestro pan *semanal*». O, mejor aún: «Danos este *año* nuestro pan *anual*». Eso sería mucho más fácil, ¿no? De esa forma, no tendríamos que depender de Dios cada día. Pero ese, por supuesto, es el punto de la oración. Esa es su genialidad.

El Padrenuestro es tridimensional: nos ayuda a anular los errores pasados, atravesar las circunstancias presentes y negociar los desafíos futuros. Jesús oró en pasado: «Perdónanos nuestras deudas, como también nosotros hemos perdonado a nuestros deudores».[15] No puedes cambiar el pasado, pero sí puedes aprovechar sus lecciones. Entonces deberás hacer como la película *Frozen* y decirle al pasado «libre soy». Jesús oró en tiempo futuro: «Y no nos dejes caer en tentación».[16] No puedes controlar el futuro, pero sí puedes tomar decisiones hoy que tendrán su recompensa en el día de mañana. Finalmente, Jesús también oró en presente: «Danos hoy nuestro pan cotidiano».[17] Queremos que Dios nos provea *más* para poder confiar *menos* en Él, pero Él nos ama demasiado como para hacer eso. Dios nunca nos dará más de lo que podamos soportar, esa es una razón por la que el tiempo está dividido en días. Todo lo que debemos hacer es vivir de la forma que Él quiere, contando los días como compartimentos.

¿Recuerdas la fecha de vencimiento del maná? *Un día.*[18] ¿Y qué hay del tiempo límite para el enojo? *La puesta del sol.*[19] ¿Cuándo se renuevan las misericordias de Dios? *Cada mañana.*[20] ¿Con qué frecuencia se nos encomendó cargar nuestra cruz? *Diariamente.*[21] Y ¿cuándo debemos gozarnos y alegrarnos? ¡Hoy![22] ¡La regla de las veinticuatro horas está por donde mires! De hecho, es tan antigua como el día uno.

«Y vino la noche, y llegó la mañana: ese fue el primer día».[23]

Por cierto, no es insignificante que el primer día comience con la puesta de sol. Redescubriremos ese ritmo ancestral cuando exploremos los rituales diarios, pero no nos adelantemos.

HAZLO POR UN DÍA

¿Recuerdas el momento inolvidable de Tony Campolo sobre el Empire State? Si vivo un millón de años, haber hecho rafting en el río Colorado por el Gran Cañón con un grupo de amigos será parte de mi conciencia para siempre. El viaje fue como un rito de iniciación para mi hijo menor, Josiah. Nos levantábamos al amanecer, intentando ganarle al calor. Las temperaturas llegaban a los 108° F (42° C) todos los días. Afortunadamente, la temperatura del agua era la mitad que la del aire, así que nos podíamos refrescar en un instante. Durante cinco días inolvidables, hicimos *rafting* en los rápidos, escalamos los cañones laterales y dormimos bajo las estrellas.

Cuando pasas todas tus horas en una balsa, en un sendero o en un campamento, tienes tiempo para hablar. Durante una de esas charlas junto al fuego, Matthew Barnett hizo una pregunta que revolucionó mi forma de vivir y de actuar. Para mí, está relacionada con las veinticuatro palabras de Thomas Carlyle que William Osler leyó.

Matthew es mi amigo y es cofundador del Dream Center, una organización que ha ayudado a miles de personas que se encuentran en situaciones extremas. Muchos de ellos intentan superar adicciones que los controlan o reconstruir vidas arruinadas. Sin importar los hábitos que intenten romper o las metas que añoren, Matthew les hace esta pregunta:

¿Puedes hacerlo por un día?

Hay cierta genialidad en esa pregunta. ¿Por qué muchos problemas continúan sin solución? ¿Por qué tantos hábitos continúan sin cambiarse? ¿Por qué tantas metas continúan sin alcanzarse? Nueve de cada diez veces estamos tan sobrepasados por el tamaño del problema, del hábito o de la meta, que nos rendimos incluso antes de comenzar.

Desde que Matthew me hizo esta pregunta, se la hice a muchas personas que enfrentaban desafíos. Ni uno ha respondido que no. ¡Ni uno! ¿Por qué? ¡Porque todos podemos hacer cualquier cosa por un día! ¿Crees que podrías hacerlo por una semana? *Probablemente.* ¿Un mes? *Tal vez.* ¿Un año? *No estoy tan seguro.* Cuando el tiempo se hace más largo, también aumentan las dificultades. ¿Qué hay del resto de tu vida? Ni siquiera responderé esa. ¿Puedes hacerlo por un día? *Ahora, ¡eso sí puedo hacerlo!* Las probabilidades de tener éxito aumentan a medida que los compartimentos se achican. Si te ajustas a un solo día, ¡todo es posible!

Para finales de enero, el 75 % de las personas ya no pueden sostener sus resoluciones de Año Nuevo.[24] ¿Por qué? Cuando piensas en el marco temporal de un año, la meta está tan lejana que no puedes siquiera verla. Ganaríamos mucho más terreno si nos enfocáramos en los hábitos en lugar de las metas y si lo hiciéramos un día a la vez.

No tengo idea de cuál es el problema que intentas resolver, qué hábito intentas dejar o afianzar, o qué gran meta intentas alcanzar. No estoy seguro de cómo defines la victoria, pero sí sé el secreto para que tengas éxito. Fue el mismo para William Osler que para Emmitt Smith. ¡Debes aprovechar el día que tienes delante de ti! Hazlo durante dos días seguidos y ¡tendrás una racha ganadora!

Antes de dar vuelta a la página, identifica un hábito, cualquiera, y pon una meta, cualquiera. ¿Listo? Ahora, permíteme hacerte una pregunta. Ya sabes lo que viene, ¿verdad?

¿Puedes hacerlo por un día?

¡Sabes que sí! Todo lo que tienes que hacer es vivir un día a la vez. Es hora de desatar el poder de las veinticuatro horas.

PARTE 1

Sepulta los ayeres muertos

La reina Victoria gobernó en el Imperio Británico desde 1837 hasta 1901. Sus sesenta y tres años de reinado impusieron un récord en Gran Bretaña que solo rompió su tataranieta, la reina Isabel II. El nombre de Victoria terminó definiendo una época: la era victoriana.

Poco tiempo después de asumir el trono, la reina se enamoró de Francisco Alberto Augusto Carlos Emanuel. Ella le propuso matrimonio cinco días después de su llegada al castillo de Windsor y se casaron el 10 de febrero de 1840. El siguiente texto es una nota de su diario que narra el día de su boda:

> ¡NUNCA, NUNCA he pasado una noche así! MI QUERIDO, QUERIDÍSIMO Alberto… con su gran amor y afecto me ha hecho sentir que estoy en un paraíso de amor y felicidad, algo que nunca había *esperado* sentir. Me cogió en sus brazos y nos besamos una y otra vez. Su belleza, su dulzura y su amabilidad, ¡cómo podría agradecer lo suficiente tener un *marido* así!… que me llama con nombres tiernos con los que nunca antes me han llamado, ¡fue una felicidad increíble! ¡Oh, este ha sido el día más feliz de mi vida![1]

¡Hablando de la cima del Empire State! Se podría decir que la reina Victoria le sacó jugo al día de su boda. De hecho, ¡suena a que ha ganado la lotería del amor! Nueve meses después dio a luz a quien llevaba su mismo nombre, la princesa Victoria. A la reina no le gustaban los embarazos y se dice que, aparentemente, pensaba que los bebés recién nacidos eran feos. Sin embargo, ella y el príncipe Alberto tuvieron nueve hijos. Supongo que el «gran amor y afecto» del querido Alberto tuvieron algo que ver con eso.

La pareja real llevaba veintiún años de casados cuando el príncipe Alberto contrajo la fiebre tifoidea y falleció. Victoria entró en un período de profundo dolor del que nunca se pudo recuperar. Ella convirtió la habitación de Alberto en un santuario. Cada día durante el resto de su vida hacía que cambiaran las sábanas de la cama de Alberto, que ordenaran su ropa y le prepararan una vasija de agua para su afeitado matutino. Incluso dormía con el pijama de Alberto en sus brazos.[2]

Cuando experimentamos una pérdida, un trozo de nosotros muere con la persona que fallece. Pero la reina Victoria dejó de vivir por completo. La viuda de Windsor no salía casi nunca del palacio y vistió de luto por el resto de su vida. La reina Victoria murió el 22 de enero de 1901, pero dejó de vivir el día en que Alberto murió, el 14 de diciembre de 1861. Hice las cuentas. ¡Eso nos da 14 283 días!

Desearía que ella fuera la excepción a la regla, pero tú y yo sabemos que no es así. La mayoría de las personas dejan de vivir mucho antes de dar su último suspiro. ¿Por qué? Porque se convierten en prisioneros de su pasado (de errores, dolores y ofensas del pasado). Si vives lo suficiente, experimentarás mucho dolor y sufrimiento. No hay forma de escapar de esta realidad. La vida es injusta y luego mueres. Lo sé, es un poco deprimente. Pero hay una buena noticia: puedes sepultar esos sufrimientos, hábitos y traumas. ¡Vendrá un nuevo día! «¡Vendrá un cambio!».[3]

Para ser preciso, vivimos en una cultura que no es buena para los duelos. Como estamos incómodos con eso, muchas veces lo superamos demasiado rápido, con mucha facilidad. Debes adueñarte del dolor para que el dolor no se adueñe de ti. Debes mirarlo directo a los ojos y aprender sus lecciones.

Existe una forma de luto para los judíos en la que le asignan determinada cantidad de días a los diferentes tipos de duelo. Cuando Job estaba de luto por la pérdida de sus hijas, sus amigos se sentaron con él en silencio durante siete días.[4] Ese período de una semana de duelo para familiares de primer grado es un ritual judío llamado «shivá». Aquí es donde debemos darles a las personas una medida adicional de gracia. Les damos espacio y distancia. Nunca superas la pérdida de un ser querido; esto lo sé por experiencia propia. Sin embargo, con la ayuda de Dios puedes atravesar ese momento y continuar con los asuntos de la vida.

La reina Victoria debía seguir viviendo y liderando por su imperio, por sus hijos, por Alberto y por ella misma. Cuando no sepultamos los ayeres muertos, no solo nos estamos perjudicando a nosotros mismos, sino que estamos engañando a todos los que amamos, incluso a Dios. Ve y hazle un funeral a tu pasado. Pero, una vez que lo hagas, déjalo descansar en paz. En este libro hay siete hábitos que te ayudarán a estresarte menos y lograr más. Los primeros dos hábitos (*cambia el guion* y *abraza la ola*), se enfocan en el pasado. No estarás listo para aprovechar el día hasta que no sepultes tus ayeres muertos a seis pies (1,80 m) bajo tierra.

HÁBITO 1 – CAMBIA EL GUION

Si quieres cambiar tu vida, cambia tu historia.

En 1934, el pastor de la iglesia bautista Ebenezer de Atlanta cruzó el océano Atlántico en su primer viaje a la Tierra Santa. No sé si habrá sido el mismo barco en el que estuvo William Osler, pero ese viaje cambió su historia. En su travesía, Michael King asistió a una reunión de la Alianza Mundial Bautista en Berlín. Mientras estaba allí se sintió cautivado por el reformador protestante Martín Lutero. Las protestas de Lutero contra la institución religiosa de su época inspiraron las convicciones de King relacionadas con el movimiento de los derechos civiles. ¡La valentía de Lutero se convirtió en un logro para King!

Para honrar el legado de Lutero, Michael King cambió su nombre a Martin Luther King. Él tenía un hijo de cinco años que llevaba su mismo nombre y, poco después de cambiar su propio nombre, Michael —ahora Martin— también le cambió el nombre a su hijo. Por el resto de la vida de su hijo, los parientes cercanos siguieron llamándolo Mike. El resto del mundo lo conoció como Martin Luther King Jr.[1]

En 1964, un boxeador llamado Cassius Clay comenzó un nuevo capítulo en su vida con un nuevo nombre, Muhammad Ali. En 1993, el artista anteriormente conocido como Prince cambió su nombre artístico por un símbolo. El compositor Johannes

Chrysostomus Wolfgangus Theophilus Mozart se cambió el nombre varias veces. ¿Por qué? No solo porque era muy largo. Según un biógrafo, «Los constantes cambios de nombre de Mozart eran su forma de experimentar con diferentes identidades».[2] Te sorprendería —o no— que muchos nombres conocidos de Hollywood son pseudónimos. Vin Diesel es demasiado genial para ser un nombre de nacimiento, ¿verdad? Tienes razón. Lo mismo sucede con Joaquín Phoenix, Jamie Foxx y Whoopi Goldberg. A esa lista puedes agregar también a Elton John, John Legend o Lady Gaga.

Yo tengo la costumbre de ponerle apodos a casi todos los que conozco. Cuanto más amo a alguien, más apodos le doy. Es increíble que nuestros hijos apenas conozcan sus nombres reales, ¡porque les pongo muchos sobrenombres! ¿Qué puedo decir? No hay suficientes nombres que puedan contener las dimensiones de mi amor por ellos. Me gusta pensar que estoy siguiendo los pasos del Padre celestial. Dios convirtió a Abram en Abraham y a Sarai en Sara. El cambio de Jacob a Israel no fue solo un cambio de nombre, fue una nueva historia, una nueva identidad, un nuevo destino y una nueva nación. La manzana no cayó lejos del árbol del Padre. ¡Jesús les daba nuevos nombres a todos! ¿Pero sabes cuál es mi favorito? ¡Llamó a sus primos Jacobo y Juan «hijos del trueno»![3]

¿Sabías que Dios tiene un nombre especialmente hecho para ti? El que te dieron tus padres al nacer es solo un sustituto. Tu nombre real no se revelará hasta el día en que mueras: «le daré también una piedrecita blanca en la que está escrito un nombre nuevo que solo conoce el que lo recibe».[4]

¿Qué tiene que ver todo eso con sacarle el jugo al día o enterrar los ayeres muertos? La diferencia entre el éxito y el fracaso son las historias que nos contamos a nosotros mismos. Sean reales o no, esas historias se convierten en profecías autocumplidas. Si te cuentas a ti mismo la historia incorrecta, vives en una mentira. Si quieres cambiar tu vida, comienza por cambiar tu historia.

¿Por qué Dios nos da un nombre nuevo? Es su forma de cambiar el guion, y no es ningún nombre viejo, en realidad es *su* nombre. Hay una antigua bendición que probablemente hayas escuchado una o dos veces:

> El Señor te bendiga
> > y te guarde;
> el Señor te mire con agrado
> > y te extienda su amor;
> el Señor te muestre su favor
> > y te conceda la paz.

Solemos detenernos ahí, pero esa no es la mejor parte. Es el escrito posterior el que tiene más valor: «Así invocarán mi nombre sobre los israelitas, para que yo los bendiga».[5]

Dios no solo nos da un nombre nuevo: Él nos asigna *su* nombre. Hay más de cuatrocientos nombres distintos para Dios en la Biblia. ¿Cuál nos pone a nosotros? ¡Todos! Así es como Dios cambia el guion. Él nos cambia el nombre y eso cambia nuestra identidad. Así, quedamos insertos en la historia de Dios. Dios escribe su *historia* a través de nosotros.

Si tu vida no es lo que deseas, puede ser porque te estás contando la historia equivocada. Tus *interpretaciones* son más importantes que tus *experiencias*. Tus *historias* son más importantes que las *situaciones* en las que estás.

Es hora de cambiar el guion.

1

LA HISTORIA PRINCIPAL

Vive tu vida de tal forma que valga la pena contarla.

El 22 de agosto de 1851, el comodoro John Cox Stevens y su equipo de seis hombres ganaron la Copa América en una regata de cincuenta y tres millas (85 km) alrededor de la isla de Wight. La reina Victoria presenció la carrera y, según se dice, preguntó qué yate iba segundo. ¿La famosa respuesta? «Oh, su majestad, no existe un segundo».[1] De este modo comenzó una de las rachas ganadoras más impresionantes de la historia.

El Club de Yates de Nueva York, del que el comodoro Stevens era socio fundador, defendió con éxito la copa por 132 años. Fueron invencibles hasta el 26 de septiembre de 1983, cuando el *Australia II*, timoneado por John Bertrand, terminó con la racha ganadora más larga de la historia del deporte, con un margen de victoria de cuarenta y un segundos.[2]

Esa victoria fue un hito para Australia y ese día fue aclamado como un feriado nacional. Hasta Estados Unidos se sacó el sombrero ante el *Australia II*. Fue premiado como Atleta del Año por el programa de televisión *Wide World of Sports* de la cadena ABC. No sé bien cómo es que un *velero* gana ese premio, pero eso ya quedó en el pasado. La pregunta es esta: ¿cómo es que el *Australia II* pudo hacer lo que nadie había podido hacer en 132 años? Una quilla alada diseñada por ingenieros neerlandeses fue, sin dudas, lo que le dio al equipo australiano una ventaja técnica, pero eso no es lo que ganó la carrera.

Si no has tenido una victoria en 132 años, es difícil imaginar cualquier otro resultado que no sea una derrota. Lo primero que necesitas hacer es convencerte de que es posible ganar. ¿Cómo? La respuesta es el primer hábito: *cambia el guion*. Debes reescribir tu relato contándote a ti mismo una historia diferente, una historia mejor.

Varios años antes de la Copa América de 1983, el timonel australiano Mike Fletcher había leído la novela clásica *Juan Salvador Gaviota*. La moraleja de esta historia es esta: «Debes comenzar sabiendo que ya has llegado».[3] Suena como el segundo hábito de Stephen Covey de las personas altamente efectivas: «Comenzar con un fin en mente».[4] Inspirado por el argumento de Gaviota, Fletcher hizo una grabación del equipo australiano ganando la carrera. La grabación incluyó una narración y el sonido de un velero avanzando por el agua. Se le dio una copia de esa grabación a cada miembro del equipo y se les pidió que la escucharan dos veces al día. Y —escucha esto— ellos así lo hicieron ¡*todos los días* durante tres años! ¡Incluso antes de zarpar, ya habían ganado la carrera 2 190 veces![5]

¿Cómo enterró el equipo australiano esa larga racha perdedora? Ellos cambiaron el guion. Se contaron una historia diferente una y otra vez, y ganaron la carrera porque aprovecharon el día, ¡1 095 veces seguidas!

Según la teoría cibernética existen dos tipos de cambio. El cambio de primer orden es *conductual*, es hacer las cosas más y menos. Si intentas bajar de peso, un paso en la dirección correcta sería comer menos y hacer más ejercicio. El cambio de primer orden es tan efectivo como solución rápida, pero el de segundo orden pasa la prueba del tiempo. Este cambio es *conceptual*, es una cuestión mental. Es reescribir la historia.

¡Cambia tu historia; cambia tu vida!

EL PEQUEÑO DE LA CAMADA

Cuando Bo Eason tenía nueve años dibujó un autorretrato en un trozo de papel. He visto el dibujo de cerca y en persona. La figura de palitos no era algo impresionante, artísticamente hablando. Lo que me llamó la atención fue la leyenda que estaba detrás: «El mejor *safety* de la NFL».

Esa era la meta que Bo se puso a sí mismo a los nueve años. Solo había un pequeño problema con esa meta del tamaño de Goliat, y lo digo literalmente. En el primer entrenamiento de Bo con su equipo de la preparatoria, midieron y pesaron a cada jugador. Bo no daba la talla. Medía cinco pies de altura (1,50 m) y pesaba cien libras (45 kg). Según la expresión del entrenador, Bo Eason no tenía nada que hacer en el fútbol americano.

Luego de la práctica, Bo le dijo a su papá: «El entrenador cree que soy muy pequeño para jugar». Sin perder tiempo, su papá le dijo: «¿Midieron tu corazón?». ¡Todo lo que deseo es tener un momento así como padre! Él contuvo esa caída, pero se pone aún mejor. Su padre le contó una historia que cambiaría su guion y su identidad.

Nada es más valioso para un granjero que su perro pastor. Como antiguo peón de granja, su padre lo sabía. El perro pastor hace el trabajo de diez hombres, arrea el ganado y lo lleva hacia donde el granjero quiere que vaya. Cuando estos perros tienen cachorros, el granjero identifica al más pequeño de la camada atando un hilo alrededor de su cuello. Después de doce semanas, regala todos los cachorros menos al más pequeño. ¿Por qué? Como dijo el padre de Bo: «El más pequeño siempre tiene que trabajar más duro para sobrevivir contra sus hermanos y hermanas mayores. Siempre. Por eso, se convierte en el más inteligente, el más rápido y determinado. De todos los cachorros, el corazón del más pequeño es el más grande. El granjero apuesta su vida a eso».[6]

Como el menor de seis hermanos, Bo guardó el mensaje de su padre en su corazón. ¡Tendría que trabajar más duro, ser más inteligente y entrenar más tiempo que todos los demás! Allí es cuando Bo hizo un pacto con él mismo, prometiendo ser el primer jugador que llega al campo de juego y el último que se vaya todos los días. ¡Bo Eason cumplió su promesa durante veinte años!

CONTRA TODO PRONÓSTICO

Las probabilidades de jugar en la NFL son mínimas. Más de un millón de muchachos juegan fútbol americano en sus preparatorias, pero solo hay treinta y dos equipos en la NFL con cincuenta y tres hombres en sus listas. ¡Eso da un total de 1 696 lugares para un millón de aspirantes! Las probabilidades son de una en 589, menos del 0,2 %. Casi puedo asegurar que todos los que entran en las listas de la NFL pesan más de cien libras (45 kg) en la preparatoria, pero apuesto a que pocos de ellos tienen un corazón más grande que el de Bo o una historia mejor que la suya.

Bo Eason fue el primer *safety* elegido en la ronda selectiva de la NFL en 1984 y ganó los honores de All-Pro como el mejor jugador de su posición en su segunda temporada con los Houston Oilers. ¿Recuerdas el pacto que se hizo a sí mismo para ser el primer y el último jugador en las prácticas? Lo mantuvo hasta que fue vendido a los San Francisco 49ers. En el primer día de entrenamiento, Bo se vistió una hora y media antes de que la práctica comenzara. Pero cuando llegó al campo, Jerry Rice ya estaba allí. Por supuesto, llegar segundo después del que fue quizás el mejor receptor de la historia de la NFL no está tan mal.

¿Cómo hizo Bo Easton para vencer las probabilidades? Él definió la victoria: *¿Qué es importante ahora?* Luego hizo un dibujo del futuro que quería. Así es la fe, es tener la seguridad de lo que esperamos y la certeza de lo que no vemos.[7] Pero no fue suficiente solo con ponerse esa meta tan grande. El momento decisivo fue el día en que su padre cambió su guion con la historia que le contó. Bo Eason se adueñó de esa historia y luego ella se adueñó de él. Esa se volvió su propia historia, la historia que cambió su identidad y definió su destino.

Bo dijo: «Hice que la historia de ese perro fuera la mía. Y me la he contado desde entonces».[8] Bo Eason cambió el guion de ese entrenador que no creyó que él fuese bueno para el fútbol americano. Luego de que una lesión en la rodilla terminara con su carrera en la NFL, Bo cambió su guion por segunda vez convirtiendo su historia en una obra de Broadway, *Runt of the Litter* [El pequeño de la camada].

¿Qué historias te estás contando? ¿De dónde vienen? ¿Te están ayudando o te están lastimando? ¿Son adecuadas o no lo son? ¿Están cuidadosamente elaboradas o son improvisadas? ¿Quién está narrando la historia? ¿Tú? ¿Tus padres? ¿Los que no creen en ti? ¿Los que te odian? ¿O le has dado el control de redacción al autor y perfeccionador de tu fe?[9]

«Cada persona está compuesta por varias temáticas», observó C. S. Lewis.[10] Esas *temáticas de vida* se revelan de formas muy variadas: a veces, durante la rutina regular de la vida, pero casi siempre, con algo fuera de lo ordinario. De una forma u otra, aparece un suceso que hace vibrar algo en el centro de tu ser. En lo profundo de tu espíritu comienza a gestarse un gran sueño o una pasión puesta por Dios. Es eso que te hace madrugar y te mantiene despierto hasta tarde. Es eso que te hace sonreír, llorar o golpear el puño contra la mesa. Esas temáticas se vuelven las tramas secundarias de tu vida y están presentes en todo lo que haces.

TRAMAS SECUNDARIAS

Hace algunos años pasé dos días con un consejero personal elaborando un plan de vida.[11] Consistía en dieciocho ejercicios, y ahora voy a compartir algunos de ellos. El primer ejercicio era arqueológico, excavar en mi pasado. ¿Por qué? Tu destino está escondido en tu historia. Muchas pistas y señales pueden ayudarte a sacarle el jugo al día.

¡Todo lo que hay en tu pasado es la preparación para algo que vendrá en tu futuro! Dios no desperdicia los días, ¡en especial los días malos! Mi consejero personal me ayudó a identificar cuarenta y cuatro momentos decisivos. Algunos eran dramáticos, como el día en que casi muero de una hernia inguinal. Sin embargo, me sorprendió la cantidad de momentos decisivos que eran tan sutiles como el subconsciente. Identificar esas tramas secundarias es clave para cambiar el guion. Por eso compartiré algunas de las mías.

Cuando era niño, estaba jugando a «patear la lata» con mis amigos cuando mi madre tocó la campana de la cena (así nos mandábamos mensajes antes de que existieran los celulares). Nos sentamos a la mesa y recuerdo que dije: «Debemos darnos prisa y comer porque mis amigos me están esperando». No tenía un ataque de pánico, pero sí tenía un gran sentido de urgencia. ¡Debíamos comer lo más rápido posible! ¿Por qué? No quería dejar a mis amigos esperando. Desearía que solo hubiese sido el síndrome FOMO («temor a perderse algo», por sus siglas en inglés) de un niño de cinco años, pero no.

Sé que ese incidente parece totalmente insignificante. Pero, a decir verdad, es la historia de mi vida. Ya desde los cinco años sentía una gran presión interna ante la idea de decepcionar a los demás. Si saben de algún programa de doce pasos para las personas complacientes, por favor inscríbanme. Hace poco compartí esto con mi consejero con estas palabras: «No quiero decepcionar a nadie nunca». Él me dijo: «Esa es una carga terriblemente pesada». ¡Sí, lo es! Y luego agregó: «Sabes, Mark, Jesús decepcionó a casi todos». ¡Ay! Intentar complacer a todos todo el tiempo *no* es el modelo que nos dejó Jesús. Todo lo contrario. Si sigues a Jesús, ofenderás a más de un fariseo en el camino.

Déjame compartir contigo otra trama secundaria de mi vida con el fin de ayudarte a identificar las tuyas. Casi en la misma época del incidente que acabo de relatar, un vecino amigo llamó a mi puerta y me dijo que ya no podía andar en su bicicleta con asiento banana. ¿Por qué? Porque su padre le había quitado las ruedas de entrenamiento. ¡Nunca —repito— nunca me digan lo que no puedo hacer! Fui personalmente a su casa, me subí a su bicicleta y anduve en ella hasta mi casa, ¡sin las ruedas de entrenamiento! Jamás olvidaré la sensación al colocar el pie de apoyo en la entrada de mi casa, habiendo hecho algo de lo que mi vecinito no me creía capaz. Es otro de esos momentos como estar *en la cima del Empire State* o *al pie del Gran Cañón.*

Si quieres que haga algo, no me digas qué debo hacer. Eso es totalmente desmotivador. ¡Dime que no es posible! *No puedes lavar los platos en cinco minutos. No puedes recordar sacar la basura. No puedes arreglar el inodoro.* ¡Desearía estar bromeando! Lora tiene que vivir con esto, pero ha aprendido mi lenguaje de amor. Para bien o para mal, me encanta demostrar a los demás que están equivocados. ¡En especial a los que llaman expertos! Esa no solo es la forma en que yo funciono, sino que es lo que se pone en manifiesto en todo este libro.

TENGO UNA HIPÓTESIS

Tengo una hipótesis. Lo sé, no es gran cosa comparado con «Tengo un sueño» del Dr. King. De acuerdo, mi hipótesis funciona también como mi sueño: *casi todos pueden lograr casi todo si trabajan más duro, durante más tiempo y de forma más inteligente.*

Eres capaz de más de lo que imaginas y escribí este libro para ayudarte a desafiarte a ti mismo. Tu cerebro no tiene idea de lo que tu cuerpo es capaz de hacer y, a su vez, tu cuerpo no tiene idea de lo que puede llegar a hacer tu cerebro. Una vez que conectas esos puntos, todo puede pasar. Seguir a Jesús no se trata tanto de cuidar tus modales sino de seguir las señales de Cristo. ¿Qué dijo Jesús? «Para Dios todo es posible».[12] Cuando le das el control de la historia de tu vida a Él, lo *posible* se convierte en la nueva trama.

Será mejor que haga un descargo de responsabilidad. Por favor, presta atención a la palabra *casi*. Si no eres muy alto, los factores genéticos ponen en peligro tu sueño de jugar en la NBA. De todas maneras, déjame recordarte que Spud Webb ganó la competencia de mates de la NBA en 1986. *¡No me digas que no se puede!* Ya se ha hecho y se volverá a hacer. No ignoraré los desafíos genéticos que muchos de nosotros tenemos que enfrentar y te diré por qué. Al contrario de lo que se cree, no triunfamos *a pesar de* esas desventajas, dificultades o frustraciones. Triunfamos *gracias a* ellas si aprendemos a aprovecharlas. Por eso, lo diré una vez más, por si acaso:

Casi todos pueden lograr casi todo si trabajan de forma dura, constante e inteligente.

Sí, tú. No solo lo creo, también soy una evidencia de ello. He escrito libros que vendieron millones de copias, pero según un examen de aptitudes en la universidad, escribir no es un don natural en mí. «¡Sea lo que sea que hagas, no escribas libros!». Por supuesto, ¡todo lo que necesitaba era ese reto! En retrospectiva, me alegra que la escritura no se me haya dado naturalmente. ¿Por qué? Porque tengo que trabajar más duro, durante más tiempo y de forma más inteligente. Si iba a ser un escritor, sabía que debía convertirme en un lector. Por eso leí tres mil libros antes de escribir uno.

¿Sabes dónde descubrí la idea de vivir en compartimentos de un día? En un libro de 1994 escrito por Dale Carnegie: *Cómo suprimir las preocupaciones y disfrutar de la vida*. En ese momento no lo sabía, pero estaba haciendo la investigación para *este libro* mientras leía *ese libro* hace veinte años.

Si tienes un libro dentro de ti, quiero ayudarte a escribirlo. ¿Cómo? De a una oración a la vez, un párrafo a la vez, un capítulo a la vez. ¡No puedes escribir un libro en un día! Bueno, me retracto. En 1945, Aiden Wilson Tozer tomó un tren en la estación de calle LaSalle en Chicago y pidió una mesa para escribir. Cuando el tren arribó a McAllen, Texas, al día siguiente, Tozer había terminado el borrador de un clásico de todos los tiempos: *La búsqueda de Dios*. Si tu nombre no es Tozer, ¡puede tomarte un poco más de tiempo!

Tim Ferriss es el autor de varios libros éxito de ventas del *New York Times*, y no son libros de pocas páginas. Sus libros son más gruesos que muchas guías telefónicas. ¿Cómo lo hace? «Dos míseras páginas por día». Tim se quita la presión del perfeccionismo y se enfoca en la cantidad por sobre la calidad, lo cual es brillante. Él se propone una meta que es, según él, «fácil de alcanzar».[13]

Ingmar Bergman, director de películas ganadoras de premios de la Academia, dijo lo mismo de una manera distinta. Él preguntó: «¿Sabes lo que es la cinematografía? Ocho horas de arduo trabajo cada día para obtener tres minutos de película».[14] Dos míseras páginas. Tres minutos de película. Tú puedes hacerlo, pero debes querer darte a ti mismo una cuota diaria. No te preocupes por la calidad. Un buen texto es un texto malo bien editado. Si escribes dos páginas por día, en cien días tendrás un libro de doscientas páginas. Todo lo que debes hacer es aprovechar *ese* día que está frente a ti, sin importar cuál sea tu meta.

MÁS PROPENSO A SER EXITOSO, O NO

En la escuela nunca me eligieron como el «más propenso a ser exitoso». Me eligieron como el «mejor vestido», lo que me parece increíble cuando miro mis fotos del anuario. Yo me consideraba inferior al promedio en casi todo. Al igual que William Osler, mi nivel intelectual es promedio. Sin embargo, he aprendido a aprovechar mis debilidades. Si el éxito es el resultado de los fracasos bien utilizados —como creo que es—, entonces la fortaleza es el resultado de las debilidades bien utilizadas.

Nuestras tramas secundarias revelan tanto las fortalezas como las debilidades. Las historias principales, por otro lado, casi siempre nacen de una crisis, de la debilidad, de un obstáculo que debe vencerse contra toda probabilidad. Es una historia que no solo sirve para una buena película; sino para una buena vida. Las adversidades que superamos son las que nos convierten en lo que somos.

Mi historia principal comienza cuando me despierto en medio de la noche, sin poder respirar. Mi recuerdo más antiguo es un ataque de asma. Me llevaron a la sala de emergencias para darme una dosis de adrenalina y esa rutina se repitió tantas veces que ya ni tengo memoria. Cuando el asma es todo lo que recuerdas, es difícil imaginar algo más. Por más de cuatro décadas sufrí de asma severa. No hubo cuarenta días en cuarenta años en que no tuviera que usar mi inhalador de rescate varias veces. Nunca fui a ningún lado sin él, dormí con él bajo mi almohada y jugué al baloncesto con él en mis calcetines. Si contaras todos los días que estuve en la unidad de terapia intensiva, sumarían muchos meses.

Luego, el 2 de julio de 2016, me vi motivado a hacer una valiente oración. Le pedí a Dios que sanara mi asma y Él respondió de forma milagrosa. Para que conste, le había pedido a Dios que me sanara cientos de veces antes. Por qué eligió sanarme ese día en particular, de esa forma, es un misterio para mí. Pero nunca perdí mi fe en este simple hecho: ¡Dios puede hacerlo! Además, creo que Dios honra las oraciones valientes, porque estas lo honran a Él.

Hay días comunes, y luego hay otros que cambian todos los días a partir de entonces. El día en que Dios me sanó de asma es uno de esos días *que lo cambian todo*. Una historia principal suele centrarse en un día que comienza como cualquier otro y luego reescribe el resto de tu vida. De hecho, llevo la cuenta exacta de los días que he vivido sin inhalador.

No tengo idea de cómo es tu historia ahora. No sé si es una comedia, un drama, una de acción o una de aventuras. Si no te gusta tu historia, Dios puede cambiarla. Él puede redimir las pérdidas, reciclar los errores y reformular el dolor. Él puede hacerlo en un solo día, sin dudarlo. Dicho esto, ¡no esperes a que tus circunstancias cambien para comenzar a vivir una vida mejor!

A pesar de sufrir de asma severa durante cuarenta años, había participado de carreras de cien millas (160 km) en bicicleta y había corrido triatlones. ¿Mencioné mis seis cirugías de rodilla? ¿Por qué iría tras esas metas particulares? ¡Porque me encanta dar vuelta a las probabilidades! Si es fácil, ¿qué sentido tiene? Quiero intentar cumplir sueños que estén destinados a fracasar sin intervención divina. Quiero lograr cosas por las que no pueda llevarme el crédito. Las más difíciles, las mejores, ¡las que den más gloria a Dios! Necesitas tener algunos gigantes en tu vida. ¿Por qué? Porque sin Goliat no puedes descubrir a David.

Tengo cien metas para la vida que puedes descargar en markbatterson.com/wintheday. También puedes descargar «Siete pasos para fijarse metas en la vida» [en inglés]. Algunas de mis metas las tomé prestadas de otros y tú también puedes hacer lo mismo con las mías. Sin embargo, pocas cosas aumentarán tu fe como armar tu propia lista. ¿Qué tienen que ver esas metas con mi historia principal? Establecer metas es contar una historia. Es escribir primero el último capítulo y luego trabajar de ahí hacia atrás. Tu historia será tan buena como las metas que persigas.

Sé que millones de personas han corrido maratones, pero eso es algo que no podría ni haber imaginado en mi vida debido a mi asma severa. Esa meta fue una incorporación tardía. No fue hasta que Dios me sanó milagrosamente que la agregué a mi lista. En el 2017, corrí el maratón de Chicago para celebrar la sanidad de Dios en mis pulmones.

Al día de hoy, he logrado casi la mitad de mis metas. ¿Cómo lo hice? No corrí el maratón de veintiséis millas (42 km) el día después de establecer mi meta, eso sin dudas. Hubiese sido una buena forma de lesionarse. Lo primero que hice fue descargar un plan de entrenamiento y luego trabajé en él. Seis meses después había completado setenta y dos entrenamientos y había corrido un total de 475 millas (764 km). Así es como cambias el guion. ¡No se logra sacando cuentos de hadas de la nada! Se comienza estableciendo metas a la altura de Dios que aumenten tu fe. Luego intentas alcanzar esa meta una milla a la vez, un entrenamiento a la vez, un día a la vez.

Cuanto más grande es la meta, mejor es la historia que necesitas contarte. Por supuesto, tú puedes cambiar el guion. Cuanto mejor es la historia que te cuentas, mayor es la meta que puedes alcanzar.

INCLINA LA CINTA CAMINADORA

Permíteme añadir una trama secundaria más a esa historia principal.

¿Has oído hablar de Emil Zátopek? El mundo de los corredores lo llama «el mejor corredor de todos los tiempos». Sin embargo, pocos conocen su nombre.[15] Tomé una biografía de Zátopek el día que comencé a entrenar. Su historia cambió mi guion y me ayudó a obtener el primer puesto. ¡No, solo bromeo! No gané el maratón de Chicago, ni siquiera estuve cerca, pero sí completé el circuito y nunca me quedé sin aire, ¡y eso es aún más milagroso para mí que haber ganado!

El día que descubrí a Emil Zátopek llegué a casa y le anuncié a mi familia que haría una película sobre su vida así sea lo último que haga. Durante el año siguiente convertí su historia en el guion de una película que actualmente estoy comerciando. Sí, hacer una película es una de mis metas. ¿Por qué? Porque una película llamada *El refugio secreto* fue un detonante en mi propia vida espiritual y quiero devolver esa bendición. No soy ingenuo. ¡Sé que ver muchas películas no te capacita para hacer una! Ahora bien, Dios no llama a los capacitados, sino que capacita a los llamados. Si está en la voluntad de Dios y es para su gloria, califica para obtener su favor.

Entrené para el maratón de Chicago por mi cuenta, ¡pero nunca corrí solo! Emil Zátopek estuvo conmigo a cada paso del camino. Su historia se convirtió en mi guion y cruzamos juntos esa recta final.

Si eliges ir tras metas del tamaño de Dios, mejor ajústate el cinturón de seguridad. Especialmente si no es algo que está dentro de tus dones naturales. Es como inclinar la cinta caminadora en una pendiente pronunciada. Tendrás que trabajar un poco más duro, durante más tiempo y de forma más inteligente que todos los demás. Será más difícil de lo que esperabas y tomará más tiempo del que imaginabas. Si continúas caminando en la dirección correcta, tarde o temprano llegarás a donde quieres.

La historia está repleta dc personas que han desafiado todas las probabilidades para lograr cosas increíbles. Si eres uno de esos con pocas probabilidades, como John Bertrand o Bo Eason, este libro es para ti. Las historias que comparto y los estudios que cito redefinirán qué es posible y qué no. Pero para sacarle el jugo al día debes comenzar por redefinir quién eres tú o, lo más importante, a quién le perteneces.

Para bien o para mal, nuestra mirada en la vida es el resultado de algunas experiencias. Podría agregar: experiencias *sin analizar*. ¿De veras crees que puedes recordar bien cosas de cuando tenías siete años? ¿O que tus recuerdos de los diecisiete son precisos? ¡Yo ni siquiera estoy seguro de recordar bien lo que sucedió *ayer*!

La memoria es subjetiva y selectiva. Si no me crees, solo pídeles a los fanáticos de equipos contrarios que te den sus opiniones inmediatamente después de una repetición. La memoria es así, y la forma en que medimos los recuerdos muchas veces está fuera de control.

Tan solo un error puede formar una actitud pesimista.

Tan solo un trauma puede amputar partes de una personalidad.

Tan solo un rechazo puede destruir la capacidad de alguien de confiar.

¿A dónde quiero llegar con esto? Necesitamos que Dios santifique nuestros recuerdos tanto como nuestra imaginación.

REVISIONISMO HISTÓRICO

La historia del Éxodo es la historia principal de Israel; define su identidad como un pueblo libre. Incluso su calendario se centra en el día en que Dios los liberó. El aniversario del Éxodo, la Pascua, era un día mucho más celebrado que cualquier otro. Dios liberó a Israel en un solo día, pero no tomaron posesión de la Tierra Prometida hasta cuarenta años más tarde. ¿Sabías que el viaje desde el monte Sinaí hasta la Tierra Prometida debía durar once días?[16] ¡Pero tardaron *cuarenta años*! Esos son 14 589 días más del tiempo estimado de llegada. ¿Qué diantres sucedió?

Sacar a Israel de Egipto fue fácil, relativamente hablando. Sacar a Egipto de Israel fue una historia completamente distinta, literalmente. Se tardó *un día* en sacar a Israel de Egipto, pero *cuarenta años* en sacar a Egipto de Israel. ¿Por qué? Cuando has sido esclavo durante cuatrocientos años, la esclavitud es todo lo que conoces. Al igual que le sucedió al equipo del *Australia II*, era difícil imaginar cualquier otra cosa que no fuera una derrota. Cuando has estado oprimido por cuatrocientos años, la opresión tiene un efecto epigenético. Ni siquiera puedes imaginarte un resultado o un final distinto. Abrir el Mar Rojo fue fácil comparado con lo que costó cambiarle el guion a Israel.

Solo unas pocas semanas después de su liberación milagrosa, los israelitas comenzaron a quejarse por el maná. Si no recuerdo mal, el maná fue un *milagro*. ¡Los israelitas se estaban quejando de un *milagro*! Increíble, ¿no? No tan rápido… Nosotros caemos en esa misma trampa. ¿Acaso el matrimonio no es algo milagroso? ¿Los hijos? ¿El cuerpo humano? ¿La mente humana? Apuesto a que te has quejado de alguna de estas cosas.

La nación de Israel tenía esta queja oficial: «¡Cómo echamos de menos el pescado que comíamos gratis en Egipto! ¡También comíamos pepinos y melones, y puerros, cebollas y ajos!».[17] *¿De veras?* Era gratis porque *no eran libres*. El problema de Israel, nuestro problema, es la memoria selectiva. Recordar las cosas de forma equivocada es lo más desalentador.

No vemos el mundo *como es*. Vemos el mundo *como somos*. Si quieres sacarle el jugo al día de hoy debes comenzar por reescribir el ayer.

Cuando se trata de historiografía, el revisionismo histórico es la práctica de reinterpretar los eventos pasados. Necesitamos poner esto en práctica en nuestras vidas personales recordando las cosas de la forma correcta. ¿Cómo? ¡Desde el otro lado de la cruz! ¡Desde el otro lado de la tumba vacía! Las cosas que has hecho mal no son las que te definen, sino lo que Cristo hizo bien, su justicia. Jesús no solo rompió la maldición en la cruz del Calvario, también cambió el guion acerca del pecado y la muerte para siempre.

A QUIÉN LE PERTENECES

Cuatro décadas después del Éxodo, los israelitas construyeron un altar en un lugar llamado Gilgal. Los altares muchas veces son los lugares donde enterramos los ayeres muertos. El Señor le dijo a

Josué: «Hoy les he quitado de encima el oprobio de Egipto».[18] Los israelitas fueron libres en el momento en que salieron de Egipto, pero a veces nos toma cuarenta años entender la verdad.

En 1864, al año siguiente de la Proclamación de Emancipación, Sojourner Truth visitó la capital de la nación y se sorprendió con la situación en la que se encontraban los antiguos esclavos. Aún había 122 páginas de códigos que discriminaban a los negros. Esos códigos imponían un toque de queda para la gente de color y no permitían negocios entre ellos. Los niños negros no tenían permitido nadar en el río Anacostia, sentarse en los bancos del mercado central o volar cometas en la Explanada Nacional.[19] Esos códigos finalmente se cambiaron, pero las actitudes detrás de ellos y las experiencias no pueden sobrescribirse tan fácilmente. Es mucho más fácil reescribir las leyes que los corazones o, en este caso, las historias.

Cien años después, el Dr. Martin Luther King Jr. dio su famoso discurso titulado «Tengo un sueño» a la sombra del Monumento a Lincoln. Recordando ese día de libertad, King dijo: «Llegó como un amanecer de alegría para terminar la larga noche del cautiverio».[20] Sí, así fue, ¡pero la batalla por los derechos civiles apenas había comenzado!

Cuando has sido esclavo durante siglos, lleva mucho tiempo que tu identidad se ponga al día con tu nueva realidad. La batalla es contra la gente y los poderes que trabajan activamente en contra de tu libertad, también es contra la voz de la duda que pone en cuestión la dignidad y la identidad que Dios te dio. En el caso de los israelitas, les llevó cuarenta años. No hay atajos. No hay trucos. Lo que Dios dice acerca de ti debe convertirse en tu historia principal. No fue hasta que se apoderaron de la Tierra Prometida que los israelitas finalmente se vieron por lo que realmente eran. Ya no eran esclavos, eran el pueblo escogido de Dios.

Muchos nos vemos de la misma manera, según algún antiguo código. Hay muchísimas personas que quieren recordarnos esos discursos del pasado. Debes permitirle a Dios que cambie el guion. ¿Cómo? Las Escrituras son un buen punto de partida. La meta no es recorrer las Escrituras, sino que ellas te recorran a ti. El teólogo suizo Karl Barth dijo: «Toma tu Biblia y el periódico, y lee ambos. Pero interpreta los periódicos a la luz de tu Biblia».[21] Diría lo mismo de tus experiencias diarias. Con el tiempo, o tu teología se conforma a tu realidad, o tu realidad se conforma a tu teología. Las Escrituras son más que nuestro guion: son nuestra cura. Ellas confrontan las falsas identidades y discursos que perpetra el Padre de Mentiras, revelan la metanarrativa del Padre celestial y el papel específico que cada uno cumple en él.

Abraham creía que era *demasiado viejo*. Jeremías creía que era *demasiado joven*. Moisés creía que *no estaba calificado*. José creía que estaba *sobrecalificado*. Gedeón tenía *un complejo de inferioridad*. Jonás tenía *un complejo de superioridad*. Pedro cometía *demasiados errores*. Natanael era *demasiado genial para eso*. Pablo tenía *un aguijón en su carne*. Y el rey David era *el más pequeño de la manada*.

¡Nada de eso importa! La cuestión no es *quién eres*. Lo que realmente importa es *a quién le perteneces*. Si estás en Cristo y Cristo está en ti, eres una nueva criatura.[22] Eres la niña de sus ojos.[23] Eres hechura suya.[24] Eres más que vencedor y nada puede cambiar eso.[25] Es así, eso es lo que eres.

Nunca ha habido ni habrá nadie como tú. Esto no es un testimonio de ti, sino del Dios que te creó. La importancia de esa verdad es esta: nadie puede ocupar tu lugar. Nadie puede adorar a Dios como tú ni hacerlo por ti. Nadie puede servir a los demás como tú o por ti. Jesús no solo vive *en nosotros*, ¡Cristo vive *por nosotros*!

Cambia el guion y comienza a vivir de tal forma que valga la pena contarlo.

2

AMBIDESTREZA

Tu valentía es el logro de alguien más.

Joshua Haldeman creció en las praderas de Saskatchewan. Su primer empleo fue domador de potros salvajes. Con esa habilidad que aprendió, organizaría uno de los primeros rodeos de Canadá. Cuando el efecto dominó de la Gran Depresión golpeó a Canadá, Haldeman perdió su granja de cinco mil acres y tuvo que comenzar desde cero. Probó suerte en la medicina quiropráctica y la política. Luego descubrió su pasión: pilotear aviones.

En 1950, Haldeman desarraigó a su familia y se mudó casi al otro lado del mundo, a Sudáfrica, ¡un lugar al que nunca antes había ido! Con la ayuda de su esposa Winnifred y sus hijos, él desarmó su monomotor Bellanca Cruisair de 1948. Empacaron el aeroplano en cajas, lo enviaron a Sudáfrica y lo volvieron a ensamblar en familia una vez que llegó allí.

Pocos años después, Joshua y Winnifred Haldeman se embarcaron en un viaje de treinta mil millas (unos 48 280 km) ida y vuelta desde África hasta Australia y regresaron. Se creía que eran los únicos pilotos privados en haber hecho ese viaje en un aeroplano monomotor. Como punto de comparación, el legendario vuelo transatlántico de Charles Lindbergh en 1927 fue solo de 3 600 millas (5 780 km). Veintisiete años después, ¡los Haldemans volaron ocho veces más lejos![1]

Pocas personas han oído hablar de Joshua y Winnifred Haldeman, pero apuesto a que has oído hablar de su nieto, Elon Musk. Las hazañas empresariales de Musk están bien documentadas. Él ha revolucionado la industria automotriz y aeroespacial, no sin incomodar a muchos. En las oficinas de SpaceX, hay dos láminas gigantes de Marte. Una muestra un planeta frío y estéril. La otra se ve muy similar a la Tierra. La segunda lámina representa la meta de Musk: colonizar Marte. Si eso no es apuntar alto, no sé qué pueda serlo.

¿Cómo es que alguien siquiera puede tener el concepto de colonizar un planeta en un sentido que no sea ciencia-ficción? ¿Quién sueña algo así tan interplanetario? Tengo una teoría y está muy relacionada con el genograma de Elon Musk. ¡Digamos que la manzana no cayó muy lejos del árbol de Joshua Haldeman! Los sueños no aparecen de la nada. Para bien o para mal, cada uno de nosotros nace en la historia de alguien más. Uno de los biógrafos de Musk señaló: «Durante su infancia, Elon oyó muchas historias de las hazañas de su abuelo y se sentaba a mirar incontables diapositivas que documentaban sus viajes».[2] Esas historias fueron los hombres sobre los que se paró.

La historia principal de Joshua Haldeman se convirtió en una trama secundaria para la historia de su nieto. Creo que Haldeman no tenía idea de que su vuelo transcontinental tendría un efecto dominó intergaláctico. Pero cada paso que damos y cada riesgo que asumimos, prepara el escenario para otros. Tu valentía es el logro de alguien más. Nosotros pensamos en el aquí y ahora, pero Dios piensa en naciones y generaciones. Creemos que lo que Dios hace por nosotros es para nosotros, pero nunca es solo para nosotros, siempre es para la tercera y cuarta generación. Cuando le sacamos el jugo al día, les permitimos a las generaciones futuras, a nuestro propio modo, que sueñen un poco más y que piensen un poco más en grande. Una vez que has volado 30 000 millas (48 280 km) en un avión monomotor, colonizar Marte no está fuera de discusión.

PRÁCTICA DELIBERADA

Estoy fascinado con un antiguo grupo de arqueros de una tribu conocida como los benjaminitas. Su habilidad ambidiestra para disparar flechas y lanzar piedras pareciera salida de una película de Marvel.

> Eran arqueros que podían lanzar piedras y disparar flechas con ambas manos. De los benjaminitas parientes de Saúl.[3]

Su habilidad para utilizar ambas manos por igual plantea algunas preguntas. Los bateadores ambidiestros son comunes en el béisbol, pero solo hay un lanzador ambidiestro en las Grandes Ligas. Voy a suponer que los benjaminitas no nacieron así. Solo el 1 % de la población nace ambidiestra. En otras palabras, la disciplina le gana a la naturaleza. Este no era un talento innato, sino un conjunto de habilidades adquiridas con esfuerzo.

¿Cómo desarrollaban esta destreza los benjaminitas? Y, lo que es más importante, ¿por qué? Comencemos por el cómo y luego veremos el porqué. Solo hay una forma de convertirse en un arquero experto: *mucha práctica*. Muchas veces se escucha hablar de la regla de las diez mil horas, pero también se malinterpreta y se aplica de forma equivocada. La gente supone falsamente que solo toma diez mil horas volverse un experto en lo que sea. Pero hay una trampa: Si practicas lo correcto de la forma equivocada, es contraproducente. Hacer algo de forma repetitiva no te dará los resultados que estás buscando. Esto puede llamarse práctica ingenua y connota un esfuerzo a medias o un enfoque parcial. Desarrollas malos hábitos mientras intentas construir buenos. La clave es algo que Anders Ericsson llama «práctica deliberada» y es tridimensional.[4]

La primera dimensión son *metas bien definidas*. Esto te permite medir el progreso y promueve un circuito de retroalimentación. La segunda dimensión es la *ingeniería inversa*. Es estudiar los mejores métodos de otras personas, para luego adoptarlos y adaptarlos a tu situación particular. Ya mencioné que leí tres mil libros antes de escribir uno, pero hice más que solo leerlos. Utilicé la ingeniería inversa en ellos para intentar descubrir los gajes del oficio. La tercera dimensión es el *esfuerzo*. La práctica deliberada requiere un esfuerzo casi al máximo, que no es divertido ni fácil. Cuando estás entrenando tu cuerpo, debes presionarlo más allá de su capacidad para mantener la homeostasis. Por cierto, hablo de una presión *buena*, o eustrés. Todo lo que tenga menos del 70 % de esfuerzo en realidad mantiene su estado anterior. Debes intentar hacer cosas que estén más allá de tus capacidades.[5] El término técnico es *solo dificultad controlable* (JMD, por sus siglas en inglés), no debe ser algo tan fácil que te aburra ni tan difícil que te haga abandonar.

No tengo idea cómo sería ese «entrenamiento de CrossFit» de los benjaminitas, pero les salieron muchas ampollas por tomar sus arcos. Les llevó muchos años de práctica deliberada aprender a apuntar igual de bien con ambos ojos y ambas manos.

Anders Ericsson ofreció un consejo más que estaba relacionado a la práctica deliberada: «No hay un punto en el que el rendimiento llegue al máximo y la práctica adicional no lleve a un progreso mayor».[6] En otras palabras, nunca dejas de crecer. ¡No te detengas a las diez mil horas! ¡Sigue practicando hasta el día en que te mueras! Eso es sacarle el jugo al día.

METANARRATIVA

Hay varios benjaminitas famosos en la Biblia, entre ellos se encuentran el rey Saúl y el apóstol Pablo. Luego está el primo de Ester, Mardoqueo, que ayudó a frustrar el plan de Amán de acabar con los judíos mediante el genocidio. La tribu de Benjamín tiene una buena cantidad de héroes, pero su George Washington es un juez llamado Aod. ¿Recuerdas cómo Aod liberó a Israel? Con su *mano izquierda*.

> Los israelitas volvieron a clamar al Señor, y el Señor les levantó un libertador, Aod hijo de Guerá, de la tribu de Benjamín, quien era zurdo.[7]

Aod es uno de los zurdos más importantes de las Escrituras. ¿Y qué? ¿Qué tiene que ver eso con que los benjaminitas eran ambidiestros? ¿Y por qué agrego a Elon Musk a toda esta mezcla?

La historia de Aod, el héroe zurdo, no fue solo una historia más de los benjaminitas. Fue su metanarrativa. Otra vez, cada uno de nosotros nace en la historia de alguien más. Así como el legado de Joshua Haldeman se volvió parte del destino de Elon Musk, la victoria con la mano izquierda de Aod se volvió la historia principal o la metanarrativa de los benjaminitas y se enterró profundamente en su conciencia colectiva. Fue su grito de guerra, como «¡Recuerden el Álamo!» en la Revolución de Texas. Desarrollar las habilidades de la mano débil fue su forma particular de honrar a Aod. Ser ambidiestro era sacarse el sombrero frente al juez que liberó a Israel con su mano izquierda.

La mayoría de nosotros tiende a ignorar sus manos menos hábiles. ¿Por qué molestarnos si usar nuestras manos fuertes es mucho mejor y más fácil? Dejamos que nuestras manos débiles se atrofien. Pero, la forma en que manejas tu mano débil no solo afecta tus asuntos del presente, también afecta a la siguiente generación. Aod no solo liberó a los israelitas de los moabitas, sino que inspiró a generaciones de benjaminitas. Su valentía no solo fue el logro de su tribu, sino que se convirtió en su historia principal.

Dios quiere usarte en el punto en que estés más dotado. Eso es un hecho. Él es quien te dio esos dones en primer lugar, pero también quiere usarte en tu punto de mayor debilidad. ¿Por qué? Porque allí es donde su poder se perfecciona.[8] Allí es donde le traemos más problemas al enemigo.

¿Qué debilidad necesitas trabajar? ¿Qué habilidad necesitas desarrollar? ¿Hay alguna historia que necesites tomar de forma personal?

ESFUERZO 10X

En su aclamado libro de béisbol, *The Boys of Summer* [Los chicos de verano], Roger Kahn escribió acerca de un Dodger de Brooklyn llamado George «Escopeta» Shuba. Él describió su bateo diciendo que era «tan natural como una sonrisa».[9] Shuba se rio de la descripción de Kahn y en un momento explicaré por qué.

Durante la pretemporada, Shuba solía practicar su movimiento con un bate más pesado seiscientas veces al día. ¡Y eso después de terminar su día de entrenamiento! Lo repetía todas las noches. Shuba hacía sesenta movimientos, luego marcaba una X en su cuadro de bateo. Después de diez series de sesenta bateos, Shuba daba por terminada la noche.

¿Has oído acerca de la mentalidad 10x? En lugar de mejorar un 10 %, tú pones como objetivo mejorar diez veces más. Estableces metas que sean diez veces más grandes de lo que creías posible. Realizas acciones que sean diez veces más grandes de las que creías necesarias.

Mucho antes de que Google comenzara a hablar acerca de la mentalidad 10x, George Shuba estaba realizando un esfuerzo 10x. Ese fue su ritual diario durante quince años, lo que nos regresa a Roger Kahn diciendo que su movimiento era «tan natural como una sonrisa». Shuba le preguntó a Kahn: «¿A eso le llamas natural? Yo practico con un bate de 44 onzas (1,25 kg) 600 veces por noche, 4 200 veces a la semana, 47 200 movimientos cada verano».[10]

En mi humilde opinión, *¡no existen las cosas naturales!* Es cierto que algunas personas están más dotadas naturalmente que otras, pero, si ese don no se acompaña de una ética de trabajo complementario, solo será potencial desperdiciado. George «Escopeta» Shuba balanceó su bate seiscientas veces por noche y apuesto a que los benjaminitas tensaron su arco al menos 1 200 veces al día. No existe otra forma de volverse bueno lanzando flechas. Su destreza con ambas manos era una evidencia del esfuerzo 10x.

No puedo evitar preguntarme si las otras once tribus de Israel estaban un poco celosas de los benjaminitas. No estoy seguro de que existiera el debate naturaleza versus disciplina en ese entonces, pero deben haber pensado que los benjaminitas tenían algún tipo de ventaja genética. Yo diría lo contrario. Ellos se ponían los pantalones una pierna a la vez, al igual que las otras tribus. Su ventaja, si se puede llamar así, era su historia principal. Esa historia es la que inspiró su esfuerzo 10x.

PROFECÍAS AUTOCUMPLIDAS

Según algunos cálculos, casi el 80 % de nuestros pensamientos del día son negativos.[11] Si la batalla se gana o se pierde en la mente, ¡sería una batalla perdida incluso antes de comenzar! Cambiar el guion empieza primero por tu guion interno. No puedes dejar que tu crítico interior —el que todos tenemos— tome el micrófono y se convierta en el narrador. Si quieres sepultar los ayeres muertos, debes dejar de escuchar ese diálogo interno negativo. ¿Cómo? Como el equipo del *Australia II*, ¡debes ensayar una historia diferente!

Gaylord Perry sería un lanzador del Salón de la Fama, pero no era muy buen bateador. En 1964, su representante hizo un comentario casual: «Recuerda mis palabras, un hombre llegará a la luna antes de que Gaylord Perry haga un jonrón». En una de las coincidencias más locas de la historia del deporte, Perry logró el primer jonrón de sus veintidós años de carrera el 20 de julio de 1969, tan solo minutos después de que el módulo lunar *Apolo 11* aterrizara en la luna.[12]

Las profecías autocumplidas no siempre son tan específicas o dramáticas, pero Henry Ford tenía razón: «Ya sea que creas que puedes hacer algo o no, estás en lo correcto».[13] Para bien o para mal, ¡las historias que nos contamos se convierten en profecías autocumplidas!

Consciente o inconscientemente, justificamos parte de nuestra personalidad y le ponemos excusas a buena parte de nuestra historia. Justificamos nuestro carácter: *simplemente esa es la forma en que funciono*. Mantenemos el mismo estado con estas famosas palabras: *siempre lo hice así*.

¿Puedo hacerte una pregunta sincera? ¿Cómo funciona eso para ti? *¡Tu sistema está perfectamente diseñado para los resultados que estás obteniendo!* Si quieres que Dios haga algo nuevo, no puedes continuar haciendo lo mismo de siempre.

Todo se crea dos veces. La primera creación siempre es interna. Más específicamente, es un diálogo interno. Las historias que nos contamos se terminan convirtiendo en las situaciones que vivimos. Si quieres cambiar tu vida, ¡comienza por administrar tu historia! ¿Cómo? Tienes que unir los puntos.

UNE LOS PUNTOS

Pocas frases son más famosas que *David contra Goliat*. Es la disparidad por excelencia, la clásica historia de la desventaja. La ironía es que leemos esa historia de la forma equivocada. Creemos que David estaba en desventaja. Si fuese un combate mano a mano, sí. No hay forma de que David hubiese derrotado a Goliat en su juego. Pero la mayor desventaja de David, su falta de tamaño, se convirtió en su mayor ventaja.

Según Eitan Hirsch, un experto en balística con las fuerzas de defensa israelíes, una piedra mediana lanzada por un experto puede atravesar la longitud de un campo de fútbol americano en tres segundos. A esa velocidad, tendría la misma potencia de frenado que un revólver de calibre .45.[14] Goliat tenía una lanza del tamaño de la viga de un tejedor y su punta pesaba quince libras (casi 7 kg).[15] Eso es terriblemente imponente, pero Goliat llevó un cuchillo a un tiroteo. David *no* era quien estaba en desventaja. Goliat era un blanco fácil, y uno realmente grande.

La ironía de esta historia es que nadie parecía ver el potencial de David. Cuando el profeta Samuel fue a ungir al próximo rey de Israel, el padre de David ni siquiera lo llevó a la audición. ¡Háblame de herida paterna! Luego, cuando David se ofreció para enfrentar a Goliat, Saúl lo menospreció:

«¡Cómo vas a pelear tú solo contra este filisteo!... No eres más que un muchacho, mientras que él ha sido un guerrero toda la vida».[16]

La respuesta de David es como una resonancia magnética antigua, te da un vistazo a la mente de David. Esto es lo que le respondió:

El Señor, que me libró de las garras del león y del oso, también me librará del poder de ese filisteo.[17]

David apacentaba las ovejas en las afueras mientras que sus hermanos peleaban en primera fila. Eso debió ser frustrante, pero Dios estaba cultivando un conjunto de habilidades en David que lo catapultarían al escenario nacional. Dios está haciendo lo mismo en tu vida. Lo que percibimos como incidentes aislados muchas veces demuestran ser incidentes provocados que nos preparan para oportunidades futuras.

Cada vez que pasas una prueba, tienes un testimonio. ¿Qué es un testimonio? Es la evidencia de las promesas pasadas de Dios en tu vida. La fe conecta los puntos entre las promesas del pasado y las circunstancias del presente. Y, debo agregar, la provisión del futuro. ¡El testimonio es una profecía! Si Dios lo hizo antes, puede hacerlo de nuevo.

Justo antes de este duelo épico, el rey Saúl le ofreció a David su armadura. David podría haber ido a la batalla vestido como un rey, literalmente. Esa era la mejor armadura que el dinero podía comprar, pero esa armadura no fue el testimonio de David. Su testimonio fue la honda que utilizaba para defenderse de los osos y los leones. ¿No parecía un poco ridículo que fuera a la batalla munido de la honda de un pastor? Claro que sí, pero tener fe es estar dispuesto a parecer un poco ridículo. ¿Quién era el ridículo, después de todo? En algún punto debes desafiar tus fortalezas, incluso si hacerlo parece ridículo. Así es como nuestra valentía se convierte en el logro de alguien más.

Si no logras unir los puntos entre la providencia de Dios en el pasado y tus circunstancias en el presente, los gigantes de tu vida parecerán problemas insuperables. Si cambias el guion, verás oportunidades gigantes. Cambiar el guion te dará el coraje para *correr hacia* los gigantes de tu vida en lugar de *correr huyendo* de ellos. ¿Por qué? Porque sabes que la batalla es del Señor y cuanto más grandes son, más fuerte caen.

Hay una última ironía en esta historia: Saúl era un *benjaminita*. Si alguien iba a enfrentar a Goliat, debió haber sido él. Además, él les sacaba una cabeza de altura a todos los demás israelitas. ¿Cuál era la diferencia entre David y Saúl? David unió los puntos, mientras que Saúl no.

Los leones y los osos en cada una de nuestras vidas son diferentes, pero Dios nos está preparando para enfrentar a los gigantes. Todo lo que hay en tu pasado es la preparación para algo que vendrá en tu futuro. Es el Goliat que está frente a nosotros el que nos ayuda a descubrir el David que tenemos adentro.

EL ORIGEN DE LOS GENIOS

Algunas de las personas más exitosas del mundo han tenido que vencer a los gigantes más grandes. Alguien podría afirmar que han alcanzado el éxito *a pesar de las dificultades*, pero yo sostengo todo lo contrario. Yo creo que han alcanzado el éxito *gracias a ellas*. Han tenido que vencer la adversidad desarrollando otras habilidades para compensar. Han tenido que trabajar un poco más duro para desarrollar sus manos débiles, pero esa ética de trabajo es lo que los catapultó hacia el lugar en el que se encuentran hoy.

Esto puede parecer un hecho aleatorio, pero me resulta fascinante que nada menos que quince primeros ministros británicos quedaron huérfanos antes de los dieciséis años.[18] Dean Keith Simonton escribió acerca de la pérdida de los padres en su libro *Origins of Genius* [Origen del genio]: «Esos eventos tan adversos fomentan el desarrollo de una personalidad lo suficientemente firme como para sobreponerse a los muchos obstáculos y frustraciones que hay en el camino de la realización».[19]

Todos nosotros tenemos dificultades que vencer, pero esas dificultades no son el enemigo. Hasta Jesús tuvo que vencer dificultades y una historia negativa. «¡De Nazaret! ¿Acaso de allí puede salir algo bueno?».[20] Jesús venía del lado equivocado de las vías. Celebramos el nacimiento virginal con algo llamado Navidad, pero la historia detrás de su nacimiento arroja una sombra sobre su identidad y su legitimidad.

Según sus propias palabras, Elon Musk tuvo una infancia difícil. Sufrió maltratos durante la preparatoria, estuvo internado en el hospital luego de que lo empujaran por las escaleras y lo golpearan hasta perder el conocimiento. Su hogar no era mucho mejor. Él describe su infancia como «espantosa sin escalas».

Un día, cuando tenía diez años, vio una computadora en una tienda de electrodomésticos en el centro comercial Sandton City en Johannesburgo, Sudáfrica. Fue amor a primera vista. Esa Commodore VIC-20 tenía cinco *kilobytes* de memoria y venía con un manual de lenguaje BASIC de programación. Se suponía que aprender ese lenguaje le tomaría seis meses, pero Musk lo aprendió en tres noches de desvelo.[21] Era un código nuevo, un lenguaje nuevo, una historia nueva. Ese código cambió su guion y nunca más volvió atrás.

¿Podría Elon Musk haber aprendido a programar sin una infancia difícil? Seguramente. Pero no podría haberse dedicado a hacerlo con la misma pasión. Todo lo que vivimos es una moneda de dos caras. O nos completa o nos quiebra. Esa es nuestra elección. Puedes frustrarte por el hecho de ser zurdo o diestro, o puedes desarrollar la destreza de ambas manos. No puedes elegir cómo comienza tu historia, pero el final depende solo de ti.

Dios puede cambiar cualquier guion, incluso un David contra Goliat.

Si quieres sepultar los ayeres muertos, debes llegar a comprender quién eres en Cristo. La falsa humildad es pensar que eres menos de lo que Dios dice que eres y es tan destructiva como el orgullo. Tal vez estés frente a un gigante, pero estás en Cristo y, en Él, ¡no eres menos que nadie! Al igual que lo hizo con David, Dios convertirá tu debilidad en una fuerza ambidiestra.

Tu valentía es la bendición de alguien más.

Tu dolor es la cura de alguien más.

Tu desilusión es la liberación de alguien más.

Te dejo una nota final.

¿Sabes cuál es el mejor indicador del bienestar emocional de un niño? No son los abrazos y los besos, aunque estoy seguro de que eso ayuda. No es mandarlo al mejor colegio. Tampoco es llevarlo a ver la última o la mejor película de Pixar, ¡aunque eso no le hace mal a nadie! Según los investigadores, un indicador crítico de bienestar es que el niño conozca su historia familiar.[22] Esto fue así para los benjaminitas, para David y también para el Hijo de David. ¡Creo que aplica a todos los hijos de Dios!

No conocer tu historia familiar es como saltearse las primeras páginas de un libro o los primeros minutos de una película. Es difícil vernos como una trama secundaria. Es difícil encontrar el papel que cumplimos en la historia. Espiritualmente sucede lo mismo. Cuando naces en la familia de Dios, te insertas en la historia que Él ha estado escribiendo desde el día uno. Ese guion son las Escrituras y contienen nuestra historia familiar. Es la forma en que descubrimos quién es el Padre celestial, la forma en que descubrimos quiénes somos como hijos de Dios.

La Biblia es el trasfondo de tu historia, tu vida es el resto. De hecho, tú eres la única Biblia que algunos leerán. ¿Eres una buena traducción? La clave, por supuesto, es unir los puntos. Si Dios lo hizo antes, puede hacerlo de nuevo. Si Dios lo hizo por ellos, puede hacerlo por ti.

Cambia el guion.

HÁBITO 2 – ABRAZA LA OLA

El obstáculo no es el enemigo, es el camino.

El día en que Sir William Osler dio su discurso en la Universidad Yale, Wilder Penfield estaba sentado entre la audiencia. No se sabe cuál fue la inspiración que tomó del discurso de Osler, pero Penfield descubriría lo difícil que es sepultar los ayeres muertos. Wilder Penfield continuaría estudiando neuropatología en Oxford antes de crear el Instituto y Hospital Neurológico de Montreal.[1]

Hacia el final de su notoria carrera como neurocirujano, el Dr. Penfield había explorado el cerebro de 1 132 pacientes que sufrían de ataques de epilepsia. Meticulosamente estudió el cerebro humano utilizando un instrumento conocido como el «disector Penfield». Al estimular distintas partes del cerebro con una corriente eléctrica suave, el Dr. Penfield descubrió que sus pacientes experimentaban recuerdos vívidos de su pasado.

Una paciente recordó todas las notas de una sinfonía que había oído en un concierto muchos años antes. Se estimuló el mismo lugar treinta veces y todas las veces recordó cada nota. Otra paciente recordó estar sentada de niña en una estación de tren, y pudo describir cada vagón que pasaba por el ojo de su mente. Los recuerdos no solo eran extremadamente detallados, sino que algunos eran previos a los primeros recuerdos conscientes que tenían los pacientes.

El Dr. Penfield concluyó que cada imagen, sonido, olor y experiencia que hubiera cautivado la atención de una persona alguna vez, de alguna forma está grabada en el disco rígido interno de esa persona, la corteza cerebral. Así es como funciona. Cuando oyes una canción o ves una imagen, se traza una línea llamada engrama sobre la superficie de la corteza cerebral. Si oyes la misma canción o ves la misma imagen otra vez, se traza esa línea. Con cada repetición, el recuerdo se incrusta con más profundidad hasta que esa canción o esa imagen queda literalmente grabada en la superficie de la corteza cerebral.

Nuestra capacidad de recordar el pasado es un don de Dios, pero viene con una advertencia. No siempre recordamos las cosas con exactitud. Esto nos recuerda que la memoria es selectiva y subjetiva. Como tal, puede ser una bendición o una maldición. Cuando recordamos el ayer de la forma incorrecta, vivimos en una mentira. Y esto afecta nuestra capacidad de aprovechar el día.

A veces recordamos mal —o intentamos olvidar— porque el pasado puede ser increíblemente doloroso. Aquí es donde entra en juego el segundo hábito: *abrazar la ola*. Debes adueñarte del pasado o el pasado se adueñará de ti. ¿Cómo? Debes hacer un inventario exacto de tu pasado, sin esconderte de nada. Luego debes adueñarte de él por completo, de lo bueno, lo malo y lo feo. Es lo que es. O tal vez debería decir «es lo que *fue*». Tal vez no seas *responsable* de lo que sucedió, pero sí de tu *reacción*.

Dos personas pueden estar frente al mismo obstáculo (un diagnóstico complicado, un divorcio triste o la muerte de un ser querido), sin embargo, las personas que lo atraviesan pueden ser muy diferentes. Una persona se adueña de su dolor, mientras que otra es atrapada por él. Una persona se vuelve mejor, mientras que la otra se vuelve amargada. ¿Cuál es la diferencia? Debes abrazar la ola que te lanza contra la Roca Eterna. Debes amigarte con el dolor que te ha hecho la persona que eres.

¡Dios llega a nuestras vidas de encubierto! Cada circunstancia, desde la mayor de las alegrías hasta el más profundo dolor, es una oportunidad para descubrir nuevas dimensiones del carácter de Dios. En lugar de intentar cambiar el pasado —que es imposible—, ¿por qué no aprovechamos sus lecciones para poder cambiar hoy? Cualquier obstáculo que enfrentes no es el enemigo; es el camino.

¡Es hora de abrazar la ola!

3

EL OBSTÁCULO ES EL CAMINO

Tal vez no seas responsable de lo que te sucedió,
pero sí de tu reacción.

Joseph Merrick nació en Leicester, Inglaterra, el 5 de agosto de
1862. Es difícil diagnosticar correctamente a alguien que es anterior a la medicina moderna, pero pocas personas han sufrido más
deformidades físicas que él. Sus diez dedos eran inútiles. Su cabeza deforme era como la circunferencia de la cintura de un hombre.
Su boca torcida hacía que su habla fuera casi incomprensible. Su
brazo derecho medía el doble que su brazo izquierdo y sus piernas
deformes apenas podían soportar su peso.

En el siglo XIX, en Inglaterra, una forma de entretenimiento
perversa, aunque popular, eran las exhibiciones humanas de fenómenos. Joseph Merrick era la atracción principal de una de estas
exhibiciones. Algunos anuncios lo llamaban el Hombre Elefante.
La gente pagaba un dineral para presenciar el espectáculo de este
fenómeno humano y luego gritaba del horror cuando lo veía.

Un día, un cirujano llamado Frederick Treves se paseó por ese
circo humano. Su apreciación de Joseph Merrick fue similar a la de
todos los demás: «[Él era] el espécimen humano más desagradable
que la humanidad haya visto».[1] Pero el Dr. Treves no gritó y salió
corriendo. La apariencia física de Merrick despertó su curiosidad
científica, y no poca empatía. El buen doctor intentó hablar con
Merrick, pero no fue capaz de descifrar sus palabras. Sin embargo,

le entregó su tarjeta personal. Esa tarjeta fue la que le encontró la
policía de Londres cuando lo descubrió acurrucado en la oscura
esquina de una estación de tren, con el aspecto de un animal he-
rido. La policía llamó al Dr. Treves y él llevó a Merrick al Hospital
de Londres, donde pasaría el resto de su vida.

Poco después de su llegada, el Dr. Treves ordenó una bandeja
de comida para Merrick, pero no previno a la enfermera que la
llevaba. Cuando lo vio, la enfermera arrojó la bandeja y salió corriendo de la habitación gritando. Sin embargo, con el tiempo, el
personal del hospital se fue acostumbrando a su peculiar apariencia.

Un día, en un experimento planeado cuidadosamente, el Dr.
Treves ordenó que una mujer entrara a la habitación de Merrick, le
sonriera, le deseara buenos días y le estrechara la mano. Él registró
lo que vio:

> El efecto del pobre Merrick no fue para nada lo que me había
> esperado. Cuando le soltó la mano, él inclinó la cabeza sobre
> sus rodillas y comenzó a sollozar de tal manera que creí que
> nunca se detendría… Después de eso, me dijo que esa había
> sido la primera mujer que le había sonreído en su vida y la pri-
> mera, en toda su vida, que le había estrechado su mano.[2]

Esa sonrisa demostró ser el punto de inflexión, el punto crucial.
«Él, poco a poco, pasó de ser una cosa maldita a convertirse en un
hombre».[3] El Dr. Treves escuchó a Merrick durante un tiempo con
la suficiente atención para descifrar finalmente sus palabras incom-
prensibles. Él descubrió que era inteligente y elocuente. Como
ávido lector de las Escrituras, Merrick tenía una santa curiosidad
que abarcaba toda la vida. El Dr. Treves lo llevaba a escondidas
a los palcos privados de los teatros de Londres para ver obras y
escuchar óperas. Le dio libros para leer. Lo llevó al campo, donde
Merrick amaba escuchar el canto de los pájaros, perseguir a los

conejos y recoger flores silvestres. Más de una vez, dijo: «Soy feliz a toda hora del día».[4]

Después de que Merrick muriera, a sus veintisiete años, el Dr. Treves elogió al famoso Hombre Elefante de esta manera: «Sus dificultades lo engrandecieron. Él demostró ser una criatura gentil, afectuosa y encantadora... sin rencores y sin palabras crueles para con nadie. Nunca lo oí quejarse».[5]

¿Nunca lo oyeron quejarse? ¿Cómo fue posible con las situaciones traumáticas que vivía? *¿Feliz a toda hora del día?* ¿Cómo es que alguien que fue maltratado por tantos años dice ser feliz a toda hora del día?

La respuesta es el segundo hábito: *abraza la ola*. Tal vez tú no seas *responsable* de las dificultades que has tenido que soportar, pero sí de tu *reacción*. Al final del día, tu *interpretación* es más importante que tus *experiencias*. Joseph Merrick es la prueba. Es algo increíblemente contradictorio, pero los obstáculos que enfrentamos *no son* el enemigo. El enemigo, muchas veces, somos *nosotros*. ¿El obstáculo? El obstáculo, aunque no lo creas, es el camino.

ABRAZA LA OLA

Tengo un amigo que ha sufrido de migraña durante cinco años. Los momentos de alivio son pocos y muy esporádicos. El dolor lo debilitaba tanto que en un momento tuvo que dejar la iglesia que estaba pastoreando. Ha acudido a incontables especialistas, ha intentado toda variedad de tratamientos y nada parece ayudarlo demasiado o por mucho tiempo.

Le pregunté cómo afronta el dolor y las emociones que lo acompañan, y él me dijo: «He aprendido a abrazar la ola». Debo haberlo mirado de forma desconcertada, así que mi amigo continuó citando a Charles Spurgeon: «He aprendido a abrazar la ola que me arroja contra la Roca Eterna».[6]

Es una oración poderosa en sí misma, pero la historia de fondo la hace aún más significativa. Antes de desarrollar toda la historia, permíteme decir algo sin rodeos. Abrazar la ola no significa que no pasemos por tormentas o tengamos mareos cuando las atravesamos. ¿Cuál es la buena noticia? Que existe un Dios que puede reprender al viento y las olas con estas palabras: «¡Silencio! ¡Cálmate!».[7] Pero antes de que puedas reprender a la tormenta, necesitas aceptarla. No puedes superar el dolor si lo ignoras, lo escondes o lo niegas.

Hace algunos años, Lora y yo nos sentimos arrojados contra la Roca Eterna. A Lora le diagnosticaron cáncer de mama. Si tú o algún ser querido ha sufrido de cáncer, sabes que se te cruzan mil preguntas por la mente. *¿En qué etapa está? ¿Cómo puede tratarse? ¿Cuál es el pronóstico?* Afortunadamente, lo encontraron a tiempo y Lora está mejor que nunca.

¿Puedo alardear de mi esposa? Creo que nunca estuve más orgulloso de ella. Lora abrazó la ola. ¿Cómo? Fue partícipe de su propio proceso de sanación e hizo algunos cambios audaces. Ella se volvió más consciente de todo lo que entraba en su cuerpo y en su mente. Además de cambiar nuestra dieta, hicimos nuestro mejor esfuerzo para eliminar todo lo tóxico que había en nuestro ambiente. Sí, eso también incluye a las personas. Lora comenzó a meditar con más regularidad. Incluso comenzamos a ir a clubes de comedia. ¿Por qué? Porque la risa «es como una buena medicina».[8]

Cuando tienes cáncer, negar el diagnóstico no hace para nada bien. Si no te adueñas de eso, eso se adueñará de ti. Abrazar la ola es confesar lo que está mal (en este caso, el cáncer) mientras profesamos lo que está bien (el poder sanador de Dios). ¿Recuerdas mi sanidad milagrosa del asma? Comenzó con *una oración osada*. Para Lora, el proceso de sanidad comenzó con *una pregunta osada* con la que se topó mientras leía un poema acerca de la enfermedad:

«¿Qué has venido a enseñarme?».

Cuando nos encontramos en situaciones difíciles, nos enfocamos tanto en salir de ellas que fracasamos en poder obtener algo de ellas. Luego nos preguntamos por qué nos encontramos en la misma situación otra vez. No tiene nada de malo pedirle a Dios que cambie nuestras circunstancias, pero su principal objetivo es cambiarte *a ti*. Las circunstancias que le pides a Dios que cambie pueden ser las mismas que está utilizando para transformarte.

John Piper dijo: «No desperdicies tu cáncer».[9] Tú puedes completar esa oración con cualquier desafío que estés enfrentando. ¡No lo desperdicies! ¡Tal vez vino para enseñarte una lección que no podrías aprender de ninguna otra manera! Abrazar la ola comienza con una pregunta osada: *¿Qué has venido a enseñarme?*

No necesitas boicotearte, eso desde luego. El sufrimiento te encontrará tarde o temprano. Cuando lo haga, debes reconocer que tiene el poder de enriquecer tu vida más que cualquier otra cosa. Si te encuentras en un momento de sufrimiento, esa puede ser una frase difícil de leer. Lo reconozco, y no me gusta juzgar a nadie, porque yo no estoy en sus zapatos. No voy a fingir que sé las dificultades que has atravesado. Pero sí sé esto: *todas las personas están peleando una batalla de la que nosotros no sabemos nada.*

Lora y yo hemos experimentado nuestra propia cuota de sufrimiento, dolor y frustración. No sé bien dónde estamos en la curva de la campana, especialmente comparados con aquellos que no tienen la seguridad de saber de dónde vendrá su comida mañana. Al igual que nuestros recuerdos, el sufrimiento es algo subjetivo. Tenemos remordimientos por cosas que sucedieron hace tiempo, como todos los padres que conozco. Tenemos pozos profundos de tristeza, como todas las personas que conozco. Hemos caminado por sombras del valle de muerte más de una vez y tenemos cicatrices emocionales que lo prueban. También hemos visto a Dios convertir algunas de nuestras pruebas más difíciles en nuestros testimonios más preciados. No querríamos pasar por esas épocas otra vez, pero no las cambiaríamos por nada en el mundo. Cada *testimonio* comienza con una *prueba*, si la superas tendrás un testimonio y con eso vencerás el próximo obstáculo.

En este momento, puedes pensar que este libro ha dado un giro en la dirección incorrecta. Te aseguro que no. Los primeros capítulos son más duros de leer porque se enfocan en los hábitos más difíciles de cultivar. Si estabas buscando un atajo, viniste al lugar equivocado. Si quieres sacarle el jugo al día, debes abrazar la ola.

RECUERDO

El 19 de octubre de 1856, Charles Spurgeon estaba predicándoles a diez mil personas en el Surrey Music Hall de Londres cuando alguien gritó: «¡Fuego!». Todo se volvió un caos. Los que intentaban entrar al edificio bloqueaban a aquellos que intentaban salir. Un palco colapsó bajo la estampida. Para cuando se calmó la conmoción, siete personas habían muerto y veintiocho terminaron con heridas graves.

El texto de Spurgeon de esa noche fue Proverbios 3:33: «La maldición del Señor cae sobre la casa del malvado; su bendición, sobre el hogar de los justos».[10] Nunca volvería a predicar sobre ese pasaje. De hecho, el hombre al que solían llamar el Príncipe de los Predicadores directamente casi no volvió a predicar. Punto. Durante bastante tiempo, Charles Spurgeon lloraba con el solo hecho de mirar la Biblia. Cuando finalmente se paró en el púlpito donde había predicado por última vez, su alma se inundó de sentimientos tristes que nunca se fueron. Veinticinco años después del desastre del Surrey Hall, Spurgeon estaba hablando en una reunión de la Unión Bautista cuando algo a su alrededor disparó un recuerdo que lo dejó sin palabras por varios minutos.

Al momento de la tragedia, Charles Spurgeon solo tenía 22 años. Él era el nuevo pastor de la que sería la iglesia más grande del mundo, el Tabernáculo Metropolitano. Además, estaba casado hacía diez meses y tenía gemelos que solo tenían días de vida.

Hice un cálculo rápido basándome en la escala de reajuste social.[11] Spurgeon obtuvo un puntaje de 358, según mis cuentas. Cualquier resultado por encima de los 300 en ese examen de estrés indica una probabilidad del 80 % de tener alguna enfermedad en un futuro cercano. Yo agregaría enfermedad mental. Y ese examen de estrés ni siquiera tiene en cuenta el hecho de que los periódicos de Londres culpaban a Spurgeon por la tragedia.

¿Cómo cambias ese guion?

¿Cómo abrazas esa ola?

Pocas personas han anunciado el Reino de Dios como Charles Spurgeon. Además de pastorear la iglesia más grande del mundo, escribió ciento cincuenta libros, fundó una universidad y lideró sesenta y seis organizaciones benéficas. ¡Eso me hace preguntar qué fue lo que hizo durante todo su tiempo de ocio!

A pesar de tantos logros, Spurgeon estaba marcado por la melancolía. Se necesita una gran medida de valor para admitir un aguijón en la carne, pero no mantuvo en secreto sus luchas con la depresión profunda. Al igual que mi amigo, que sufre de migrañas, Spurgeon experimentó pocas remisiones de la depresión.

> Mi espíritu estaba tan hundido que podía llorar por horas como un niño y, sin embargo, no saber por qué lloraba.[12]

«El dolor es depresión en proporción a la circunstancia», dice el Dr. Andrew Solomon. El dolor es algo bueno, algo de Dios. Dios es el que nos crea con lagrimales. Sin embargo, las emociones como el dolor pueden exagerarse o no, como nuestros recuerdos. Ahí es cuando nos ponemos en peligro con nuestras emociones. En palabras del Dr. Solomon: «La depresión es el dolor desproporcionado frente a una circunstancia».[13]

Anda, angústiate. Es una forma de abrazar la ola. Al igual que las heridas físicas, si las heridas emocionales no sanan por completo, pueden infectarse. Si tú intentas esquivar el dolor, en algún momento hará cortocircuito en tu alma. Pero no puedes quedarte atrapado en las etapas del duelo, que son la negación, la ira, la negociación y la depresión. De algún modo, de alguna manera, debes aceptar tu nueva normalidad y encontrarle un nuevo sentido.[14] ¿La buena noticia? ¡No nos afligimos como aquellos que no tienen esperanza![15]

EL MEJOR DE LOS TIEMPOS, EL PEOR DE LOS TIEMPOS

Pocos años después de la tragedia del Surrey Hall, un contemporáneo de Charles Spurgeon, Charles Dickens, escribió *Historia de dos ciudades*.

> Era el mejor de los tiempos, era el peor de los tiempos, la edad de la sabiduría, y también de la locura, la época de las creencias y de la incredulidad; la era de la luz y de las tinieblas, la primavera de la esperanza y el invierno de la desesperación.

Más que solo una épica introducción, es una escena veraz de la vida. Queremos los mejores tiempos sin los peores. Queremos la razón sin la locura, la luz sin las tinieblas, la esperanza sin la desesperación. Esto no es la realidad, ¿verdad? ¡Los mejores y los peores tiempos muchas veces transcurren a la vez! La vida es una moneda de dos caras.

En 1974, Stephen Colbert perdió a su padre y a sus dos hermanos en un accidente de avión. Stephen solo tenía diez años. Su mundo estaba destrozado.[16] En una entrevista con Anderson Cooper, Colbert debatió sobre su creencia de que había tenido que aprender a «amar eso que deseaba que nunca hubiese sucedido». Parece algo extraño, ¿verdad? Colbert explicó ese sentimiento:

Existir es un regalo y con la existencia viene el sufrimiento. No hay forma de escapar. Quisiera que eso no hubiera sucedido. Quisiera que *no* hubiera sucedido, pero si estás agradecido por tu vida (lo que creo que es algo positivo, no todos lo están, y yo no siempre lo estoy, pero es lo más positivo que podemos hacer), entonces tienes que agradecer por todo eso. No puedes escoger solo algunas cosas por las que estar agradecido.[17]

Esa es una píldora difícil de tragar, pero de eso se trata abrazar la ola.

CULPAR A DIOS

¿Recuerdas a Joseph Merrick?

¿Cómo es que alguien incomprendido y maltratado por tantos años se considera bendecido y no maldecido? ¿Cómo puede convertirse en una mejor versión de sí mismo en lugar de amargarse? El secreto es un poema que se dice que Merrick solía repetir con frecuencia:

Es cierto que mi forma es muy extraña,
pero culparme por ello es culpar a Dios;
si yo pudiese crearme a mí mismo de nuevo,
procuraría no fallar en complacerte.[18]

No es solo la belleza lo que está en el ojo del espectador. ¡Es todo! Puedes culpar a Dios por esto o por aquello. Y, desde luego, yo confieso que también lo he hecho. Muchas cosas no tienen sentido para mí, y he juzgado a Dios algunas veces.

El 6 de enero de 1998 mi suegro de cincuenta y cinco años murió de un ataque al corazón. Fue una sorpresa total y sacudió por completo a nuestra familia. La aguja de la brújula sigue girando.

No entiendo por qué Dios permitió que eso sucediera. Él estaba en el mejor momento de su vida y de su ministerio. Poco tiempo después leí Deuteronomio 29:29. Allí dice que las cosas reveladas nos pertenecen a nosotros, pero lo secreto le pertenece a Dios. En ese momento creé lo que llamo «mi carpeta Deuteronomio 29:29». Esa carpeta está llena de cosas que no tienen sentido para Mark. Está llena de preguntas que no tendrán respuesta de este lado de la eternidad y cada vez se llena más.

Si te encuentras en una época de sufrimiento, allí surgen muchas preguntas. Si es un divorcio: *¿alguna vez encontraré el amor de verdad?* Si es un diagnóstico difícil: *¿cuál es mi nueva normalidad?* Si es un sueño que ha muerto: *¿qué hago ahora?* No puedo responder esas preguntas, pero si te inclinas y aprendes a abrazar la ola, podrás salir más fuerte, más amable y más sabio. No será fácil y será doloroso. Esas preguntas sin respuestas, los misterios sin resolver y las situaciones inestables son las que hacen que mucha gente culpe a Dios. Por más difícil que sea, no hay otro lugar al que pueda acudir sino a la Roca Eterna.

A veces, Dios nos libra *del* sufrimiento. Pero casi siempre, nos libera *por medio* de él. ¿Por qué? Para que podamos ayudar a otros. Eso es precisamente lo que hizo Charles Spurgeon. «Cientos de veces he tenido la posibilidad de brindar un sostén de ayuda para hermanos y hermanas que han estado en la misma situación, y nunca podría haberlo hecho si no hubiese conocido su profundo desánimo».[19]

Sentir placer desde el dolor es masoquismo, no santidad. Abrazar la ola simplemente es reconocer que las cosas son así. Debes adueñarte de lo que sucedió sin dejar que eso se apodere de tus emociones. Abrazar la ola no es algo obsesivo compulsivo ni pasivo agresivo. Abrazar la ola es la *Oración de la serenidad*, escrita por Reinhold Niebuhr:

Dios, concédeme serenidad para aceptar las cosas que no puedo cambiar, valor para cambiar las que sí puedo y sabiduría para reconocer la diferencia.[20]

Si quieres sepultar el ayer, debes tomar la responsabilidad y reaccionar frente a ello. Esta es la clave. Tal vez no sea tu culpa, pero eso no cambia el hecho de que tú puedas elegir tu reacción a cada situación.

¿Sabías que la *Oración de la serenidad* es más extensa y no solo es lo que acabo de citar? El resto de la oración de Niebuhr está en armonía con los compartimentos de un día de Osler. (Por cierto, Niebuhr se graduó de la Universidad Yale en 1914, así que no me sorprendería que haya oído el discurso de Osler.)

Viviendo día a día;
disfrutando de cada momento;
sobrellevando las privaciones como un camino hacia la paz;
aceptando este mundo impuro tal cual es
y no como yo creo que debería ser,
tal y como hizo Jesús en la tierra:
así, confiando en que obrarás siempre el bien;
así, entregándome a Tu voluntad,
podré ser razonablemente feliz en esta vida
y alcanzar la felicidad suprema a Tu lado en la próxima.
Amén.[21]

LO MÁS SAGRADO

En el libro de sus memorias, *The Sacred Journey* [El viaje sagrado], Frederick Buechner escribió acerca del efecto que tuvo en él el suicidio de su padre cuando era un niño. Fue devastador. Si has vivido un trauma así, nunca lo superas. Pero sí puedes atravesarlo con la ayuda de Dios. Buechner describe el proceso de sanidad de esta manera:

> Cuando se trata de volver a armar vidas rotas… la mayor tendencia humana es entrar en conflicto con lo más santo. Hacer por tus medios lo mejor que tienes dentro ti (apretar los dientes y cerrar los puños para sobrevivir a las peores adversidades del mundo) es, en sí mismo, no dejar que se pueda hacer algo por ti y en ti que sea aún más maravilloso.[22]

Kathleen Norris una vez señaló: «Los creyentes modernos suelen confiar más en la terapia que en lo misterioso».[23] ¡No tiene nada de malo hacer terapia! Nunca conocí a nadie que le hiciera mal un poco de consejería ¡y a mí me ha beneficiado mucho! Pero la sanidad se produce cuando la terapia se encuentra con el misterio.

Hay una canción que repito una y otra vez durante las etapas difíciles de la vida. Es la *magnum opus* de Martín Lutero: *Castillo fuerte es nuestro Dios*. El segundo verso comienza con esta declaración: «Nuestro valor es nada aquí, con él todo es perdido». Tu mejor esfuerzo no es suficientemente bueno, y está bien. La última línea de ese verso nos guía de regreso al único que es suficiente: Jesucristo. «Él triunfa en la batalla».[24] ¡Y así lo ha hecho!

Depender de la gracia de Dios no es más fácil que depender de Él por nuestro pan diario. Queremos ser autosuficientes. De hecho, confundimos autosuficiencia con madurez espiritual. Nuestra única suficiencia es la gracia de Dios y la única forma en que podemos obtenerla es que no estamos calificados para hacerlo. ¡Su gracia tiene el poder de sepultar los ayeres muertos dos metros bajo tierra! El problema, por supuesto, ¡es que luego cavamos para desenterrarlos!

La *religión* nos dice qué hay que *hacer*. El *cristianismo* nos dice que ya está *hecho*. No se trata de lo que puedes hacer por

Dios, sino de lo que Dios ha hecho por ti en la cruz del Calvario. Jesús dijo: «Consumado es».[25] Así es como sepultamos los ayeres muertos. Los clavamos en la cruz. Luego tomamos nuestra cruz y la cargamos diariamente.[26]

Hay un antiguo dicho que dice: «Deja todo en manos de Dios». Es difícil dejar las preocupaciones del presente y las ansiedades del futuro, pero nada es más difícil que dejar el dolor del pasado. ¿Cómo lo soltamos? ¡Nos adueñamos de él, para que no se adueñe de nosotros! Nos hacemos responsables de toda nuestra vida. Aprendemos las lecciones del dolor haciendo una pregunta osada: *¿Qué has venido a enseñarme?*

¡Abraza la ola!

4

POSTIMAGINAR

Tus *interpretaciones* son más importantes que tus *experiencias*.

En 1911, un psicólogo suizo llamado Édouard Claparède estaba atendiendo a una paciente de cuarenta y siete años que tenía pérdida de la memoria de corto plazo. Al comienzo de cada cita se estrechaban la mano. Luego, un día, Claparède decidió hacer un pequeño experimento. Cuando su paciente le estrechara la mano, tendría un alfiler oculto en su mano. Al sentir el pinchazo doloroso, la paciente rápidamente retiró su mano. Pocos minutos después, ya no recordaba el pinchazo. Sin embargo, a partir de ese día, no le volvió a dar la mano a Cleparède. No sabía bien por qué, pero sentía que no podía confiar en él por completo. El residuo del dolor le impedía acercarse. Eso nos sucede a muchos de nosotros ¡y de muchas formas!

Unos años antes del pinchazo de Édouard Claparède, un psicólogo ruso llamado Ivan Petrovich Pavlov realizó un experimento innovador que lo haría ganar un Premio Nobel. A los perros se les cae la baba naturalmente cuando les muestran comida, pero Pavlov quería ver si la salivación podía ser causada por otros estímulos. Como seguramente recuerden de alguna clase de ciencias de la preparatoria, Pavlov condicionaba al perro haciendo sonar un timbre antes de alimentarlo. Con el tiempo, incluso antes de que estuviera la comida, el timbre era suficiente para generar la saliva. A esta respuesta que se observó se la suele llamar reflejo condicionado.

En un grado u otro, todos somos pavlovianos. Hemos sido condicionados consciente e inconscientemente durante toda nuestra vida y muchas de nuestras conductas son dictadas por esos reflejos condicionados. La paciente de Claparède, quien no le daba la mano por un pinchazo que no podía recordar, es el clásico ejemplo.

Cada vez que lleno mi tanque de gasolina, instintivamente miro el espejo retrovisor antes de salir. ¿Por qué? Porque una vez arranqué una manguera de combustible de un surtidor. ¡Ese fue uno de los momentos más embarazosos de mi vida! Me preguntaba por qué todos me saludaban mientras salía de la gasolinera. ¡Qué amigable era esta gente! No, ¡temían que las chispas de esa manguera que arrastraba detrás de mi auto causaran un incendio!

Había llenado mi tanque de gasolina cientos de veces sin ningún tipo de incidente. Eso no importaba. Aún tenía esa sensación en el subconsciente de que me había olvidado de quitar la manguera. Para mí, volver a revisar el espejo retrovisor es un reflejo condicionado.

Durante nuestra vida adoptamos un gran repertorio de reflejos condicionados. Algunos de ellos son idiosincrasias menores, como una risa nerviosa. Otros se convierten en rasgos importantes de nuestra personalidad, como el sarcasmo. Algunos reflejos condicionados son tan naturales y normales como sonrojarse. Otros son tan destructivos como autolesionarse o las adicciones. Una cosa es cierta: estamos mucho más condicionados de lo que creemos.

Una parte de sacarle el jugo a la vida es aprender lo que no sabemos. La otra parte es desaprender lo que sí sabemos. Dime: ¿cuál de las dos es más difícil? Abrazar la ola es adueñarse de tu pasado para que este no se adueñe de ti. Es entender que el obstáculo es el camino para crecer. Pero abrazar la ola, también es darle la despedida.

EL EFECTO SEÑORITA HAVISHAM

¿Recuerdas al príncipe Alberto? El mismo año en que murió, Charles Dickens publicó un libro titulado *Grandes esperanzas*. Él escribió acerca de una solterona adinerada llamada señorita Havisham, cuyo día de bodas se volvió una pesadilla. El amor de su vida, Compeyson, no se presentó. Peor aún: él fingió amor para estafarla.

Humillada y con el corazón roto, la señorita Havisham tuvo un colapso mental. Así como la reina Victoria vistió de negro por el resto de su vida, la señorita Havisham nunca se quitó su vestido blanco de bodas. Eso que le rompió el corazón sucedió a los cuarenta minutos de pasadas las ocho en punto de la mañana. El tiempo se detuvo, casi literalmente. Por desgracia, no de la misma manera en que se detuvo para Tony Campolo sobre el Empire State. Ella detuvo todos los relojes de su casa en ese horario preciso. Se quedó detenida en ese momento y no pudo salir. Aunque sus relojes marcaran la hora correcta dos veces al día, ella vivió el resto de su vida en el dolor del pasado.

Desearía que la señorita Havisham solo fuese un producto de la imaginación de Charles Dickens, pero todos sabemos que no es así. Todos conocemos una señorita Havisham o nos sentimos un poco como ella. Todos conocemos a alguien que no ha muerto, pero que ha dejado de vivir. Una experiencia traumática tomó a esa persona de rehén y por el rescate cobra el resto de su vida. Al igual que la señorita Havisham, muchas veces empleamos estrategias de resistencia que son contraproducentes. ¿Sabes por qué la reina Victoria casi no salía? En parte, porque le avergonzaba el peso que había ganado tras la muerte de Alberto. Refugiarse en la comida fue su mecanismo de supervivencia.

Si quieres sacarle el jugo al día tienes que evaluarte. Debes identificar las formas en las que te saboteas a ti mismo, luego detener esos patrones de conducta poco saludables. En el entorno de la psicología, el efecto señorita Havisham hace referencia a estar psicológicamente atrapado debido a un amor perdido. Pocas cosas son más difíciles de superar, y cuanto más amas, más doloroso es. Allí es donde entra en cuestión la relación con Dios.

Craig Barnes dijo: «El secreto para la intimidad con otra persona es descubrir la suficiencia del amor de Dios sin esa persona».[1] Al contrario de lo que Jerry Maguire le dijo a Dorothy Boyd, ¡tú no me completas![2] Nadie puede hacerlo, solo Cristo. Nuestra suficiencia solo es Cristo. Su amor nos hace libres para ser quienes estábamos destinados a ser.

Cuando sabes que eres amado por Dios, no tienes que jugar a ser Dios. Y las personas que amas tampoco tienen que soportar esa carga imposible de llevar.

LIBERA EL TEJIDO CICATRICIAL

Durante mi segundo año en la universidad, me rompí el ligamento cruzado anterior en el último partido del torneo nacional de baloncesto. Un cirujano ortopédico me reconstruyó la rodilla pocas semanas después. Me llevó cerca de nueve meses recuperar movilidad total, pero llevó mucho más recuperar la confianza para volver a jugar al baloncesto.

Dos años después de esa herida me nombraron para un equipo All-American. No se sorprendan tanto, *no* era la NCAA (Asociación Nacional Deportiva Universitaria), era la NCCAA (la otra *C* es de *Cristiana*). Es una linda historia, pero esta es la realidad: mi rodilla nunca ha vuelto a ser la misma. Entre ambas rodillas me han realizado seis cirugías. Sí, participé en competencias de ciclismo y corrí maratones, pero he tenido que enfrentar una nueva normalidad, que incluye ibuprofeno de vez en cuando.

Cuando experimentamos un traumatismo nuestro cuerpo forma tejido cicatricial. A diferencia de nuestro tejido original, el cicatricial se desarrolla en patrones aleatorios. El resultado es una pérdida de funcionalidad. En mi caso, pérdida de flexibilidad. Nunca recuperé mi movilidad por completo y asumo total responsabilidad por eso. ¡No hice lo que la fisioterapeuta me dijo que hiciera! Ella me explicó que necesitaba *liberar el tejido cicatricial*. ¿Cómo? Masajeándolo. Si no lo haces, se vuelve un eslabón débil en la cadena cinética. En lugar de distribuir la tensión uniformemente entre un grupo de músculos, los tejidos cicatriciales producen una tensión poco saludable. Si no se libera, abre una nueva herida.

Lo mismo sucede con los traumas emocionales, relacionales y espirituales. Formamos tejidos cicatriciales alrededor de esas viejas heridas. Si no tenemos un mecanismo para hacerle frente, muchas veces recurrimos a mecanismos de defensa que pueden protegernos del dolor, pero que no dan lugar a una sanidad a largo plazo.

Cuando alguien en quien confías te lastima, deja una cicatriz. Si no perdonas a esa persona, esa herida se convierte en amargura. No quiero simplificar lo difícil que puede llegar a ser perdonar. No hay soluciones simples ni respuestas fáciles, pero la forma de liberar ese tejido cicatricial, espiritualmente hablando, es mediante el perdón. Si no lo haces, pierdes funcionalidad emocional, la capacidad de experimentar el gozo o la intimidad.

BUENO PARA EL ALMA

Hace varios años me invitaron a hablar en un simposio en Wittenberg, Alemania. Allí es donde Martín Lutero publicó sus noventa y cinco tesis en las puertas de la Iglesia del Palacio, lo que impulsó la Reforma Protestante. Decidí investigar sobre Lutero leyendo una biografía y lo que más me sorprendió es el hecho de que pasaba hasta seis horas confesándose. ¡Ni siquiera recuerdo la última vez que he pasado seis minutos! ¿Acaso Martín Lutero tenía más cosas que yo para confesar? Lo dudo mucho. Tal vez, él sabía algo acerca del poder de la confesión que la mayoría de nosotros no sabemos.

Señor, perdóname por todo lo que hice mal. No tengo dudas de que Dios puede responder esa oración, pero, en mi opinión, es un poco débil y la sensación de perdón probablemente dure unos seis segundos.

Nuestras confesiones de pecado necesitan ser bien específicas como nuestra confesión de fe. Si la fe es estar seguros de lo que esperamos, entonces el arrepentimiento es estar seguros de lo que nos arrepentimos. Si te es de ayuda, intenta hacerlo por escrito.

Cuanto menos confesemos, menos perdón sentiremos.

Cuanto más confesemos, más perdón sentiremos.

Es cierto lo que dice el antiguo refrán: «La confesión es buena para el alma». Todo lo que no confiesas, lo reprimes. Y todo lo que reprimes, en algún momento sale a la superficie de formas poco saludables e impuras, ¡muchas veces en los momentos más inoportunos!

Si quieres que el perdón se meta en lo más profundo de tu alma, intenta confesar un poco más. Eso no significa golpearte durante seis horas. Es darle margen al Espíritu Santo para obrar en los lugares más profundos de tu alma. Una sesión común de consejería dura unos cincuenta minutos. Si le das ese tiempo al Consolador, no tengo dudas de que abrazarás la ola.

DOS TIPOS DE IMAGINACIÓN

Leonardo Da Vinci hizo una distinción entre dos tipos de imaginación: *preimaginación* y *postimaginación*.[3] Preimaginar, como puedes deducir por el prefijo, es *imaginar el futuro antes de que suceda*. Pondremos en práctica esto en la tercera parte, cuando imaginemos mañanas por nacer.

Generalmente pensamos la imaginación en tiempo futuro, pero todos los padres de niños en edad preescolar saben que los niños también tienen recuerdos imaginarios. ¡Especialmente cuando se trata del famoso tarro de galletas! Ya sea algo verdadero o falso, postimaginar es *volver a imaginar el pasado después de que sucedió*. Aquí es donde muchos ponemos excusas o buscamos coartadas para la mano que atraparon en ese tarro de galletas. Pero, permíteme cambiar el guion. Así también es la forma en que reconocemos la mano de Dios. ¿No es lo que hizo David con los leones y los osos? Él imaginó su pasado desde un punto de vista celestial.

Cuando comencé a predicar, me frustraba el hecho de que no era bueno para hablar improvisadamente. Tenía que escribir cada palabra cada vez que predicaba. Hablar desde un bosquejo hubiese sido mucho más fácil, pero no era mi especialidad. En ese momento no lo sabía, pero Dios estaba perfeccionando mi redacción. Lo que para mí era una debilidad para hablar se convirtió en una fortaleza para escribir.

Alfred Adler lo llamaría una «habilidad compensatoria». Las cosas que percibimos como desventajas, como el tamaño de David, muchas veces terminan siendo ventajas camufladas. ¿Cómo? Nos obligan a desarrollar actitudes y habilidades que, de otra forma, hubiesen quedado sin descubrir. Una vez más, ¡el obstáculo es el camino! A medida que compensamos nuestra mano débil descubrimos algunos de nuestros grandes dones ambidiestros.

La forma en que interpretamos la historia es una función de la personalidad, la teología y hasta de la genealogía. A veces, romantizamos el pasado, mirándolo con lentes color de rosa. ¿Puedo confesar algo como exatleta universitario? *¡Cuánto más viejo me pongo, mejor jugador era!* ¡Sé que no soy el único! Por supuesto, también hacemos del pasado una catástrofe, exagerando las dificultades que hemos enfrentado.

Mis abuelos deben haber ido a la escuela a la manera antigua: a pie. Pero, definitivamente, ¡no era cuesta arriba ni entonces ni ahora! ¿A qué me refiero? Nuestros recuerdos no son objetivos. Son tan subjetivos como nuestras comidas, nuestras canciones y nuestros colores favoritos. Cada uno de nosotros une los puntos de una manera única y personal. Luego pintamos esa imagen del pasado como un impresionista. Esa imagen impresionista es la perspectiva con la que vemos el presente y el futuro.

EL CUERPO LLEVA LA CUENTA

En su libro *El cuerpo lleva la cuenta*, éxito de ventas del *New York Times*, Bessel van der Kolk cuenta la historia de una señorita Havisham de la actualidad. Una auxiliar de enfermería de veintiocho años fue a ver a un doctor por un problema de 408 libras (185 kg): su peso. Durante el transcurso de cincuenta y una semanas, ella perdió más de la mitad de su peso. Bajó 276 libras (125 kg), y llegó a pesar 132 libras (60 kg). Luego, recobró una cantidad de peso sorprendente solo en unos meses, lo que dejó perplejo a su doctor.

La mujer identificó la obesidad como su problema, pero los problemas visibles casi nunca son la raíz de nuestras cuestiones. Después de perder todo ese peso, un colega intentó sobrepasarse sexualmente. Ese incidente desató un dolor reprimido y esta mujer terminó contándole a su doctor una larga historia de abuso sexual cometido por su abuelo.

¿Cómo lidiaba con su dolor? Comía casi todo el tiempo en que estaba despierta. ¿Por qué? La obesidad era un mecanismo de defensa para mantener distancia con los demás.[4] Cuando a esta mujer la hicieron sentir tan indefensa como lo estuvo en su infancia, comer fue el único mecanismo de defensa que tenía.

Cada uno de nosotros tiene un repertorio personal de mecanismos de protección. Algunos —como esta mujer— comen para volverse invisibles, otros toman para ahogar sus penas y otros sabotean su éxito debido a una vergüenza profundamente arraigada. Sé que el dolor es tan real como lo que ha sucedido, pero aun así sigues siendo responsable de tu reacción. Espero que eso te potencie. Con la gracia de Dios puedes abrazar la ola. ¿Cómo? Debes evaluar, y tal vez reinventar, tus mecanismos de defensa. Te hago esta pregunta con una sincera empatía: *¿Cómo funcionan tus mecanismos de defensa?* Si te están causando efectos negativos, es hora de intentar una técnica diferente.

Un trauma no es igual para todos y el proceso de sanidad tampoco lo es. Pero la sanidad muchas veces comienza con la decisión valiente de confesar el dolor. No solo el problema visible, tienes que llegar a la raíz.

Uno de los milagros más extraordinarios de los evangelios es el de un hombre que no había dado un solo paso en treinta y ocho años. Jesús le hizo una pregunta que parecía insensible: «¿Quieres quedar sano?».[5] Parece un poco insultante, ¿no? No te apresures. Conozco gente —y seguramente tú también— que no quiere ser sana. Preferirían morir antes que cambiar. Si no quieres ser sano, ni siquiera Jesús puede hacerlo. Eso es real incluso si el dolor que te llevó allí no fue tu culpa. Para poder cambiar el guion, el sufrimiento de permanecer igual tiene que ser mayor que el sufrimiento de cambiar.

¿Creo en la sanidad divina? ¿Cómo podría no hacerlo luego de que Dios me sanara de asma? Pero, permíteme decirte lo que *no hice* cuando Dios me sanó. ¡*No* empecé a fumar! Muchas veces entorpecemos nuestra propia sanidad en lugar de participar de ella.

Dios puede liberarte en un día, sin dudas. Pero debes sostener esa liberación con hábitos diarios que fortalezcan tu nueva libertad. Si no lo haces, no durará mucho tiempo. Terminarás justo donde comenzaste, o peor. Esto no es una amenaza sino una observación de la realidad. Cuando Jesús sanó al hombre que no había

caminado en treinta y ocho años, la sanidad vino con una advertencia: «No vuelvas a pecar, no sea que te ocurra algo peor».[6]

¿Hay algo que necesites detener?

¿Qué estás esperando?

FUNERAL SIMBÓLICO

En el año 2002 Steve Jobs organizó un funeral simbólico en la conferencia anual de Apple para desarrolladores. Trajeron a escena
un ataúd en el centro de convenciones de San José. En el sistema
de sonido comenzó a sonar *Tocata y fuga en re menor*, de Bach.
Después de un momento de silencio, Steve Jobs elogió el sistema
operativo OS 9. «Hoy le decimos adiós al OS 9 para todo futuro
desarrollo y enfocamos nuestras energías en desarrollar el Mac
OS X», dijo Jobs.[7]

¿Hay algo que necesites enterrar?

Tal vez es tiempo de hacer un funeral simbólico.

Después de la famosa «Masacre de lunes por la noche» (una
derrota 45 a 3 de los Jets de Nueva York frente a los Patriotas de
Nueva Inglaterra (New England Patriots, en inglés) el 6 de diciembre de 2010), el entrenador Rex Ryan tomó una página del manual
de Steve Jobs. Ryan cavó un pozo junto al campo de entrenamiento y llevó a todo el equipo a realizar un funeral. Enterró un balón
de fútbol y, con él, el recuerdo de esa humillante derrota. Seis semanas después, los Jets repuntaron y vencieron a los Patriotas en
un juego de *playoff*.

Antes de pasar la página del pasado, debes darles a los ayeres
muertos el funeral que corresponde. Cuando Dios le dijo a Jacob
que regresara a Betel, veinte años después de ese sueño que le cambió la vida, Jacob vivió un momento que cerró el círculo. Él había
procesado su pasado, como lo evidenciaba su cambio de nombre:
ahora Jacob era Israel. ¿Qué hizo después? Construyó un altar,

pero eso no es todo. Hizo un funeral simbólico. Su familia entregó los ídolos paganos que habían acumulado y Jacob los enterró debajo de la encina en Siquem.[8] ¿Por qué en la encina en Siquem? ¿Por qué no? Allí es donde Abraham había construido un altar a Dios por primera vez hacía más de un siglo.[9] Era tierra santa. Creo que Jacob estaba uniendo los puntos, así como lo hizo David.

No sé qué es lo que tú debas sepultar o cómo debas hacerlo. Ten cuidado de no saltarte el proceso de duelo o podrías saltarte el proceso de sanidad. Pero en algún momento tienes que dejar atrás el pasado. Tienes que retomar los asuntos de la vida. Si es de ayuda, haz un funeral.

Con la ayuda del Espíritu Santo, postimagina. No tienes que reescribir toda tu autobiografía, pero tómate el tiempo de identificar cuál es tu historia principal y cuáles son las secundarias. ¿Sobre qué temas está escribiendo Dios en tu vida? ¿Qué habilidades compensatorias ha estado cultivando Dios en ti? ¿De qué forma te han preparado las adversidades del pasado para las oportunidades de hoy?

¿Puedo asesorarte y ayudarte a identificar tus momentos decisivos?

Mira tu pasado de forma cronológica y relacional. Primero, divide tu vida en capítulos basados en épocas y etapas. ¿Cuáles son tus primeros recuerdos? ¿Cuáles fueron los momentos claves y decisivos en la primaria y la preparatoria? Una vez que terminas la universidad, puedes usar la geografía o los empleos para dividir tu vida en etapas. ¿Qué decisiones cambiaron tu rumbo? ¿Quién dejó sus huellas en tu alma durante las diferentes etapas de tu vida? ¿Qué errores son los que más lamentas? ¿De qué logros estás más orgulloso? ¿Qué días te gustaría revivir? ¿Qué días fueron los más difíciles y por qué? ¿Cuáles fueron las lecciones más difíciles que has aprendido en el camino? Sé que eso es solo la punta del iceberg, pero espero que te guíe en la dirección correcta.

GRANDES FRACASOS

En las Escrituras hay unos cuantos grandes fracasos, pero ninguno es tan clásico como cuando Pedro negó a Jesús. ¡Jesús hasta se lo había advertido! «Esta misma noche, antes de que cante el gallo, me negarás tres veces».[10] ¿Podría Jesús haber sido más específico? Sin embargo, Pedro lo negó por tercera vez justo antes de que cantara el gallo.

¿Recuerdas a Ivan Pavlov? Este es un pensamiento de él relacionado con Pedro: «Me pregunto si Pedro sentía algo de culpa cada vez que oía cantar a un gallo». ¿Alguna vez has notado que los estímulos sensoriales pueden traer viejos recuerdos? Alguna imagen, sonido o aroma aparentemente insignificante puede evocar fuertes sentimientos. Por ejemplo, cada vez que huelo lilas me transporto en el tiempo y el espacio al jardín de mis abuelos en Fridley, Minnesota. De forma similar, el canto de un gallo tiene que haber tenido un efecto psicológico en Pedro, un recuerdo sonoro de su gran fracaso.

Esta historia es difícil de imaginar para la población urbana como yo, ya que la cantidad de gallos en Washington D.C. es cero. No fue hasta que me desperté un día en la Isla Isabela, de las islas Galápagos, que aprecié en su totalidad el efecto que el canto de un gallo debe haber tenido. Desperté con un coro de gallos justo al lado de mi ventana, sin botón para posponer la alarma.

Cada mañana, Pedro despertaba bruscamente con un recordatorio de su gran fracaso. Esa es la forma en que trabaja el Enemigo, ¿verdad? Él es el acusador de nuestros hermanos.[11] Él quiere recordarte constantemente todo lo que has hecho mal. No solo merodea como un león rugiente;[12] también canta como un gallo. Pero hay una buena noticia, y es que Dios puede reacondicionar tus reflejos con su gracia.

Es mucho más fácil accionar como un cristiano que reaccionar como uno. ¿No es así? ¡Casi todos somos buenos actores!

Hacemos nuestro papel bastante bien, hasta que nos encontramos en el tráfico de la hora pico (¿o solo soy yo?). Son nuestras reacciones las que revelan quiénes somos realmente. Y, tal vez, por eso Jesús enfocó tanto sus enseñanzas en reacondicionar nuestros reflejos.

«Amen a sus enemigos».[14]

«Bendigan a quienes los maldicen».[15]

«Si alguien te obliga a llevarle la carga un kilómetro, llévasela dos».[16]

«Si alguien te da una bofetada en la mejilla derecha, vuélvele también la otra».[17]

Ninguna de estas cosas se nos da naturalmente. Son tan contrarias al instinto como abrazar la ola.

Pocos después de su negación, Pedro les dijo a sus amigos: «Me voy a pescar».[18] Esto parece algo inocente, pero es más que una declaración de acción; es una declaración de intención. ¿Qué hacía Pedro antes de convertirse en discípulo? Era un pescador profesional. Creo que Pedro estaba volviendo a su antigua forma de vida, que es lo que solemos hacer cuando cometemos errores. Tiramos la toalla. Así es como los errores se vuelven rachas perdedoras. ¡Cambiamos mal el guion!

A la mañana siguiente, Jesús se apareció en la orilla. Pedro y su grupo no habían pescado nada en toda la noche, luego oyeron que alguien dijo: «¡Intenten del otro lado!». El otro lado de la barca estaba a solo siete pies y medio de distancia (2,30 m). Vamos, ¿de veras crees que los peces se están escondiendo del otro lado de la barca? Los discípulos cambiaron de lado y Jesús cambió el guion. Pescaron tanto que Pedro inmediatamente supo quién era ese pescador de la primera hora. Él saltó de la barca, completamente vestido, y nadó hasta la orilla. ¡Tienes que amar a este tipo!

¡Tu milagro puede estar más cerca de lo que crees! Tal vez esté a solo siete millas y media de distancia (12 km). La pregunta es:

¿estás dispuesto a intentar del otro lado? ¡Muchas veces son esos pequeños pasos de obediencia los que requieren más fe!

VOLVER AL PUNTO DE PARTIDA

Después de arrastrar la pesca milagrosa a la orilla, Jesús hizo el desayuno para los discípulos en la playa. Luego le hizo a Pedro una pregunta puntual: «¿Me amas…?».[19] Él se lo preguntó tres veces. La tercera vez, Pedro se afligió. Esta no fue una coincidencia, fue algo genial. ¡Fue cerrar el círculo!

¿Es posible que Jesús supiera algo acerca de reflejos condicionados mucho antes de que llegara Ivan Pavlov? Pedro negó a Jesús tres veces. ¿Qué hizo Jesús? Restauró a Pedro no una, ni dos, sino ¡tres veces! Ese era Jesús uniendo los puntos de Pedro.

A veces, debes herir a alguien para ayudarlo. Escribir eso es peligroso, porque mucha gente hace lo incorrecto por las razones equivocadas. Habla la verdad con amor, no porque tengas algo que sacarte del pecho. No es nada fácil tener que ser duro. Es abrazar la ola haciendo las preguntas complicadas, teniendo las conversaciones difíciles. Es interesarse al punto de enfrentar lo que está mal porque te importa el bienestar del otro.

¿Alguna vez has notado cuándo sucede este encuentro? El evangelio de Juan es preciso: «Al amanecer».[20] ¿Cuándo cantan los gallos? No fue una coincidencia, fue una promesa. Era Jesús reacondicionando los reflejos de Pedro de una forma que nunca olvidaría. El canto de un gallo, que una vez le generó culpa, se convirtió en un recordatorio diario de la gracia sublime de Dios.

Con un acto de gracia, Pedro postimaginó su pasado.

Con un acto de gracia, Dios cambió el guion.

Con un acto de gracia, comenzó un nuevo capítulo.

Para desatar el poder que hay en veinticuatro horas debes comenzar al pie de la cruz de Cristo. Para Cristo, eres digno de la

Cruz. Sus manos y pies fueron perforados con clavos de nueve pulgadas (casi veintitrés centímetros) para que tú pudieras superar el dolor del pasado. Su victoria sobre el pecado y la muerte fue definitiva, pero debe ser vivida todos los días. ¿La buena noticia? «Sus misericordias son nuevas cada mañana».[21]

Es hora de pasar la página del pasado. Hemos sepultado los ayeres muertos al cambiar el guion y abrazar la ola. Es hora de sacarle el jugo al día.

PARTE 2

Sácale jugo al día

Hay días comunes y días que cambian todos los días de ahí en adelante. Por supuesto, ¡esos días suelen comenzar como cualquier otro! Cuando los apóstoles se levantaron en el Día de Pentecostés, no tenían idea de lo que iba a suceder. Lo que parecía un día común se convirtió en el *día del nacimiento* de la Iglesia. No puedes *planificar* un Pentecostés, pero sí puedes *prepararte* para ese día. ¿Cómo? ¡Orando en el aposento alto durante diez días seguidos![1] Si haces lo correcto día tras día, terminarás desatando el poder de las veinticuatro horas.

En la película *Más extraño que la ficción* hay una escena que es una de mis favoritas de todos los tiempos. Está llena de esperanza, de una forma muy poco convencional. La siguiente frase es una sinopsis de toda la vida de Harold Crick, una vida absolutamente predecible:

«Todos los días, durante doce años, Harold se lavaba cada uno de sus treinta y dos dientes setenta y seis veces. Treinta y ocho veces de un lado al otro y treinta y ocho veces de abajo para arriba».[2]

¡La odontóloga de Harold Crick debe haberlo *amado*! Así también su jefe. Como auditor principal de la agencia de recaudación de impuestos, Harold revisaba 7 134 declaraciones de impuestos por día durante doce años. Se tomaba un descanso de 45,7 minutos todos los días para almorzar y 4,3 minutos para tomar un café. Yo soy un defensor de los rituales diarios, como están a punto de descubrir, ¡pero eso roza lo obsesivo compulsivo!

La vida de Harold estaba gobernada por el reloj de su brazo hasta un fatídico día en el que perdió el autobús por primera vez en doce años. «Ese fue un día extraordinario», anunció el narrador de la película. «Un día que será recordado por el resto de la vida de Harold». Me encanta la siguiente línea: «Harold solo pensó que sería un miércoles más».

Una razón por la que amo esta escena de *Más extraño que la ficción* es que no es ficticia. Al menos, no para mí. Me recuerda a mí en otro miércoles común en el verano de 2009 cuando recibí una llamada que cambiaría el curso de la National Community Church o Iglesia Comunitaria Nacional (NCC, por sus siglas en inglés). Al igual que Harold, ¡solo pensé que era un miércoles más! Quien me llamó me dijo que él y su esposa querían hacer una inversión de tres millones de dólares en nuestra iglesia. En ese momento, ¡esa ofrenda era mayor que los ingresos anuales de la iglesia!

Nunca olvidaré lo que dijo: «Le estamos dando esta ofrenda porque tienen una visión que va más allá de sus recursos». Ya que estamos en el asunto, no dejes que tu presupuesto determine tu visión. ¿Por qué? La visión de Dios para ti es más grande que la tuya. Además, Él es dueño del «ganado de los cerros».[3] Por definición, un sueño del tamaño de Dios es más grande que tu capacidad y tus recursos. Tú no puedes hacerlo realidad, pero Dios sí. De hecho, ¡Dios puede hacer más en un solo día de lo que tú puedes lograr en mil vidas!

En la parte 2, pasamos la página del pasado y desatamos el poder de las veinticuatro horas. Dos hábitos te ayudarán a obtener lo mejor cada día, incluso en los días malos. Debes *tragarte el sapo* y *remontar la cometa*. Voy a definir esos hábitos y desarrollarlos de maneras prácticas, pero para sacarle el jugo al día debemos comenzar con una forma de pensar.

Mi autoconfianza es mediocre, pero mi confianza santa es fuera de serie. ¿Por qué? Porque creo en el efecto acumulativo de la obediencia constante. Si haces lo correcto día tras día, Dios se presentará y actuará. Lo he visto muchas veces como para no creerlo. No será en nuestros términos o en nuestro tiempo, ¡eso seguro! Pero si haces las cosas pequeñas como si fuesen grandes, Dios hará las grandes cosas como si fueran pequeñas.

> Purifíquense, porque mañana el Señor va a realizar grandes prodigios entre ustedes.[4]

Queremos hacer cosas asombrosas para Dios, pero ese no es nuestro trabajo. ¡Dios es quien hace cosas asombrosas para nosotros y por medio de nosotros! Nuestro trabajo es purificarnos frente a Dios todos los días. Si aprovechas el día, las cosas asombrosas están en camino. Ocúpate del día de hoy, el mañana es la parte del trato que le corresponde a Dios.

HÁBITO 3 – ¡TRÁGATE ESE SAPO!

Si quieres que Dios haga algo *sobrenatural*,
debes hacer lo *natural*.

Si alguna vez tienes que comer un sapo vivo, es mejor que sea lo primero que hagas por la mañana. Supuestamente, este es un consejo que ha dado Mark Twain.[1] Si tienes que comerte dos sapos, se dice que recomendó comer el más grande primero. Sé que este escenario es muy poco probable, pero así y todo es un buen consejo. Se preguntarán por qué comer el sapo vivo como primera cosa de la mañana: porque así puedes seguir con tu día sabiendo que lo más difícil ya ha pasado.

¿Qué cosas de tu lista de tareas pendientes son las que sueles postergar más? ¿Qué metas has tenido desde hace tiempo pero no has dado el primer paso para avanzar? ¿Qué decisiones difíciles has estado demorando? Ese, mi amigo, ¡es tu sapo! Ponte una fecha límite y comienza. Este es el tercer hábito y es uno difícil de tragar. Perdón, no pude resistirlo.

¿El resultado? No puedes simplemente orar como si dependiera solo de Dios. También tienes que trabajar como si dependiera de ti. Si quieres que Dios haga algo *sobrenatural*, tú debes hacer lo *natural*. Y debes comenzar con lo primero que hagas a la mañana.

La forma en que comienzas el día sienta las bases para lo que resta de él. Sin embargo, muchos a la mañana no pensamos en nada más que salir a tiempo. Nuestros rituales matutinos son tan imprevistos como un terremoto. ¿Esa es la mejor forma de comenzar el día? Lo que tenga que ser, será. Eso es como abandonar antes de que el día siquiera comience. Si quieres sacarle el jugo al día, debes atacarlo. ¿Cómo? Trágate ese sapo.

A algunas personas les gusta tomarse el día con calma sin derramar una gota de sudor, y lo comprendo. Quizás hasta prefieran dormir hasta tarde, y está perfecto. Pero debes decidir algo para comenzar el día con un desafío. Ya sea acelerar tu ritmo cardíaco con ejercicio o bajar la presión sanguínea con meditación. De cualquier manera, la consistencia es la que manda. ¡La consistencia vence a la intensidad los siete días de la semana!

Yo tenía un suegro cuya mayor prioridad era orar. Después de su ejercicio en la cinta caminadora a las cuatro de la mañana, se arrodillaba a orar a las cinco. Leía tres periódicos cada mañana y realizaba al menos un crucigrama. ¡Todo eso antes de que la mayoría de las personas siquiera se hubieran despertado! Claro, creció en una granja, así que es una ventaja un poco injusta. Solía ordeñar las vacas, algo similar a tragarse un sapo. Tal vez tres periódicos y un crucigrama antes del desayuno no sea lo tuyo, y está bien. Pero la pregunta es: *¿qué es lo tuyo?*

Tengo un amigo que no sale de la cama a la mañana sin hacer una serie de ejercicios mentales. No sé tú, ¡pero así yo me volvería a dormir! Además, el baño me llama. De alguna forma, mi amigo encuentra la forma de enfocarse. Ejercita su músculo de gratitud dando gracias. Luego estira su fe orando por las personas que ama. Tal vez la meditación a primera hora no sea lo tuyo, especialmente si eres propenso a presionar el botón para posponer la alarma. La pregunta es: *¿qué es lo tuyo?*

Mi cuñada, Nicole Schmidgall, comienza el día como en una clase de entrenamiento militar intenso, ¡antes del amanecer! Suena divertido, ¿no? De alguna forma, hizo doscientos cincuenta entrenamientos durante el año pasado y tiene un certificado que lo demuestra. Tal vez, una clase de entrenamiento militar no sea lo tuyo, y está bien. Pero ya sabes qué sigue... *¿qué es lo tuyo?*

¿Qué es eso que menos te gusta hacer pero que te sientes mejor después de hacerlo? Ese es tu sapo. Muchas veces es el hábito más difícil de establecer, pero es el más redituable. Sea lo que sea, debes armar una rutina matutina que funcione para ti. Y —debo agregar— una que funcione para tu esposo o esposa, tus hijos, tu perro y tu jefe. No debes evadir tus responsabilidades para tragarte el sapo. Todo lo que debes hacer es planificar tu trabajo y luego trabajar en tu plan. ¿La buena noticia? ¡Un buen comienzo ya es la mitad del camino! Si haces lo natural, eso le prepara el terreno a Dios para hacer algo sobrenatural.

¡Es hora de tragarse ese sapo!

5

COLECCIÓN DE HÁBITOS

No debes *encontrar* el tiempo, debes *crear* el tiempo.

El 17 de mayo de 2014, el almirante William H. McRaven dio el discurso de graduación en su alma máter, la Universidad de Texas, en Austin. ¿Cuál fue su consejo para los graduados? «Si quieren cambiar el mundo, comiencen por hacer su cama». Ese no parece un consejo de esos que te cambian la vida, pero los hábitos diarios generan intereses con el tiempo. Comenzar tu día haciendo la cama es similar al consejo de William Osler de vivir en compartimentos de un día.

La carrera militar del almirante McRaven finalizó cuando era el noveno comandante del Mando de Operaciones Especiales de los Estados Unidos, pero la mayor parte de sus treinta y siete años de servicio fue como oficial de la SEAL de la marina. McRaven convirtió su discurso en un libro éxito de ventas del *New York Times*, en el que compartió las lecciones de vida que el entrenamiento de la marina le había enseñado. ¿Cuál es la primera lección?

Empieza tu día con una tarea cumplida.[1]

Antes de continuar, permíteme tranquilizarte. No voy a pretender que seas Marky Mark. Uno de los actores mejores pagos de Hollywood, Mark Wahlberg, es famoso por su rutina matutina que comienza con un despertador a las dos y media. ¡Sí, de la mañana! Benjamin Franklin dijo: «Acostarse temprano y levantarse temprano hacen a un hombre saludable, rico y sabio». ¡Pero eso es ridículo! Si eres un búho, ¡ni siquiera has alcanzado tu primera etapa de fase REM!

Mark Wahlberg comienza su mañana con una oración y la termina con crioterapia, lo que me parece fantástico. Él realiza dos entrenamientos, toma dos baños y dos desayunos. Bien por él. Oh, casi lo olvido. Recoge a sus hijos del colegio antes de su entrenamiento de la tarde. ¡Él realiza todo esto mientras filma éxitos de taquilla! Si puedes lograr eso, bien por ti. Pero mejor que te acuestes cuando lo hace Wahlberg, a las siete y treinta. ¡Sí, de la tarde!

Soy un estudioso y defensor de los rituales diarios, pero hay que hacer una evaluación de la realidad. Hay días en los que simplemente salir de la cama es aprovechar el día. ¡No te desanimes por los cronogramas aparentemente sobrehumanos de los famosos! Tú no eres Marky Mark, y eso está bien. Sé tú. Hazlo tú. Y recuerda: los rituales diarios están hechos para romperse. Pocas veces funcionan a la perfección, especialmente si tienes hijos pequeños. O un perro. O un trabajo. O un resfriado. O un viaje. O una vida. Dicho esto, ya sea que te despiertes a las dos treinta o a las diez treinta, haz la cama.

TÓMATE UN TAXI

Twyla Tharp es una de las coreógrafas más destacadas de la era moderna. Sus créditos incluyen ciento veintinueve composiciones de danza, doce especiales de televisión, seis películas de Hollywood, cuatro espectáculos de Broadway, dos rutinas de patinaje artístico. Twyla Tharp ha ganado dos premios Emmys, un premio Tony y el prestigioso reconocimiento del Kennedy Center. ¿Mencioné sus diecinueve doctorados honoríficos? Sí, diecinueve, cuéntalos.[2]

¿Cómo es que Twyla Tharp ha podido elaborar un perfil de LinkedIn tan impresionante? Lo adivinaste: ¡Un día a la vez! Twyla dijo: «Comienzo cada día de mi vida con un ritual. El poder casi religioso que le doy a este ritual evita que me dé la vuelta y vuelva a dormirme».[3] ¿Cuál es su ritual? Luego de despertarse a las cinco treinta, se pone su ropa deportiva, sale de su hogar en Manhattan y se toma un taxi para ir al gimnasio Pumping Iron en la Calle Noventa y Cinco y la Quinta Avenida. Twyla agregó: «El ritual no es el estiramiento o el peso que carga mi cuerpo en el gimnasio cada mañana, el ritual es el taxi».[4] Regresaremos a esto del taxi porque es un ejemplo importante cuando se trata de colección de hábitos.

¿Twyla disfruta de su entrenamiento de dos horas todos los días? Su respuesta no es distinta a la tuya. Hay días en los que no tiene ganas de ir al gimnasio, pero no se permite faltar. Eso es lo genial de los rituales relacionados con tragarse el sapo. Eliminan las excusas. Más específicamente, eliminan la opción de renunciar. No puedes esperar a que tu alarma se apague para decidir si harás ejercicio o no. Todos sabemos cómo termina esa historia, ¡con el botón de posponer! La decisión debe tomarse de antemano, con una decisión anterior. Luego esa decisión debe ponerse en práctica voluntariamente con un ritual bien planificado. Eso nos lleva nuevamente al taxi y el papel que representa en el ritual de Twyla.

> Es una acción simple, pero hacerla de la misma forma todos los días la hace un hábito, la vuelve repetitiva y fácil de realizar. Reduce las posibilidades de que no lo haga o de que lo haga diferente. Es un elemento más en mi arsenal de rutinas y una cosa menos en qué pensar.[5]

Practicar rituales tiene una reputación un poco mala y, sin dudas, puede ser un inconveniente para las cosas que hacemos repetidamente. Es fácil aprender *cómo* y olvidar el *porqué*. Ahí es donde comenzamos a hacerlo por inercia.

La clave para el crecimiento constante en cualquier área de nuestra vida es la rutina, pero una vez que la rutina se vuelve rutina, tienes que reinventarla. A esto se le llama la ley de la variedad requerida. Si no rompes el orden establecido de las cosas, aparece la ley de los rendimientos decrecientes. Cuando reconocemos las desventajas, también debemos reconocer las ventajas de automatizar nuestras acciones mediante los rituales.

Los jeans azules, el suéter negro de cuello alto y las zapatillas New Balance que vestía Steve Jobs todos los días son la mejor prueba. ¿Steve Jobs intentaba imponer una moda? No lo creo. Así que, ¿por qué vestía el mismo atuendo todos los días? Porque era una decisión menos que tomar. Era una cosa menos por la cual preocuparse. De eso se tratan los rituales diarios. Además de maximizar el potencial que Dios nos dio, también facilitan nuestra vida ahorrando tiempo y energía. No estoy diciendo que debas vestir lo mismo todos los días en sí, pero reducir la cantidad de decisiones que tomamos todos los días libera el ancho de banda para las grandes decisiones.

RUTINA MATUTINA

Siempre configuro mi alarma en un número par. Siempre me quito los zapatos cuando escribo. Ni siquiera abro un libro si no tengo un bolígrafo para subrayarlo. Y, como ya sabes, reviso dos veces mi espejo retrovisor luego de cargar combustible para asegurarme de haber quitado la manguera. Estas son algunas de mis idiosincrasias. ¡Ah, y casi lo olvido! Cuando como *brownies*, siempre pongo un poco en mis dientes delanteros y sonrío bien grande.

Así como desarrollamos reflejos condicionados, también adquirimos un repertorio de rituales mediante la repetición. Tal vez no tan extremos como Harold Crick, que se cepillaba cada uno de sus treinta y dos dientes setenta y seis veces, pero todos tenemos rituales que se vuelven parte de nuestra naturaleza. Por un lado, es algo bueno. Si quieres sacarle el jugo al día, debes identificar los hábitos que sean más fructíferos y hacerlos rituales mediante una rutina bien planificada. Dicho esto, debes volver a evaluar esas rutinas con un grado de frecuencia.

¿Cuándo fue la última vez que hiciste una evaluación detallada de tu rutina matutina? ¿Cuándo fue la última vez que ajustaste tu alarma para levantarte temprano e ir a Dios con un poco más de intencionalidad? ¿Cuándo fue la última vez que agregaste o quitaste algo de tu rutina por una meta que estabas persiguiendo?

Irónicamente, la rutina matutina no comienza en la mañana. Comienza la noche anterior, cuando vas a la cama. Hay cierta genialidad en el reloj judío. El día judío no comienza al amanecer, sino al atardecer. Fíjate la secuencia de cada día de la creación: «Y vino la *noche*, y llegó la *mañana*».[6] Ignorar esta secuencia es como ignorar el Sabbat. Este ritmo antiguo va contrarreloj, pero tiene el potencial para revolucionar tu vida. Si quieres aprovechar el día, debes comenzar al atardecer.

Antes de contar más acerca de mi rutina, permíteme reiniciar nuestra mente. Damos por sentado el ritmo del día y la noche. Es todo lo que conocemos. ¿Qué tal si lo vemos por lo que realmente es, un regalo de Dios? ¡Tenemos que comenzar de nuevo cada día! Cada día es una nueva creación. Hay una pequeña muerte cuando nos vamos a dormir y una pequeña resurrección cuando nos despertamos.

PUNTAJE DE CAPACIDAD

Para mi último cumpleaños, Lora me regaló un anillo con sensores infrarrojos que miden mi ritmo cardíaco, temperatura y frecuencia respiratoria. Me da parámetros de mis ciclos de sueño, incluso del sueño profundo. También tiene un giroscopio que sigue el movimiento. ¿Qué puedo decir? ¡Mi esposa me ama! Ese anillo me introdujo a signos vitales que ni siquiera sabía que eran tan importantes. ¿Sabías que la variabilidad del ritmo cardíaco es un componente clave del descanso y la recuperación? ¡Yo tampoco! Todos los días, mi anillo me da un *puntaje de capacidad* que se determina principalmente por cuánto y qué tan bien dormí la noche anterior. ¿A qué quiero llegar? Tu primera tarea cada día es tener una buena noche de descanso.

¿Tus hábitos de sueño te están preparando para el éxito? Tal vez eso no suene súper espiritual, pero el buen descanso es una buena dirección. Permíteme compartir contigo unas pocas ideas simples para hacer que tu ritual de sueño sea más significativo. No solo cuentes ovejas; ¡cuenta bendiciones! Cuando te vas a dormir con un corazón agradecido, eso mejora tus ciclos REM. «No dejen que el sol se ponga estando aún enojados».[7] Ya que estamos… ¡no permitan tampoco que el orgullo, la lujuria o la falta de perdón les duren hasta la puesta de sol! La confesión no solo es buena para el alma, es buena para el sueño. Finalmente, haz que la oración sea tu punto al final de cada día.

Tu capacidad para cada nuevo día está muy influenciada por los rituales a la hora de dormir, pero déjame agregar a eso algunos rituales matutinos. ¿A qué hora pones la alarma? ¿Para qué y por qué? ¿Qué es lo primero que haces cuando despiertas? ¿Cómo despiertas a tus hijos? ¿Cómo aprovechas tu café de la mañana y tu viaje al trabajo?

Sé que hay días en los que todo lo que llegas a hacer es salir de la cama o atravesar la puerta. Pero en esos minutos de apuro hay momentos santos. Al igual que el tiempo, no los *encuentras*: los *creas*. Algunos de mis primeros recuerdos son de mi mamá despertándome con una interpretación entusiasta de la canción de apertura del musical *Oklahoma!*

Oh, ¡qué hermosa mañana!
Oh, ¡qué hermoso día!
Tengo un hermoso sentimiento,
Todo está a mi favor.[8]

Si quieres sacarle el jugo al día, obtén una pequeña victoria desde el principio. Dedica siete minutos a meditar. Lee un capítulo. Realiza la cantidad de años que tienes en abdominales. Ninguna de esas cosas consume tiempo. Así que, ¿por qué no las hacemos? La mayoría de las metas son *importantes*, pero no son *urgentes*. Tragar el sapo es crear el tiempo para las cosas importantes más allá de las urgentes.

Según una encuesta, el 81 % de los estadounidenses quiere escribir un libro.[9] ¿Cuál es el principal obstáculo que les impide hacerlo? No encuentran el tiempo. Y nunca lo harán. Eso es así para cualquier meta. Tú no debes *encontrar* el tiempo para entrenar un maratón u obtener un título universitario, debes *crear* el tiempo.

Mi anillo me ha enseñado una lección más: las cosas más importantes son las más difíciles de medir. ¿Cómo mides el amor? ¿Cómo mides la humildad? ¿Cómo mides el hambre espiritual? ¿Y una sensación de asombro? ¿Y el gozo inexplicable? ¿Y la paz que sobrepasa todo entendimiento? ¿Hasta qué punto estás confiando en el tiempo de Dios y descansando en su gracia?

Esos signos vitales espirituales son los más difíciles de medir. Sin embargo, nada es más importante.

ATACA EL DÍA

Pocas cosas desafían los límites de la resistencia humana como el entrenamiento de SEAL de la marina. En él se corren diez millas (16 km) cargando mochilas de cincuenta libras (23 kg) y se nada a la medianoche en el helado océano Pacífico. El entrenamiento desarrolla habilidades tácticas y de supervivencia que pondrían orgulloso a MacGyver. Está pensado para presionar los límites de la resistencia física, emocional y mental. Pero todos los días comienzan de la misma forma, con una inspección rigurosa de cada cama. En las palabras del almirante McRaven:

> Si la habías hecho bien, las esquinas estarían perfectamente cuadradas, las cobijas bien estiradas, la almohada centrada junto frente a la cabecera y la cobija adicional doblada pulcramente al pie del camastro.
>
> Era una tarea simple, rutinaria en el mejor de los casos, pero cada mañana se nos pedía que hiciéramos nuestra cama a la perfección. En aquel momento me parecía ridículo, sobre todo en vista de que aspirábamos a ser guerreros de verdad, SEAL rudos y endurecidos por el combate, pero la sabiduría que envolvía aquel acto sencillo se me ha evidenciado en múltiples ocasiones.
>
> Si tiendes tu cama cada mañana, habrás cumplido con la primera tarea de tu día.[10]

Hay infinitas cosas cada día que no puedes controlar. El perro deja un regalo de buenos días junto a tu cama. El pelo de tus hijos no coopera con el peine (tampoco su actitud). Un embotellamiento te arruina el viaje al trabajo y afecta el resto del día. Algunos días comienzan mal y, sin importar lo mucho que lo intentes, parece que no puedes corregir el rumbo. Pero, incluso en esos días que giran fuera de control, seguimos siendo responsables de nuestra reacción.

Para todas las cosas que no podemos controlar, existe la *Oración de la serenidad*. Pero, además de orar como si dependiera solo de Dios, debemos trabajar como si dependiera de nosotros. En general, podemos controlar cuándo nos levantamos, cuándo nos acostamos y ¡nuestra actitud durante el día! No permitas que lo que no puedes controlar te impida controlar aquello que sí puedes.

Mi rutina matutina comienza con una ducha caliente. Sé que las duchas frías tienen beneficios saludables y tienen sus fieles seguidores. Yo hice un análisis personal de costos y beneficios, y la respuesta es: «¡No, gracias!». Tomo una ducha caliente y la presión del agua es clave. ¿Alguna vez estuviste en un hotel donde el agua gotea del cabezal de la ducha? ¡Vaya manera de empezar el día!

Después del baño, ingiero un desayuno liviano. No hice esto por casi una década y pagué el precio en libras. A pesar de comer menos, engordé veinticinco libras (11 kg). No, no en masa muscular. Mi afinidad por el *macchiato* de caramelo ha influido en mi aumento de peso. Salía a correr con el estómago vacío y no me daba cuenta de que, en realidad, estaba corriendo con cafeína y azúcar.

¿Cómo cambió eso? Me quejaba de la fatiga con el consejero que elaboraba mi plan de vida. En el primer día de ese retiro, él me hizo una observación: «Mark, noté que te levantas muy temprano y no desayunas. Hicimos varias horas de intenso ejercicio mental, luego saliste a correr. Todo eso antes de comer. ¿Puede ser que ese sea el causante de tu falta de energía?». Todos necesitamos un Capitán Obvio en nuestras vidas.

Es increíble lo ignorantes que podemos ser cuando se trata de nuestra propia idiosincrasia. Somos robots cuando se trata de ritmos y rutinas que son contraproducentes. No negamos el concepto de GIGO (*garbage in, garbage out* [basura adentro, basura afuera]), pero no comemos como si fuera real. ¿Por qué? Porque cada uno de nosotros cree que somos la excepción a la regla. Esa es nuestra norma de vida.

¿La conclusión? Todos tenemos puntos ciegos que no nos permiten ver lo que se esconde a simple vista. Esos puntos ciegos nos permiten continuar con nuestros malos hábitos sin volver a pensarlos. Aquí es donde un consejero, pastor o mentor es fundamental.

O un buen amigo que se preocupe por nosotros y tenga el suficiente valor para decir lo que todos los demás ven.

TIEMPO CON DIOS

Así como existen días que cambian todos los demás, ¡lo mismo sucede con los libros! Para mí, uno de esos libros que te cambian la vida es *Lessons from the Life of Moody* [Lecciones de la vida de Moody]. Similar a las veinticuatro palabras que cambiaron la vida de William Osler, un párrafo divino cambió la mía. Eso inspiró una disciplina que he puesto en práctica desde hace más de dos décadas. Es, por lejos, la parte más importante de mi rutina matutina.

> Tengo razones para creer que cada día de su vida se levantaba muy temprano por la mañana para estudiar la Palabra de Dios, hasta sus últimos días de vida. El Sr. Moody solía levantarse cerca de las cuatro de la mañana para estudiar la Biblia. Él me decía: «Si voy a involucrarme en un estudio, debo levantarme antes de que los otros compañeros lo hagan», y se encerraba en una habitación remota de su casa, a solas con su Dios y su Biblia.[11]

Subrayé ese párrafo hace veinticinco años y lo he resaltado en mi vida desde entonces. ¿Siempre he logrado tener a las disciplinas espirituales como parte de mi rutina matutina? ¡Ni cerca! He tenido muchos falsos comienzos. Y —para que conste— no me levanto a las cuatro de la mañana. Sin embargo, cuando logro mover todos los engranajes es porque tuve un buen tiempo con Dios.

«Tu primer ritual del día es, por mucho, el que más aprovechas, porque tiene el efecto de preparar tu mente, y establecer el contexto, para el resto del día».[12] Un buen ritual matutino es como la palanca de Arquímedes: puede mover cielo y tierra.

En este punto, es mejor reconocer que algunas personas logran sus metas quedándose despiertos un poco más durante la noche. ¡Cada uno con su estilo! Tú debes descubrir qué es lo que funciona para ti. Mi día normalmente comienza a eso de las seis de la mañana, a menos que sea mi temporada de escritor. Desde Acción de Gracias hasta el domingo del *Super Bowl,* me levanto y me pongo a trabajar más temprano. También me acuesto un poco más temprano, excepto los lunes cuando veo *Monday Night Football.* Bueno, los jueves también veo *Thursday Night Football.* De acuerdo, y los domingos veo *Sunday Night Football* también. Pero las demás noches, ¡me acuesto más temprano! Y lo compenso con una siesta al día siguiente.

Hablando de siestas, soy un gran fanático de ellas. Según una investigación de la NASA, una siesta de veintiséis minutos mejora el rendimiento en el trabajo un 34 % y el estado de alerta hasta un 54 %.[13] No solo me encanta ese estudio, lo vivo. No puedo verificar esto, pero estoy convencido de que el 90 % de mi creatividad surge antes de la tarde. Cuando mi ritmo circadiano se sumerge en las primeras horas de la tarde, también lo hace mi creatividad. Si puedo tomar una siesta rápida, eso reinicia mi mente y abre una segunda ventana de creatividad.

No estoy seguro de qué forma funcionas tú, si eres una persona madrugadora o un búho nocturno. De cualquier manera, debes atacar el día. Ya sea que te levantes antes o después del amanecer, aun necesitas tragarte el sapo. Cuando antes, mejor.

COLECCIÓN DE HÁBITOS

Durante mi tiempo con Dios, leo las Escrituras y tomo una taza de café. En realidad, es un pequeño café con leche con dos medidas de expreso. ¿Recuerdas a Twyla Tharp? Ese café con leche es mi taxi. El término técnico es *colección de hábitos.* Es conectar un hábito que se nos da fácil, como tomar café, con un hábito que requiere un poco más de disciplina.

Cuando tu oficina está justo arriba de la cafetería que posees y diriges, el café es algo automático. No comienzas tu día de ninguna otra forma. ¿Por qué lo harías? De hecho, ¡tú tienes que decirles a los cafeteros que te detengan cuando has tomado bastantes tazas de café!

Ya que estamos en el asunto del café, Ludwig van Beethoven comenzaba su día al amanecer con una taza de café perfectamente elaborada. Mucho antes de que existiesen las balanzas de café o la prensa francesa, Beethoven seleccionaba sesenta granos de café, uno por uno, para hacer la infusión perfecta. Luego está Teddy Roosevelt, quien supuestamente bebía un galón de café por día. Su hijo comparó su taza de café con una bañera, lo que explicaría su energía sin límites. ¿Sabías que tiene el récord por haber dado más apretones de mano en un día? No estoy seguro de quién los contó, pero ¡pudo estrechar 8 150 manos en un día![14]

No estoy recomendando que tomes un galón de café por día, pero sí tengo una pequeña fórmula que se me ocurrió hace muchos años: *Espíritu Santo + cafeína = ¡Genialidad!* Lo mismo puede suceder con las Santas Escrituras. Una bebida con cafeína hace que el sabor de la Biblia sea aún mejor.

Desearía que los buenos hábitos se instalaran tan fácilmente como los malos, pero esto no es así. Por eso yuxtapongo los hábitos más difíciles a los que se dan más naturalmente, como el café. Cuando termino esa taza de café, también he tomado cafeína para el alma. Hace que ambos hábitos se disfruten más.

Coleccionar hábitos es diseñar rituales diarios aprovechando las actividades de todos los días. Si oras antes de las comidas, ¡ya estás coleccionando hábitos! Cuando sales de la cama o te acuestas, ¿por qué no arrodillarte en oración? ¡Ya estás a mitad de camino! Cuando vas al baño, llena tu botella de agua. Cuando llegues a casa del trabajo, besa a tu pareja y abraza a tus hijos. ¡Coleccionar hábitos no es mucha ciencia! Todo lo que se necesita es intencionalidad y consistencia.

Después de que escribí el libro *Dibuja el círculo*, nuestra iglesia realizó su primer desafío de cuarenta días de oración. Lo hemos hecho muchas veces desde entonces, incluso durante la crisis del COVID-19. Establecemos las 7:14 a.m. como una alarma de oración, doblando nuestras rodillas para orar sin importar dónde estemos. ¿Por qué las 7:14? Oramos basándonos en 2 Crónicas 7:14: «Si mi pueblo, que lleva mi nombre, se humilla y ora, y me busca y abandona su mala conducta, yo lo escucharé desde el cielo, perdonaré su pecado y restauraré su tierra». Hemos convertido ese tiempo en un disparador. Hemos convertido ese versículo en una alarma. Puedes hacer lo mismo con diferentes horarios, diferentes lugares. Es una forma creativa de coleccionar hábitos.

RITUALES RECORDATORIOS

La idea de convertir las actividades diarias en rituales es muy antigua, como cuando el pueblo judío estableció ese ritual recordatorio llamado mezuzá en el marco de sus puertas. En lugar de dividir los mandamientos, ellos los integraron a sus rutinas diarias. ¿Cómo? Mediante la madre de todo aprendizaje, la repetición. «Repíteselos a tus hijos una y otra vez».[15]

Esto puede parecer ser solo una memorización, pero requería creatividad e intencionalidad. Implicaba una ingeniería ambiental y una arquitectura de decisiones. Ellos se rodeaban de rituales recordatorios que hacían sagrado cada momento.

¿Sabías que un judío practicante pronuncia cien bendiciones al día? Si haces algo cien veces al día, ¡se vuelve una forma de vida! Esto puede parecer imposible, inalcanzable. Pero ahí es donde coleccionar hábitos entra en juego. Debes aprovechar la cronología y la geografía. «Habla de ellos en tus conversaciones cuando estés en tu casa y cuando vayas por el camino, cuando te acuestes y cuando te levantes».[16]

Si quieres empezar a coleccionar hábitos, este es un buen lugar para comenzar. Aprovecha los primeros y los últimos minutos del día, «cuando te acuestes y cuando te levantes». Busca formas creativas de hacer de tu trabajo un ritual. Para mí, es quitarme los zapatos mientras escribo. Y, ¡asegúrate de tener en cuenta tu viaje al trabajo! El tiempo promedio de traslado en Estados Unidos es de veintiséis minutos cada tramo.[17] Eso suma muchos audiolibros, podcasts o momentos de oración.

¿Puedo desafiarte a hacer un pequeño experimento? ¡Pon un libro en tu baño! Si utilizas tu tiempo en el baño para coleccionar hábitos con un buen libro, puedes leer un libro en un mes. Y algunos tienen mucho más potencial que eso. Es un mejor uso del tiempo que pasas en el baño que navegar por las redes sociales. Sí, me estoy divirtiendo un poco, pero necesito hacer aterrizar esta idea.

Cuando sentí el llamado a escribir, comencé a leer cerca de doscientos libros al año. Muchas personas lo encuentran difícil de creer, pero durante nuestro primer año pastoreaba a diecinueve personas. Tenía un poco de tiempo en mis manos. Sin embargo, no solo *encontré* el tiempo, sino que lo *creé*. No teníamos teléfonos inteligentes ni redes sociales en ese entonces. ¡Eso solo ya le vuelve a agregar horas al día! ¿Qué fue lo que me inspiró? Escuché que un autor promedio le pone dos años de experiencia de vida a un libro. A los veinticinco años, ¡la experiencia de vida era lo que me faltaba! Hice los cálculos y, si leía doscientos libros al año, ganaría cuatrocientos años de experiencia. Cuando la gente me pregunta mi edad, muchas veces respondo en años de libros. Tengo, al menos, siete mil años.

COLGAR EL ARPA

Hay un antiguo dicho que se remonta a Aristóteles: «Un buen comienzo ya es la mitad del camino». Los rituales matutinos son como un «doble diario» del programa de concursos *Jeopardy!* No solo establecen el tono del resto del día, ¡también generan intereses durante todo el día! Dicho esto, el impulso se gana o se pierde en el transcurso del día.

¿Cómo construyes esos rituales matutinos?

¿Cómo aumentas el impulso a medida que avanza el día?

¿Cómo cambias el impulso si tu día tuvo un mal comienzo?

Muchos cristianos comienzan a parecerse menos a Cristo cuando avanza el día. El día nos pasa factura y nos convierte en ogros cuando llegamos a casa del trabajo. El Dr. Jekyll se convierte en Mr. Hyde. ¿Qué diferencia a las personas justas? Un factor es la fortaleza espiritual, y yo le agregaría la inteligencia emocional. Sus fusibles son un poco más largos. El salmista dice: «En todo tiempo tiene misericordia, y presta».[18]

Hay una costumbre de los monjes medievales llamada Oficio Divino, que divide el día en la liturgia de las horas. Probablemente has oído de alguna de estas horas de oración, como las vísperas y las vigilias.

La idea del Oficio Divino muchas veces es relacionada con un libro brillante escrito en el 516 d.C., *La regla de San Benito*. Benito dividió el día en ocho períodos de oración, pero su regla de vida estaba inspirada por un ritmo más antiguo. El Oficio Divino se remonta al rey David que dijo: «Siete veces al día te alabo».[19]

Según la tradición rabínica, David colgaba su arpa sobre su cama junto a una ventana abierta. Funcionaba como una antigua alarma. Cuando los vientos del norte comenzaban a soplar, el sonido de las cuerdas lo despertaba y él estudiaba la Torá hasta el amanecer. «¡Despierten, arpa y lira! ¡Haré despertar al nuevo día!», dijo David.[20]

Me di cuenta de que orar siete veces al día puede sonar algo de otro mundo, en especial si tienes hijos inquietos, grifos que gotean y cuentas que pagar. El oficio divino de Daniel puede que sea un poco más accesible que el de David. Daniel se arrodillaba tres veces al día y oraba en su aposento alto.[21]

Si comienzas y terminas el día con una oración, todo lo que tienes que hacer es agregar un momento más de oración entremedio. No hay mejor forma de mantener ese impulso espiritual, ni existe otra.

No tiene nada de malo dormir hasta tarde a veces, pero debes colgar el arpa como hizo David. Debes encontrar un lugar para convertirlo en un altar como hizo Daniel. No tiene nada de malo escuchar la radio, pero ¿tu viaje al trabajo podría aprovecharse mejor? Debes descubrir lo que funciona para ti y ponerlo en práctica. Y, como todo lo que intentamos por primera vez, es cuestión de prueba y error. No tires la toalla si pierdes un día. A todos nos pasa.

MALDICE LA HIGUERA ESTÉRIL

¿Aún sientes que no puedes *encontrar* el tiempo? ¡Igual yo! Debes *crear* el tiempo.

Tragarse el sapo no es fácil. Es elegir lo *importante* por sobre lo *urgente*. Es descubrir tus hábitos más provechosos y luego invertir tu tiempo y tu talento en ellos. Es reconocer tu regalo especial para el mundo y utilizarlo. Es reconocer que el tiempo puede utilizarse solo una vez, así que debes hacerlo sabiamente. ¡Decir que sí a una cosa es decir que no a otra!

Aquí tienes algunos consejos, algunos trucos que me han ayudado a tragarme el sapo.

Primero, *maldice la higuera estéril*.

Tragarse el sapo implica analizar tu tiempo. ¿Recuerdas cuando Jesús maldijo la higuera estéril? ¿Por qué lo hizo? Porque no estaba dando fruto.[22] Debes maldecir a las higueras, a esos malos hábitos que desperdician tu tiempo, tu talento y tu tesoro. Hacer una lista de cosas que debemos *dejar de hacer* es un buen lugar para comenzar. Luego debes identificar los buenos hábitos que generan más dividendos. ¡Esas son las cosas que no puedes permitirte *no* hacer!

Segundo, *haz los cálculos.*

Cuando estoy en época de escribir, intento desaparecer del mapa. No es fácil decir que no a una invitación durante ese tiempo, pero no hay otra forma de poder cumplir con la fecha límite. A mi modo de ver, los libros son mi forma de pasar cinco horas con nadie, en ningún lugar, en ningún momento. Mi forma de tragarme el sapo es bloqueando de mi calendario los días en que escribo. Aun así, no es fácil decir que no. Para ayudar a liberar mi conciencia, hago cálculos. Hay un valor inmenso en encontrarse con alguien uno a uno, pero mi tiempo solo se multiplica por un factor de uno. Con los libros, mi tiempo se multiplica por el número total de lectores. Mi libro más vendido, *El hacedor de círculos*, equivale a 1 141 años en la última cuenta que hice. No quiero desperdiciar el tiempo de nadie escribiendo un libro en el que no entregue lo mejor de mí. Hacer los cálculos me ayuda a proteger mi tiempo de escribir, ya que este es mi hábito más provechoso.

Tercero, *establece límites saludables.*

Durante un proyecto formado recientemente, tomé la decisión por adelantado de limitar mis viajes nocturnos a conferencias a solo siete noches al año. Eso significaba decir que no a muchas oportunidades, pero quería priorizar a mi familia. Esta decisión me salvó la salud mental durante una época de mucho estrés. Si te cuesta decir que no, como a mí, ten a alguien que lo diga por ti. Esto tal vez sea mostrar mis cartas, pero hace muchos años le pedí a nuestro equipo de administración que limitara el número de juntas en los que podría servir simultáneamente. ¿Por qué? Porque me conozco. Tengo la tendencia a estirarme y abarcar demasiado.

¡Nunca encuentro una oportunidad que no parezca *increíble*! Los límites saludables mantienen bajo control mi tendencia a complacer a todos. De acuerdo, ¡mi ego también!

Ya que estamos en el tema de los límites, ¿guardas el Sabbat? Si piensas que el mundo gira alrededor de ti, es muy difícil poder tomarse un día libre, porque tienes miedo de quedar afuera de algo. Nos convertimos en la Reina Roja en *A través del espejo y lo que Alicia encontró allí* que grita: «¡Deprisa, más deprisa!». Si eso no describe nuestro ritmo de vida, no sé qué lo haría. «Se ha de correr a toda marcha simplemente para seguir en el mismo sitio. Y si quieres llegar a otra parte, por lo menos has de correr el doble de rápido».[23] Sufrimos de la «enfermedad del apuro». Tenemos ese sentimiento de urgencia y ansiedad. Sentimos una falta de tiempo crónica y nos inquietamos por cada demora.[24] Un Sabbat es la única solución. ¡Es un recordatorio semanal de que el mundo no gira alrededor de nosotros! Dios puede mantener los planetas en órbita sin tu ayuda, ¡muchas gracias!

PONLO EN EL CALENDARIO

¿Cuál es el sapo que necesitas tragar?

¿Qué estás esperando?

Si no defines *cuándo* y *dónde* lo harás, nunca sucederá. Un sueño sin un plazo es solo un deseo. ¡Debes ponerlo en tu calendario! La forma de hacerte el tiempo es planificando tus mayores prioridades primero, luego deja que las cosas de menor importancia terminen de llenar tu lista de cosas por hacer.

Permíteme tomar una página de la agenda de Eugene Peterson. Como escritor y pastor, Eugene llegó a un punto en el que las demandas de su doble llamado fueron insostenibles. Por eso agendaba una reunión de dos horas con «FD» tres tardes a la semana. ¿Quién era este misterioso FD? El mismísimo Fiódor Dostoievski.

No, ¡no eran contemporáneos! Eugene no pudo encontrar un mentor vivo, así que eligió uno muerto. ¡Él se administró el tiempo para leer toda la obra de Dostoievski en siete meses! Eugene dijo: «Ahí se terminó la crisis. Gracias a Dostoievski, Dios y mi pasión no volverán a estar en riesgo».[25]

El sacerdote católico y profesor Henri Nouwen tomó medidas aún más drásticas. Una vez pasó siete meses en un monasterio trapense. ¿Por qué? Había leído tanto acerca de la oración que no había tenido tiempo de orar. «Comencé a ver cuánto me había enamorado de mis propios impulsos e ilusiones, y cuánto necesitaba alejarme de eso», dijo. Luego se hizo una gran pregunta: «¿Hay una corriente de agua tranquila debajo de las fluctuantes afirmaciones y negaciones de mi pequeño mundo? ¿Hay un punto fijo al que está anclada mi vida y desde donde puedo alcanzar la esperanza, el valor y la confianza?».[26]

¿Hay una corriente de agua tranquila?

¿Hay un punto fijo al que está anclada tu vida?

¿Qué hábito producirá mayor rendimiento? ¿Cómo puedes hacerlo parte de tu rutina diaria? La clave, sin importar cuál sea el hábito, es identificar *cuándo* y *dónde*. Déjame darte una evidencia más; luego cerraré este caso.

En la década de 1960 se hizo un estudio a estudiantes de la Universidad Yale. Se les enseñó a los alumnos del último año acerca de los peligros del tétanos y se les dio la oportunidad de vacunarse de forma gratuita en un centro de salud. A pesar del hecho de que era gratuita y de que la mayoría de los estudiantes estaban convencidos de que necesitaban vacunarse, solo el 3 % cumplió y se hizo vacunar. ¿Por qué? Bueno, si no defines *cuándo* y *dónde*, ¡tienes solo un 3 % de probabilidades de conseguirlo!

Había otro grupo de estudiantes de último año a los que se evaluó, al que se le dio la misma charla con una advertencia. Se les dieron copias del mapa del campus con la ubicación del centro de salud marcada. De este modo sabían *dónde*. Luego, se les pidió que miraran su horario semanal y definieran *cuándo* podían vacunarse. En este grupo, se vacunaron nueve veces más estudiantes.[27] Las buenas intenciones son buenas, pero no son suficientes. Debes ubicarlo en el mapa, debes ponerlo en el calendario. ¿Y entonces? ¡Trágate ese sapo!

6

LA MUNDANIDAD DE LA EXCELENCIA

Despacito y con constancia se gana la carrera.

¿Cuánto tiempo crees que puedes aguantar la respiración? ¿Un minuto? ¿Dos? Divirtámonos un poco antes de comenzar este capítulo y descubrámoslo. Vamos, inténtalo. Si lo haces más de treinta segundos, ya estás por encima del promedio. Con base en nuestro pequeño experimento, ¿puedes imaginar aguantar la respiración durante diecisiete minutos y cuatro segundos? Imposible, ¿verdad? Sin embargo, eso es lo que hizo David Blaine en el estudio de *The Oprah Winfrey Show* el 30 de abril de 2008.

David Blaine ha realizado algunos trucos increíbles. Resistió un millón de voltios de electricidad durante setenta y tres horas parado sobre de un pilar de veintidós pies (casi siete metros).[1] Lo enterraron vivo durante siete días en un ataúd. Estuvo cuarenta y cuatro días sin comer encerrado en una caja de plástico suspendida por una grúa. Atrapó una bala calibre .22 con su boca. También vomitó sapos vivos.[2] ¡Toma eso, Mark Twain! Pocos magos han logrado tanto como David Blaine, pero él ni siquiera cree en la magia. Sí, leíste bien.

Antes de continuar, permíteme retroceder solo un poco. En 1987 Blaine oyó hablar acerca de un niño que se cayó por el hielo y quedó atrapado bajo el agua durante cuarenta y cinco minutos. El daño cerebral hipóxico suele aparecer a los seis minutos, pero cuando los rescatadores lo resucitaron, no tenía ningún daño cerebral. Tal vez eso no califique como una historia principal en la vida de Blaine, pero sí es una historia secundaria. Él vio que la temperatura corporal del niño había disminuido a 77° F (-17° C). Blaine dijo: «Como mago, creo que todo es posible. Si una persona puede hacer algo, los demás también pueden hacerlo».

Entonces comenzó a hablar con expertos acerca de la respiración. Un médico amigo le dijo: «David, tú eres un mago, crea la ilusión de no respirar, será mucho más fácil». Blaine jugó con distintas formas de romper el récord de aguantar la respiración. Incluso probó una máquina para evitar utilizar los pulmones. Llegó a la idea más loca de todas, en realidad lo logró. Al principio, era una persona absolutamente normal. En su primer intento por aguantar la respiración duró menos de un minuto, pero no es alguien que se desanime fácilmente.

Cada mañana durante varios meses, Blaine comenzaba el día aguantando la respiración por cuarenta y cuatro de los primeros cincuenta y dos minutos del día. La falta de oxígeno le causaba terribles dolores de cabeza, pero él continuó desafiando sus límites día tras día. Perdió cincuenta libras (veintitrés kilogramos) en tres meses para aumentar su capacidad pulmonar. Finalmente, David Blaine estaba listo para intentar batir el récord mundial en televisión nacional, pero cometió un grave error. Los productores de televisión pensaron que solo verlo aguantar la respiración sería aburrido, así que lo esposaron bajo el agua. El movimiento extra desperdició oxígeno y Blaine se desmayó antes de que lo rescataran.

Él dijo: «He fallado por completo. Así que, naturalmente, la única forma que se me ocurrió de recuperarme de esa caída fue llamar a Oprah». ¡Seguro tú también la tienes en tus números frecuentes! David Blaine contuvo su respiración por un tiempo récord de diecisiete minutos y cuatro segundos, ¡con Oprah Winfrey mirándolo![3]

EL CULTO AL GENIO

«Cuando todo es perfecto, solemos abstenernos de preguntar cómo se llegó allí. Nos regocijamos en el hecho presente como si hubiese aparecido por arte de magia», dijo el filósofo alemán Friedrich Nietzsche.[4] Esta idea de que unos pocos aparentemente tienen superpoderes mientras que el resto de nosotros nos arrastramos por la vida es lo que Nietzsche llamó «el culto al genio».[5] Solo se incluye a aquellos con un talento innato extraordinario. Eso excluye a casi todos, incluso a William Osler, Bo Eason, Elon Musk, Twyla.

A decir verdad, el culto al genio es un poco como el Mago de Oz. Si abres la cortina, encuentras personas ordinarias muy parecidas a ti, leones con falta de coraje, espantapájaros con falta de inteligencia y un hombre de hojalata al que le falta el corazón. No estoy ignorando el hecho de que hay niños prodigio que inclinan la curva, pero ¡nadie sale del vientre caminando!

¿Recuerdas nuestra hipótesis original? *Casi todos pueden lograr casi todo si trabajan de forma dura, constante e inteligente.* No sucede de la nada y ¡puf! Implicará algunos amaneceres y algunas madrugadas. Implicará sangre, sudor y lágrimas. ¿La buena noticia? Si haces lo natural, le preparas el camino a Dios para hacer algo sobrenatural. Los milagros suceden cuando nuestro granito de arena se encuentra con la gracia de Dios.

En su libro innovador llamado *Grit*, Angela Duckworth fue un poco más allá de la frase de Nietzsche: «Mitificar el talento natural nos libera de la culpa». ¿Cómo? Nosotros justificamos el éxito de los demás como la confluencia de factores que no se pueden controlar y que no podemos replicar. En otras palabras, ganaron la lotería del talento. Eso, por supuesto, nos permite al resto mantener nuestro estado. Duckworth dice: «Preferimos nuestra excelencia ya formada, el misterio de lo mundano».[6]

Hablando de eso, regresemos a David Blaine. Su charla TED, «Cómo contuve la respiración por diecisiete minutos», tiene veinte seis millones de reproducciones. Al final de esa charla, Blaine revela el secreto de su magia. Si esperabas algo mágico, esto puede ser un poco decepcionante.

> Como mago, intento mostrar a la gente cosas que parecen imposibles. Y creo que la magia, ya sea que esté conteniendo la respiración o mezclando una baraja de cartas, es bastante simple. Es práctica, es entrenamiento y es….

En ese momento David Blaine comienza a llorar en el escenario. Y no, no era una actuación. Luego recupera la compostura y retoma el discurso por donde lo dejó.

> Es práctica, es entrenamiento y es experimentación, mientras atravieso el dolor para ser mi mejor versión. Y eso es la magia para mí.[7]

Si lo escuché bien, la magia es cualquier cosa menos magia. Corrígeme si me equivoco, pero eso suena a que es una práctica intencional, ¿no? La magia es trabajar más que todos los demás. O puedes lanzar esa moneda al aire y tomarla por detrás de tu oreja. La magia se hace trabajando más duro, por más tiempo y de forma inteligente. Sea como sea, no existe una palabra mágica. El único abracadabra es practicar como George «Escopeta» Shuba, entrenar como Twyla Tharp y experimentar como David Blaine. ¿Qué tienen ellos en común? Todos eligieron tragarse el sapo todos los días. Claro, ¡David Blaine también se comió un sapo literalmente!

LA EXCELENCIA ES CUESTIÓN DE RUTINA

Hace más de tres décadas, el sociólogo Daniel Chambliss comenzó un estudio de nadadores olímpicos con la meta de identificar los denominadores comunes mínimos que los llevaron a cumplir sus metas. Ese estudio, «La rutina de la excelencia», fue revelador de varias maneras. Unía el deporte con la sociología mientras que rompía el mito de la idea de la excelencia. Chambliss no negó el papel que cumplía la genética en la piscina, pero no tuvo reparos en su evaluación. En pocas palabras: «El "talento" no lleva a la excelencia».[8] Contrario a la opinión popular, esto nunca sucedió ni sucederá.

Michael Phelps es el atleta olímpico más condecorado de todos los tiempos, ha ganado veintitrés medallas de oro. Su envergadura de 6,7 pies (2 m) y el tamaño catorce de aletas de natación no hacen daño, ¡eso seguro! Anatómicamente hablando, su torso es monstruosamente largo, mientras que la parte inferior de su cuerpo es sorpresivamente corta. Es como si estuviese hecho a medida para la piscina, pero solemos enfatizar demasiado la genética y no apreciamos su ética laboral.

Cuando Phelps era adolescente, su entrenador le preguntó si estaría dispuesto a entrenar los domingos. Michael aceptó y su entrenador le dijo: «Genial. Así solo tenemos cincuenta y dos entrenamientos más que tus competidores, porque la mayoría se toma los domingos libres».[9]

Agregaría un recuadro aquí. Hay un punto de disminución del rendimiento en el que *más es menos* y *menos es más*. Los atletas de élite descansan y se recuperan con la misma intencionalidad con la que entrenan. Hasta Dios se tomó un día libre. Se lo llama Sabbat.

Si quieres estar en la cima del juego, sin importar cuál sea este, guarda el Sabbat y considéralo santo.[10] Además, ¡mucho trabajo y nada de diversión hacen la vida aburrida!

Dicho esto, la medalla de oro generalmente la gana la persona que dedica mayor cantidad de tiempo y esfuerzo. Con todos los parámetros iguales, cincuenta y dos entrenamientos más son los que ganan el oro, los que le sacan el jugo al día. Esto es algo real, sea lo que sea que hagas. El secreto es muy simple: «La excelencia es cuestión de rutina».[11] Ya sé, quieres cerrar este libro de un golpe. Tal vez arrojarlo al otro lado de la habitación. Pero sabes que es cierto. En realidad, creo que estas son buenas noticias para los hombres y mujeres comunes y corrientes. El campo de juego está más nivelado de lo que crees.

Es fácil envidiar el éxito de los demás e ignorar los sacrificios que lo hicieron posible. Deja de envidiar sus resultados y comienza a imitar sus inicios. Realiza la ingeniería inversa con las personas que respetas. ¡Los grandes músicos hacen que lo difícil parezca fácil! Igual los atletas. Escoge un deporte, cualquiera. Cuando Phil Mickelson era un joven golfista, tenía problemas con su juego corto. Un entrenador lo desafió a hacer consecutivamente cien tiros cortos de tres pies (unos noventa centímetros). Después de muchos intentos, Phil metió noventa y nueve seguidos, fallando en el intento número cien. ¡La mayoría de nosotros hubiésemos redondeado! Pero no Phil Mickelson. Él regresó hasta que logró el desafío de los cien tiros cortos. Así es como se ganan cuarenta y cuatro eventos del PGA y cinco torneos mayores.[12]

En el estudio de Chambliss, observamos que «para lograr la excelencia se necesita hacer cosas pequeñas y ordinarias de forma consistente».[13] ¡Como los tiros cortos de tres pies! La excelencia parece algo milagroso, pero, en realidad, es algo bastante mundano. Es un hábito que se repite consistente y correctamente una y otra vez.

Pocas personas son mejores ejemplos de excelencia que Horst Schulze, el cofundador de la compañía de hoteles Ritz-Carlton. Horst fue quien introdujo la famosa política que permite a los empleados de Ritz-Carlton gastar hasta 2 000 dólares para garantizar la satisfacción de los huéspedes. Horst comenzó con una pasantía de tres años en el hotel Kurhaus en Alemania. ¿Su primer trabajo? Limpiar ceniceros. Al demostrar su valía, se graduó en limpieza de vajilla desde las siete de la mañana hasta las once de la noche. Al final de esas dieciséis horas diarias de trabajo, Horst a veces tenía que lustrar los zapatos que los huéspedes habían dejado en los pasillos.[14] A pesar de las largas horas y las tareas rutinarias, Horst Schulze se enamoró de la atención al cliente.

Esto suena bastante similar al concepto de «hacer la cama», ¿no? Como dijo el almirante McRaven: «Si no puedes hacer bien las pequeñas cosas, nunca podrás hacer bien las grandes».[15]

CONSISTENTEMENTE CONSISTENTE

Hace poco tuvimos nuestro ciclo de revisión anual en National Community Church y tomé nota de un comentario en la opinión de una empleada. Esta empleada tal vez no sea la más talentosa de nuestro equipo, pero estaba evaluada como «consistentemente consistente». Me encanta este doble énfasis. Nuevamente, ¡la consistencia vence la intensidad todos los días! Es difícil ponerle precio a la confianza, ¿no? ¡A la docilidad también! Me encanta la gente que hace que las cosas sucedan. Las logran, ¡contra viento y marea!

¿Sabías lo que hizo Michael Phelps luego de convertirse en el mejor del mundo? Entrenó aún más duro, más tiempo, seis horas por día, los siete días de la semana, cinco años seguidos. Haz los cálculos y es algo difícil de vencer. Ese es el punto y esa es la verdad de todo. Si quieres ser el mejor, debes registrar las horas. Earl Nightingale dijo: «Si inviertes una hora más cada día en el estudio del campo que elijas, serás un experto nacional en cinco años o menos».[16]

La pregunta, por supuesto, es: ¿cómo consigues esa clase de disciplina? ¿Cómo la sostienes en el tiempo incluso cuando has alcanzado el último peldaño de la escalera? La motivación extrínseca se desvanece como la bruma del mar. Si estás motivado por factores externos como la fama o la fortuna, en algún momento la motivación se va a evaporar junto con los galardones. ¿Por qué? ¡Porque estás trabajando por los motivos equivocados!

La motivación intrínseca es un regalo que perdura. Es eso lo que nos mantiene activos cuando todos los demás salen de la piscina. Es eso lo que nos hace madrugar y nos mantiene despiertos hasta tarde. Bueno, eso y el Red Bull.

¿Qué es la motivación intrínseca? Es vivir por el aplauso de esas manos atravesadas por clavos. Es darle a Dios mi mejor esfuerzo. Es reconocer que el potencial es el regalo de Dios para nosotros y que lo que hacemos con él es nuestro regalo para Dios. No es intentar ser mejores que los demás. ¡Es intentar ser mejores de lo que fuimos ayer!

UNA VUELTA MÁS

Permíteme regresar a la piscina una vez más con uno de los nadadores observado por Daniel Chambliss. Comparado con sus compatriotas, Rowdy Gaines se inició tarde en la natación competitiva. Él comenzó el deporte a los diecisiete años, pero compensó el tiempo perdido con un trabajo durísimo. Gaines ganó tres medallas de oro en los Juegos Olímpicos de 1984, un año antes de que Michael Phelps naciera. Él marcó once récords mundiales durante su histórica carrera. Aquí es donde se pone bueno. ¿Estás listo para esto? Rowdy Gaines una vez calculó cuántas millas acumuladas había nadado. Adelante, intenta adivinar. Recuerda que las piscinas olímpicas solo tienen cincuenta metros de largo y Gaines era un velocista. ¿Ya lo entiendes?

Como Estados Unidos boicoteó los Juegos Olímpicos de Moscú en 1980, Rowdy entrenó durante ocho años para participar en carreras que duraban menos de un minuto. Vale la pena repetir eso: ¡ocho años para un minuto! Sumando todas las vueltas, Gaines nadó 20 000 millas (32 186 km) en tramos de cincuenta metros. O, como él dijo: «Le di la vuelta al mundo nadando por una carrera que duró cuarenta y nueve segundos».[17]

¡Si esa no es la rutina de la excelencia, dímelo tú! La rutina de la excelencia es una vuelta más. Es elegir el dolor de la disciplina del presente sobre el dolor del arrepentimiento en el futuro. Esa es la diferencia entre lo bueno y lo grandioso. Y no solo cuenta para una piscina olímpica, también para una piscina de niños.

En los exámenes estandarizados de matemáticas, los niños japoneses siempre obtienen resultados más altos que sus pares estadounidenses. Algunos suponen que la diferencia principal es una tendencia natural por las matemáticas, la naturaleza sobre la disciplina. Sin embargo, los investigadores han descubierto que está más relacionado con el esfuerzo que con la capacidad. En un estudio que involucró a niños de primer grado, se les dio un juego de ingenio difícil para que lo resolvieran. Los investigadores no estaban interesados en que los niños pudieran resolverlo, ellos querían ver cuánto tiempo lo intentaban antes de rendirse.

Los niños estadounidenses duraron un promedio de 9,47 minutos. Los niños japoneses duraron 13,93 minutos. En otras palabras, los japoneses lo intentaron un 47 % más. ¿Es de extrañar que hayan obtenido más puntaje en los exámenes estandarizados de matemáticas? Los investigadores llegaron a la conclusión de que la diferencia en los resultados de matemáticas no estaba relacionada con el coeficiente intelectual sino con la persistencia. Los japoneses de primer grado se esforzaron más y por más tiempo.[18]

El estudio hace más que solo explicar la diferencia en los resultados de los exámenes. No importa si se trata de deportes o de intelecto, de música o de matemáticas. No hay atajos. No hay trucos. La única magia es trabajar más que todos.

INTENTA, INTENTA OTRA VEZ

El siguiente proverbio se remonta a un reformador educacional llamado Thomas Palmer:

Si no lo logras a la primera, intenta, intenta otra vez.[19]

Tarde o temprano, la persistencia da sus frutos. Pero, permíteme agregar una o dos cosas más. No puedes simplemente intentarlo más. Tienes que intentar algo diferente, algo más inteligente.

Dos tercios de los fumadores que quieren dejar el hábito ni siquiera lo intentan. De aquellos que sí lo intentan, nueve de cada diez fallan. Y ese que lo logra, fracasa seis veces antes de lograrlo.[20] ¿La moraleja de esta historia? ¡Sigue intentándolo! Ya sabes lo que viene: *Casi todos pueden lograr casi todo si trabajan de forma dura, constante e inteligente*. Pero permíteme agregar este apéndice: tener éxito puede significar tener más fracasos que todos los demás.

Si quieres hacer lo que nadie ha *hecho*, debes hacer lo que nadie *hace*. Suena bastante simple, pero requiere mucho valor. ¿Sabes por qué Pixar comenzó a hacer películas? Porque no pudieron vender suficientes copias de su software de animación para llegar a fin de mes. Su modelo de negocios no estaba funcionando, por eso intentaron algo diferente. ¿No te alegra que lo hayan hecho?

¿Qué es lo que necesitas intentar de una forma diferente?

¿Qué es lo que necesitas intentar de una forma más inteligente?

Tu sistema está perfectamente diseñado para los resultados que obtienes. Si no te gusta algo, hazte responsable de eso. Luego, haz algo al respecto. ¿Hay un sueño que está acumulando polvo? ¿Una meta de la que has desistido? Intenta algo diferente. Intenta algo más inteligente. Intenta algo.

Nuestro primer intento en la plantación de iglesias fracasó, pero aprendimos de eso. ¿Nos asustaba intentarlo otra vez? Absolutamente. Si fracasas una vez, puedes escribirlo como una anomalía. Si fracasas dos, eso puede estar diciendo algo acerca de ti. Parte de tragar el sapo es tragarse el orgullo. Es darle a Dios una segunda oportunidad. También puedes cambiar el guion, de esta forma es Dios quien te está dando esa segunda oportunidad. De todas maneras, debes intentar, intentar otra vez. Dios no se ha dado por vencido contigo; no lo hagas con Él. Dale una oportunidad más y observa lo que Él puede hacer.

¿Qué hubiese pasado si los israelitas se hubiesen cansado de rodear Jericó al sexto día? ¡Se hubiesen perdido el milagro por un día! Debes seguir girando. Si continúas haciendo lo natural, tarde o temprano sucederá lo sobrenatural.

FALSOS POSITIVOS

En 2009, la Orquesta Filarmónica de Londres y su director, David Parry, seleccionaron y grabaron lo que para ellos eran las mejores cincuenta obras de la música clásica. La lista incluía cinco piezas de Beethoven, seis de Mozart y tres de Bach.[21] Para crear esas obras maestras, Beethoven creó seiscientas cincuenta piezas musicales, Mozart escribió más de seiscientas y Bach compuso más de mil.[22]

Si fuesen jugadores de béisbol, el promedio de bateos de Mozart hubiese sido .01. Uno de cien. Ni siquiera entras en las ligas menores con ese promedio. ¡Los promedios de Bach y Beethoven serían aún peores! Y Haendel tuvo solo un éxito.

Existen dos errores que cometemos al momento de evaluar: un falso positivo y un falso negativo. Un falso positivo es una falsa alarma. Es el niño que anuncia al lobo cuando no está.[23] Un falso positivo es creer que algo es verdad, pero que resulta ser falso. En lo empresarial, es un producto que se espera que sea un jonrón y resulta ser un intento fallido. Una vez intenté comenzar un negocio como ese, GodiPod. Fue un fracaso total.

Un falso negativo es todo lo contrario. Es esperar el fracaso, pero tener éxito. Cuando mi editorial recomendó que convirtiéramos *Persigue tu león* en un plan de lectura para la aplicación YouVersion, honestamente pensé que era una pérdida de tiempo. Ya lo han descargado más de medio millón de veces. Eso demuestra que no sé nada. Por eso me dedico a escribir libros en lugar de publicarlos.

Regresemos a las mejores cincuenta composiciones de todos los tiempos. Un psicólogo llamado Aaron Kozbelt ha analizado cartas escritas por Beethoven en las que evalúa setenta obras suyas. Kozbelt comparó la autoevaluación de Beethoven con las opiniones de los expertos y descubrió que Beethoven cometió quince falsos positivos. En otras palabras, algunas composiciones que creyó que serían importantes no lo fueron. También cometió ocho falsos negativos. Él criticó piezas que son consideradas parte de sus mejores obras. Eso nos da un 33 % de margen de error, incluso después de recibir la respuesta de la audiencia.[24]

No quiero reducir una investigación tan bien realizada como la que acabo de referir, pero siento que debo citar a una famosa pececita llamada Dory: «Sigue nadando».[25] Parece acorde al estudio sobre los nadadores olímpicos. Sobreestimamos lo que podemos lograr en un año o dos, pero entendemos lo que Dios puede hacer en diez o veinte años. Todo se reduce a tragarse el sapo.

¿Recuerdas a Tim Ferriss y sus dos míseras páginas por día? ¿O a George Shuba y sus seiscientos bateos por día? Quítate la presión del perfeccionismo. ¿Cómo? Sigue escribiendo música como Bach y Beethoven. Sigue conteniendo la respiración como

David Blaine. Sigue nadando como Rowdy Gaines. ¿Por qué? ¡Despacito y con constancia se gana la carrera!

LA PEQUEÑA LOCOMOTORA QUE SÍ PUDO

El 8 de abril de 1906, el *New York Times* imprimió un sermón de Charles S. Wing que incluía la historia de la pequeña locomotora que sí pudo. La famosa frase «creo que sí puedo», se convirtió en un refrán común en las clases de la escuela dominical en todo el país. ¿La moraleja de la historia? ¡Perseverar es sacarle el jugo al día! Solo tienes que seguir intentando.

He escrito suficientes libros y he predicado lo suficiente como para saber que no sé cómo serán recibidos por Dios o por la gente. Tengo corazonadas, pero muchas veces me equivoco. ¿Qué haces cuando tienes un intento fallido? Debes regresar a la zona del bateador y batear hacia las vallas. Intenta algo diferente. Inténtalo más tiempo. Y si eso no funciona, intenta algo más. ¡Sigue intentando!

Quien vigila al viento, no siembra;
        quien contempla las nubes, no cosecha.[26]

Ese versículo de las Escrituras es mi droga favorita. Tomé esa píldora hace varios años y demostró ser la cura tanto para mi perfeccionismo como para mi falta de decisión. De hecho, la receto dos veces al día para aquellos que tienen tendencia a padecer los mismos problemas que yo.

Si esperas a que las condiciones sean perfectas, esperarás hasta que el Señor regrese. Si esperas a estar listo, esperarás por el resto de tu vida. Las condiciones nunca serán las perfectas y tú nunca estarás listo. ¿Cuál es mi mantra? Si Dios te da una luz verde… preparados, listos, ¡ya!

Andy Stanley una vez dijo: «Probablemente nunca tendrás más del 80 % de seguridad».[27] Esa simple oración cambió mi vida y mi liderazgo. Suena un poco como Thomas Carlyle, ¿no? «Nuestro gran asunto, sin duda, es no ver lo que está a cierta distancia».[28] Si lo que buscas es casarte, yo apuntaría a tener un poco más del 80 % de seguridad. Pero he aplicado esta regla del 80 % a casi todo lo que hago, incluso cuando escribo. Le entrego el manuscrito a mi editor cuando siento que tiene el 80 % del camino andado. Tal vez sea otro truco mental de Jedi, pero me ayuda a superar mi perfeccionismo y mi falta de decisión.

Al igual que yo, apuesto a que tú has tenido tu cuota justa de tropiezos y malos cálculos. Sacarle el jugo al día no es hacerlo bien *a la primera*. Es hacerlo bien *en algún momento*. Es volver a levantarse sin importar las veces que hayas caído. Es vivir para luchar otro día.

Si sigues tragándote los sapos, ¡en algún momento llegarás! Esas dos páginas en algún momento se convertirán en un libro. Esos seiscientos bateos en algún momento se convertirán en un jonrón. Esas seiscientas cincuenta obras en algún momento se convertirán en un clásico de todos los tiempos. Esas veinte mil millas de braceos en algún momento se convertirán en una medalla de oro.

Un personaje de una de las obras de George Bernard Shaw dice: «La gente siempre culpa a sus circunstancias por lo que son. Yo no creo en las circunstancias». ¡Tampoco yo! «La gente que progresa en este mundo es la que se levanta para buscar las circunstancias que quiere y, si no las puede encontrar, las crea».[29]

La forma en que *creas las circunstancias* es *creando el tiempo* para los hábitos que generarán esas circunstancias. A esto se le llama la rutina de la excelencia, y todo tiene que ver con tragarse el sapo. Un buen comienzo ya es la mitad del camino, esto es cierto. Pero el juego no termina nunca. Debes seguir nadando. ¿Por qué? ¡Despacito y con constancia se gana la carrera!

HÁBITO 4 – REMONTA LA COMETA

La forma en que haces cualquier cosa, es la forma en que harás todas las cosas.

Luego de su boda en 1964, mis padres cruzaron el territorio nacional para dirigirse a la Capital Mundial de la Luna de Miel. Las cataratas del Niágara están compuestas por tres saltos de agua: la Catarata Canadiense (o de la Herradura), la Americana y la Catarata Velo de Novia. Ellas se combinan para producir el mayor caudal de agua sobre la tierra, 3 160 toneladas de agua corriendo sobre las cataratas cada segundo a una velocidad de 32 pies por segundo (35 km/h).[1] Es un paisaje bellísimo de observar, especialmente si estás de luna de miel.

A mediados del siglo dieciocho, la única manera de cruzar la Garganta del Niágara era en barco. El 9 de noviembre de 1847 un ingeniero civil llamado Charles Ellet Jr. fue comisionado para construir un puente colgante que surcara el abismo. Ellet naturalmente eligió el cuello más estrecho, pero aun así representaba un desafío imposible. ¿Cómo se hace para extender el primer cable por encima de una garganta de 800 pies (243 metros), con 225 pies (68 metros) de riscos a cada lado y rápidos que se precipitan hacia una catarata?

Una noche en la cena, el equipo de trabajo de Ellet comenzó a postular ideas sobre cómo hacer que ese primer cable cruzara el abismo. Uno propuso un cohete. Otro sugirió un cañón. Ahí fue cuando Theodore Graves Hulett tuvo la ingeniosa idea: dar un premio en efectivo para un concurso de cometas. Dicho sea de paso, Hulett tenía esa clase de ideas originales. Una vez echó sapos dentro de un bloque de cemento, cinco años más tarde lo partió y descubrió que el tejido de los sapos estaba intacto, un molde perfecto para los sapos. Allí modificó su testamento, ordenando que pusieran en cemento su cuerpo cuando muriera.[2] Pero me estoy yendo del tema…

En enero de 1848, cientos de niños intentaron remontar cometas que surcaran la garganta. Si sabes algo de condiciones meteorológicas en esa parte del país en esa época del año, ¡es algo impresionante! Un muchacho norteamericano de quince años llamado Homan Walsh tomó el transbordador desde la costa estadounidense a la costa canadiense para aprovechar mejor los vientos. Remontó su cometa todo el día y toda la noche. Cuando se le cortó la cuerda, tuvo que esperar ocho días para poder volver a cruzar en el transbordador. Llevó consigo la cometa rota, la reparó y volvió a cruzar. El 30 de enero de 1848, la cometa logró cruzar la garganta, ¡convirtiéndose en el ganador del premio de diez dólares en efectivo! Al día siguiente de ese vuelo exitoso, una cuerda mucho más fuerte fue atada a la de la cometa y logró cruzar al otro lado. Luego otra más fuerte, luego una soga, luego un cable de treinta y seis hebras de espesor.[3]

El periódico *Buffalo Daily Courier* publicó el reporte el 31 de enero de 1848:

En este día hemos logrado unir Canadá con los Estados Unidos por medio de un cordón, de media pulgada de diámetro, y estamos haciendo los preparativos para tender un puente para el 1 de junio. Ya están levantadas nuestras casillas y tenemos un gran número de hombres trabajando. Todo parece marchar bien. Los obreros están ocupados preparando la aldea de

Bellevue, y están haciendo arreglos para edificar un gran hotel allí. La situación es maravillosa, y en la opinión de muchos hay buenas oportunidades de exceder el pueblo de las Cataratas.[4]

No creo que Charles Ellet Jr. jamás haya imaginado el impacto que el puente tendría. No estoy seguro si Homan Walsh alguna vez lo comprendió, pero sus esfuerzos posibilitaron que millones de parejas de luna de miel, al igual que mi madre y mi padre, se dieran un romántico beso. ¡Y todo comenzó con la cuerda de una cometa! Siempre es así, ¿verdad? Como Dios le dijo al profeta Zacarías: «Cuando vean la plomada en las manos de Zorobabel, se alegrarán los que menospreciaron los días de los modestos comienzos».[5] Plomada, cuerda de cometa, ¡es lo mismo!

¿Dios se deleita en nuestros logros? Del mismo modo que un padre orgulloso. Y no solo de los grandes logros. Según este versículo de Zacarías, son las pequeñas cosas las que producen una celebración desproporcionada. Los israelitas ni siquiera habían puesto los cimientos del templo; todo lo que habían hecho era tomar las medidas, pero Dios ya les estaba dando un aplauso de pie. Nuestro Padre celestial celebra nuestros pequeños pasos de fe, los pequeños pasos de bondad. De hecho, no puedes darle a alguien un sorbo de agua sin que Dios lo note. Dios es grandioso no solo porque nada es *demasiado grande* Él. Es grandioso porque nada es *demasiado pequeño*.

Ahora, permíteme cambiar este guion.

Conozco personas que dicen que darán más cuando ganen más. No lo creo. Conozco personas que dicen que servirán más cuando tengan más tiempo. Ya hemos derribado ese mito. Tú no *encuentras* tiempo para algo, ¡te lo *haces*! Y conozco gente que piensa que estarán listos para avanzar cuando la *gran* oportunidad se les presente. No sucederá si no están sacando provecho de las pequeñas oportunidades que tienen aquí y ahora.

La forma en que haces *cualquier cosa* es la forma en que harás *todas las cosas*.

Queremos hacer grandes cosas para Dios, pero esa no es nuestra tarea. Nuestra parte es consagrarnos a Dios, y luego Él hará cosas asombrosas por nosotros. Todo comienza con el cuarto hábito: *remonta la cometa*. Es hacer las cosas pequeñas como si fueran grandes. Levántate y sueña en grande, pero comienza con lo pequeño. Tengo buenas noticias: si haces las cosas pequeñas como si fueran grandes, Dios hará que las cosas grandes sean como pequeñas. Así es como la cuerda de la cometa se convierte en un puente colgante.

Si no estás haciendo pequeños sacrificios ahora, no estás listo.

Si no estás asumiendo pequeños riesgos, no estás listo.

Cuando la National Community Church hizo su primer viaje misionero en 2001, no podíamos siquiera enviar un equipo completo, así que nos aliamos con otra iglesia. En la última década, más de tres mil personas han hecho doscientos setenta y tres viajes. ¿Cómo comenzó todo? Con un cheque por cincuenta dólares en 1996.

¿A qué quiero llegar? No desprecies los pequeños comienzos.

Poquito a poco, los malos hábitos se rompen.

Poquito a poco, los buenos hábitos se construyen.

Poquito a poco, los sueños se hacen realidad.

¡Es tiempo de remontar la cometa!

7

HAZ DE CADA DÍA UNA OBRA MAESTRA

Trabaja duro en las cosas pequeñas.

Desde 1964 hasta 1975, los Bruins de la UCLA dominaron el mundo del baloncesto universitario, ganando diez campeonatos nacionales de la Asociación Nacional Deportiva Universitaria. ¡Siete de esos campeonatos fueron victorias *consecutivas*! ¿Sabes lo difícil que es ganar dos campeonatos de manera sucesiva? ¡Siete es algo imposible! John Wooden fue reconocido seis veces como «Entrenador del Año» en baloncesto universitario. «El mago de Westwood», como lo apodaron, se encuentra entre los entrenadores más venerados de la historia del deporte. Sin embargo, aquellos que conocieron a John alegarían que su carácter fuera de la cancha era aún más impresionante que su entrenamiento dentro de ella.

Su carrera como preparador universitario comenzó en la Universidad Estatal de Indiana. Tras ganar el título de la Conferencia Intercolegial de Indiana en 1947, su equipo recibió una invitación para competir en el torneo nacional NAIB (siglas en inglés para la Asociación Nacional de Baloncesto Intercolegial). Wooden rechazó la invitación porque el NAIB tenía una política que prohibía los jugadores de raza negra. Uno de sus jugadores, Clarence Walker, era afroamericano. Y a menos que todos sus jugadores pudiesen competir, ninguno de ellos lo haría.

El equipo de John llegó a la final del torneo nacional al año siguiente, cuando perdieron contra Louisville. Fue el único campeonato en la historia en que un equipo liderado por Wooden perdió, pero su victoria había sido moral. Su negación a jugar el año anterior había sido el catalizador que hizo a la NAIB revocar su política de prohibir jugadores negros. Clarence Walker se convirtió en el primer afroamericano en jugar un torneo intercolegial de baloncesto de postemporada.[1]

Al igual que la mayoría de los entrenadores que conozco, la carrera de John Wooden estuvo llena de giros y vicisitudes. De hecho, fue una vuelta del destino lo que hizo que terminara en UCLA. Su primera opción era la Universidad de Minnesota. Luego de entrevistarse con ambas universidades, Wooden organizó una llamada a las 6 p.m. con Minnesota y otra a las 7 p.m. del mismo día con la UCLA. Tenía planeado aceptar la oferta de Minnesota y rechazar la de UCLA. Por desgracia para los Golden Gophers, una tormenta de nieve retrasó la llamada de su director deportivo, Frank McCormick. Para cuando pudo efectuar la llamada, ya era demasiado tarde. John Wooden le había dado su palabra a la UCLA, y él era un hombre fiel a su palabra.[2]

A través de los altibajos de la vida, de las victorias y las pérdidas, fue una ideología conformada por siete puntos lo que guio a John como una brújula. Fue su regla para la vida. Su padre fue quien lo introdujo a la ideología, pero tampoco la había inventado él, sino que la había copiado de una entrevista de 1931 con John H. Clarke, juez de la Suprema Corte de Justicia.[3] La versión de Wooden decía así:

1. Sé fiel a ti mismo.
2. Ayuda a los demás.
3. Haz de cada día tu obra maestra.
4. Aliméntate de buenos libros, en especial de la Biblia.
5. Haz de la amistad un arte.

6. Construye un refugio para los días de lluvia.

7. Pídele a Dios que te guíe, reconoce y agradece por tus bendiciones cada día.

Me encantan las siete, pero nos enfocaremos en la numero tres. ¿Qué significa *hacer de cada día una obra maestra*? La respuesta para cada persona, por supuesto, es tan diferente como lo somos cada uno de nosotros. Debes elaborar tu propia respuesta, y tendrás distintas respuestas en distintos momentos de la vida.

Si quieres sacarle el jugo al día, debes definir qué significa eso para ti: *¿Qué es lo importante ahora?* En este capítulo te ayudaré a identificar medidas a corto y largo plazo mientras creas tu propia ruleta de juego. Pero antes de definir lo que es aprovechar el día, debes definir qué significa el éxito para ti.

EL CAMINO AL ÉXITO

Muchas personas están tan ocupadas trepando la escalera del éxito que no se dan cuenta de que está apoyada sobre la pared equivocada.[4] Remontan su cometa en cualquiera sea la dirección en la que sople el viento. Todos quieren alcanzar el éxito, pero pocos saben reconocer cuándo lo han alcanzado. ¿Por qué? Si no defines el éxito, nunca sabrás si has dado en el blanco.

La mayoría de nosotros tenemos incorporada una definición cultural de éxito que a menudo equivale a la vida de las Kardashian. «Compramos cosas que no necesitamos», dice Dave Ramsey, «con dinero que no tenemos, para impresionar a personas que no nos agradan».[5] En vez de vivir nuestra vida, intentamos cumplir con las expectativas de todos los demás. Esa es la carga que hay que soportar. Ese tipo de «éxito» es una receta para el fracaso. ¡Huye de ese carrusel lo más rápido que puedas, sin importar sobre qué caballito te encuentres!

El éxito es multidimensional, así que está bien que existan diversas definiciones. Y puede que esas definiciones cambien en distintas etapas de la vida. En el esquema general, el éxito es la buena administración, y la buena administración es el éxito. Dicho de manera simple, *el éxito es hacer lo mejor que puedes con lo que tienes en el lugar en que te encuentras.* El potencial es un obsequio que Dios nos hace, y lo que nosotros hacemos con ese potencial es nuestro obsequio hacia Dios. Esa es la realidad. Deja de compararte con todo el resto. ¿Te estás convirtiendo en la mejor versión de ti mismo? ¿Estás maximizando los dones únicos que Dios te dio? ¿Estás trabajando sobre tus debilidades? ¿Te estás entrenando?

Cuando definimos el éxito, es útil pensarlo como diferentes categorías. En las finanzas, el éxito es aumentar la calidad de tus donaciones, en vez de tu calidad de vida. En lo espiritual, tener éxito es glorificar a Dios y disfrutar de Él por siempre. En las relaciones, éxito es cuando aquellos que te conocen mejor son los que más te respetan. A fin de cuentas, quiero ser famoso en mi propia casa. Me encanta pastorear y escribir, pero el éxito no se mide por el tamaño de la iglesia o por la cantidad de ejemplares vendidos.

Si tienes éxito en lo equivocado, habrás fallado.

Si fallas en lo correcto, habrás tenido éxito.

¿Cuál es tu definición del éxito? ¿En lo espiritual? ¿En las relaciones? ¿En las finanzas? ¿En lo profesional? ¿Cómo sabrás cuando lo hayas alcanzado? A la hora de definir el éxito, es útil describir tu día ideal. Y no me refiero a tus vacaciones ideales. Estoy totalmente a favor de las vacaciones, ¡pero debes amar la vida que te espera cuando vuelvas! En la rutina cotidiana, ¿cómo comienza tu día ideal? ¿A qué hora? ¿Dónde estás? ¿Con quién estás? ¿Y qué estás haciendo? ¿Tu día ideal incluye una siesta, como el mío? ¿Un tiempo de ejercicio físico? ¿Un tiempo de lectura? ¿Tiempo para escuchar —realmente escuchar— a tu cónyuge?

Esta es la realidad: la mayoría de nosotros no obtenemos lo que deseamos porque en verdad no sabemos lo que deseamos. Pasamos más tiempo planeando unas vacaciones de una semana que el resto de nuestra vida. Una vez que hayas definido tu día ideal, puedes identificar las medidas que a largo plazo producirán los resultados que buscas.

Antes de ir más lejos, volvamos al principio; realmente el principio.

EL PLAN ORIGINAL

Cada día de la creación en Génesis fue una obra maestra, ¿no es así? Escoge un día cualquiera: flores brotando y árboles dando fruto al tercer día; el sol poniéndose y la luna asomándose al cuarto día; peces nadando y aves volando al quinto día. Cuando terminó, Dios dio un paso atrás y admiró la obra de sus manos. Existe un conocido refrán: «Y vio Dios que era bueno».[6]

Dios hizo una obra maestra cada día, ¡literalmente! Al sexto día el Creador dio un paso atrás, y fue casi como que había superado sus propias expectativas (si eso fuera posible). «Y vio Dios todo lo que había hecho, y he aquí que era bueno en gran manera».[7]

Sé que es fácil frustrarse por todo lo que no sale de acuerdo con nuestro plan, así como es fácil distraerse por toda la energía al costado del camino.

¿Me permites recordarte algunos datos?

El planeta Tierra gira a 1 000 millas (1 610 km) por hora mientras se desliza en el espacio a 66 000 millas (9 600 km) por hora. ¿Cómo es que no nos mareamos? ¡Tu habilidad para mantener el equilibro es absolutamente asombrosa! Y aun en aquellos días en los que sientes que no lograste hacer demasiado, ¡viajaste 1.6 millones de millas (casi 2 600 millones de km) a través del espacio!

Cada uno de nosotros respira alrededor de veintitrés mil veces por día, lo que significa que le debemos a Dios veintitrés mil gracias. A propósito, algunos eruditos hebreos creen que el nombre de Dios, *Yahweh* —*YHWH* sin las vocales— es el sonido de la respiración. Es un pensamiento hermoso, ¿no es cierto? Por un lado, su nombre es demasiado sagrado para pronunciarlo. Por otro, lo susurramos cada vez que respiramos. Es nuestra primera y última palabra, y cada una de las palabras entre medio.

Tu corazón latirá más de cien mil veces hoy, haciendo circular más de un galón de sangre a través de cien mil millas (unos 160 000 km) de arterias, venas y capilares.[8] Treinta y siete sextillones de reacciones químicas se están efectuando en tu cuerpo en todo momento. Y si combinamos el ADN que hay en todas las células de tu cuerpo, cubriríamos la distancia de ida y vuelta al Sol sesenta y una veces.[9]

¡No hay personas ordinarias!

¡No hay cosas ordinarias!

¡No hay días ordinarios!

Cuando los espectadores ingresan al teatro Miracle en Capitol Hill —que nosotros compramos y administramos— un letrero con una frase de Albert Einstein les da la bienvenida: «Hay dos maneras de vivir tu vida: una es pensar que nada es un milagro. La otra es pensar que todo lo es».[10] Por si no lo habías adivinado, yo adhiero a la segunda escuela de pensamiento. Si quieres sacarle el jugo al día y hacer del día una obra maestra, debes comenzar por reconocerlo como lo que es. ¡Cada día es nada más y nada menos que un milagro!

CELEBRA LAS COSAS GRANDES

Dios sentó un precedente con cada día de la creación. Cada día era tan distinto del siguiente como el día y la noche. Permíteme divertirme un poco y comparar cada día con uno de mis recuerdos favoritos. El primer día es como pararse en la avenida principal en Disney World y ver pasar a tu lado el gran desfile. El segundo día es como la zona de salpicado en SeaWorld [Mundo marino]. El tercer día es el Jardín Botánico Alfred L. Boerner en Milwaukee, Wisconsin. El cuarto día es el Planetario Adler en el centro de Chicago. El quinto día es nadar con los lobos marinos en las islas Galápagos. ¿El sexto día? Este es difícil. Dios creó al ser humano a su propia imagen. Lo más cerca de eso que puedo comparar es el momento en el que cada uno de nuestros tres hijos inhaló su primer aliento.

Cada día de la creación fue una creación única, ¡una obra maestra que no se repetiría! ¿No se supone que debe ser así? El primer capítulo de Génesis revela la intención original de Dios. Seguro, todos tenemos días terribles, horribles, espantosos, horrorosos.[11] Por supuesto, hoy Dios se posa sobre el caos tal como lo hacía entonces. Él es capaz de sacar algo hermoso aun de los peores días.

Sé que eso suena muy teológico, filosófico. Te prometo que nos pondremos fastidiosamente prácticos. Pero hasta que no reconozcas a cada día como lo que es —el primer y último día de tu vida—, todo el resto no sirve de nada. El mejor modo de administrar cada momento y hacer de cada día una obra de arte es reconocer que cada día es un milagro.

Teddy Roosevelt tenía un ritual nocturno que vale la pena imitar. Era como un signo de exclamación al final de su día ideal. Él y su amigo naturalista, William Beebe, guardaban la costumbre de salir a contemplar el firmamento. Luego de usar el Gran Cuadrante de Pegaso para localizar la galaxia de Andrómeda, Roosevelt recitaba lo siguiente: «Esa es la galaxia Espiral que hay en Andrómeda. Es tan grande como nuestra Vía Láctea. Es una entre cien millones de galaxias. Está a 750 000 años luz de distancia. Está formada por cien billones de soles, todos ellos más grandes que nuestro sol». Entonces hacía una pausa, luego sonreía y decía: «¡Ahora ya creo que nos sentimos lo suficientemente pequeños! Vámonos a dormir».[12]

La historia de la creación es un microcosmos compuesto por tantas cosas. Dios dijo: «¡Que exista la luz!»,[13] y esas palabras siguen creando galaxias en los extremos del universo.

Si Dios puede hacer eso con solo esas palabras, ¿de qué nos preocupamos? Ya le confiamos las cosas grandes como mantener los planetas en órbita. Ahora solo debemos confiarle las cosas pequeñas, ¡que son todo lo demás en comparación!

Hablando de las cosas pequeñas, ¿cuántas especies de hormigas crees que existen? Si has visto una hormiga las has visto todas. ¿Cierto? ¡No precisamente! Los entomólogos han identificado al menos doce mil especies. Eso es casi un exceso de creatividad, ¿no es así? Mi especie favorita es la hormiga del desierto de Sahara, que es capaz de moverse a una velocidad de 2.8 pies (85 cm) por segundo; ciento ocho veces más que el largo de su cuerpo. Hice la cuenta, y eso es diez veces más rápido que lo que alcanza el ser humano más veloz. Por supuesto, el número de especies de hormigas no podría ni compararse con las 350 000 especies de escarabajos. Con esto basta para decir, *¡Dios ama la variedad!* De nuevo, Dios no es grandioso porque nada es *demasiado grande* para Él. Es grandioso porque nada es *demasiado pequeño* para Él.

De eso se trata remontar la cometa, ¡hacer pequeñas cosas como si fuesen cosas grandes! Ya que estamos en tema, eso es lo que hacen las hormigas. Salomón dijo: «¡Anda, perezoso, fíjate en la hormiga! ¡Fíjate en lo que hace, y adquiere sabiduría!»[14] Cuando hacemos cosas pequeñas como si fuesen grandes, estamos valiéndonos de la historia de la película *Bichos*.

Ve y sueña en grande, pero comienza por lo pequeño.

TRABAJA EN LAS COSAS PEQUEÑAS

Al acercarse su cumpleaños número cien, John Wooden compartió una observación a la que le dio verdadero uso: «"Haz de cada día tu obra maestra". Cuando lo hagas y vayan pasando las semanas, meses y años, tendrás la satisfacción más profunda al saber que tu vida ha tenido verdadero propósito. Habrás alcanzado el éxito más importante: convertirte en la mejor versión de ti mismo que eres capaz de alcanzar».[15]

¿Cómo te conviertes en el mejor entrenador de todos los tiempos?[16] ¿Cómo comienzas y sostienes una racha de ochenta y ocho partidos ganados? ¿Cómo ganas seiscientos veinte partidos y pierdes solo ciento cuarenta y siete?

Comienza con ponerte los calcetines un pie a la vez. Al menos, así es como el jugador profesional Bill Walton recuerda su primer día de prácticas. Lo primero que hizo el entrenador Wooden fue llamar a sus nuevos jugadores al vestuario. Walton esperaba que «el mago de Westwood» emitiera un hechizo y les entregara las llaves del reino del baloncesto. En cambio, sus primeras palabras fueron: «Chicos, así es como deben ponerse las zapatillas y los calcetines».

«Estábamos pasmados», dijo Walton. «Aquí somos todos jugadores universitarios profesionales, ¡y este viejito ridículo nos está mostrando cómo ponernos las zapatillas y los calcetines!». Pero Wooden no se detuvo allí. Luego de demostrar cómo subirse los calcetines —sin pliegues ni arrugas de ningún tipo— les enseñó a atarse los zapatos apropiadamente. También les mostró cómo meter sus camisetas por dentro y atar los lazos de sus pantalones cortos en la cintura.[17] ¡El entrenador Wooden no daba nada por sentado!

La pregunta, claro está, es ¿por qué? Como todo buen entrenador, creo que John sabía que la forma en que haces *cualquier cosa* es la forma en que harás *todas las cosas*. ¡La forma en que entrenas definirá cómo juegas el partido! Wooden explicó: «Todos estos asuntos parecen triviales, pero si los sumas entre sí y añades muchos, muchos otros asuntos que parecen triviales, juntos conforman algo muy grande: concretamente, tu éxito».[18]

Hay un proverbio muy antiguo. Es difícil determinar su origen, pero me pregunto si habrá inspirado a John en la lección de los calcetines.

Por falta de un clavo fue que la herradura se perdió.
Por falta de una herradura fue que el caballo se perdió.
Por falta de un caballo fue que el caballero se perdió.
Por falta de un caballero fue que la batalla se perdió.
Y así como la batalla, fue que un reino se perdió.
Y todo porque fue un clavo el que faltó.

El diablo no está en los detalles; ¡Dios lo está! ¿Sabías que nueve capítulos en el libro de Éxodo están dedicados a la estética del tabernáculo? En ellos se detalla el color de las cortinas, la fórmula para el incienso, la disposición del mobiliario. En la mente de Dios, ¡las cosas pequeñas son grandes! Jesús lo dijo de este modo: «Si son fieles en las cosas pequeñas, serán fieles en las grandes».[19]

DOSCIENTAS GRANADAS

En su cuarto año como rey de Israel, Salomón comenzó la construcción del templo en Jerusalén. A pesar de emplear a 150 000 trabajadores habilidosos, les llevó siete años finalizar el listado de tareas. El proyecto requirió toneladas de madera, así que el rey Salomón negoció un trato con el rey Hiram de Tiro. Hiram taló árboles y los transportó en balsas por la costa del mar Mediterráneo hasta una ciudad portuaria llamada Jaffa. Luego las balsas fueron llevadas hasta Jerusalén y usadas para la construcción del templo de Salomón. Junto con las balsas, el rey Hiram envió un artesano experto llamado Huram. Llamémoslo «Huram, el creador».

Por demás habilidoso en el manejo del bronce, Huram fundió dos columnas de veintisiete pies de altura (unos ocho metros) para adornar la entrada al templo del rey Salomón. Hasta les dio un nombre: Boaz y Jaquín. Las columnas estaban pensadas para una primera impresión. Nadie entraba al templo sin pasar por en medio de ellas. Huram diseñó capiteles de siete pies y medio (2,30 m) para colocar sobre las columnas. Y sobre los capiteles, «doscientas granadas ubicadas en dos filas al lado de la superficie redondeada».[20]

Luego, Huram diseñó doscientas granadas para los capiteles. ¿Entonces qué? ¿A quién le interesa cómo lucía la parte superior de las columnas? Estaban a treinta y cuatro pies y medio (diez metros) sobre el aire. *¡Nadie iba a verlo!* Ese, mi amigo, es precisamente el punto. Había solo dos personas que verían este toque creativo. La primera era el mismo artista, Huram, el creador. La segunda era *EL* Artista, *EL* Creador.

No puedo evitar preguntarme si esas doscientas granadas eran el detalle favorito de Dios. No puedo asegurarlo, pero apuesto a que José se las mostró a Jesús cuando visitaron el templo en su juventud. ¿Por qué? ¡Porque él era un artesano y esas son las cosas que solo notan los artesanos! *«Hijo, mira la cima de esas columnas. ¿Puedes verla? Huram diseñó doscientas granadas para poner por encima de esas columnas, para la gloria de Dios. Tú ve y haz como él».* Quizás esté dejándome llevar con la última oración, pero me encanta lo que una vez dijo Dorothy Sayers: «Me atrevo a decir que nunca salieron patas de mesa torcidas o cajones que se trabaran de la tienda del carpintero en Nazareth».[21]

UNA AUDIENCIA DE UNO

Cuando tu motivación es externa, no te preocupas por las cosas que nadie más puede ver. Todo es parte del espectáculo. Lo que te interesa es la conferencia de prensa. No haces nada sin publicarlo en la prensa. Me apenan mucho esa clase de personas, porque la fama y la fortuna son extremadamente efímeras.

Si estás motivado internamente, lo único que te preocupa es el Único en tu audiencia. Haces lo que haces por el aplauso de Aquel cuyas manos llevan heridas de clavos. ¡No te comparas con los demás! ¿Por qué? Porque ellos no son tú y tú no eres ellos. Tengo una corazonada de que Huram trabajaba por una motivación interna y no porque Salomón le estuviese respirando en la nuca.

¿Has oído la historia de los tres albañiles? Cuando se les preguntó qué estaban haciendo, el primer albañil dijo: «Estoy poniendo ladrillos». El segundo dijo: «Estoy construyendo una pared». El tercero dijo: «Estoy construyendo una catedral para la gloria de Dios». Los tres estaban haciendo lo mismo, pero lo hacían con distintas motivaciones.

«Hagan lo que hagan, trabajen de buena gana», dijo el apóstol Pablo, «como para el Señor y no como para nadie en este mundo».[22] Allí está de nuevo: cómo haces *una cosa* es cómo harás *todas las cosas*. El Dr. Martin Luther King Jr. lo dijo de esta manera:

Si eres llamado a ser barrendero, barre las calles como Miguel Ángel pintaba cuadros. Barre las calles como Beethoven componía música. Barre las calles como Shakespeare escribía poesía. Barre las calles tan bien que todos los ejércitos del cielo y la tierra deban detenerse y decir: «Aquí vivió un gran barrendero, que hizo bien su trabajo».[23]

Antes de estrenarse el largometraje *Un buen día en el vecindario*, vi una entrevista del detrás de escena con Joanne Rogers, quien fue esposa de Fred Rogers por cincuenta años. El señor Rogers fue un modelo de bondad y compasión para muchas generaciones de niños, inclusive la mía. A lo largo de treinta y una temporadas, filmó 895 episodios y escribió más de 289 canciones.[24] Su camino con los niños fue sin precedentes e incomparable. ¿Cómo fue que el Sr. Rogers tuvo un impacto tan profundo sobre tantas personas? De acuerdo con Joanne, Fred creía, en lo profundo de su alma, que el espacio entre la televisión y los niños que la miraban era terreno sagrado. Eso explica mucho, ¿no es cierto? Ese era su «no sé qué», su factor distintivo.

¿Cuál es tu terreno sagrado?

Yo me quito los zapatos cuando escribo, porque considero que escribir es terreno sagrado: una trinidad sagrada entre el escritor, el lector y Dios. Tú me estás entregando cinco horas de tu tiempo, más o menos. Con la ayuda de Dios, voy a darte el mejor libro que pueda escribir. Quitarme los zapatos es un ritual que me recuerda que escribir es un llamado divino. No solo tipeo en un teclado. Alabo a Dios con las veintiséis letras del alfabeto anglosajón.

Puede que a tu empleador no le simpatice que te quites los zapatos en el trabajo, y no es necesario hacerlo. Simplemente remonta la cometa con todo tu corazón cuando nadie te ve. La verdadera medida del éxito no es hacer un buen trabajo cuando llegues a tu empleo soñado. Es hacer un buen trabajo en el empleo que no te gusta, ¡para un jefe que te gusta aún menos!

AMOR POR EL JUEGO

En su última década de vida, le preguntaron a John Wooden qué era lo que más extrañaba de ser entrenador. Respondió con una sola palabra: «La práctica».[25] Me parece fascinante, pero no me sorprende.

Aquellos que obtienen los niveles más altos de éxito no son motivados por los galardones. Seguro, quieren ganar el partido en cualquier juego que participen. ¡Pero su fin último es convertirse en alguien mejor respecto a lo que eran el día anterior! ¿Cómo? La práctica hace la perfección (la práctica deliberada, claro está).

Nadie amó el baloncesto como Michael Jordan. De hecho, tenía una cláusula de amor por el juego en su contrato. Esta le permitía jugar partidos espontáneos cuando y donde él quisiera. ¿Por qué es el mejor jugador en la historia de la NBA? ¡Porque amó el juego más que cualquier otro! El jugador que le sigue a Michael Jordan es el gran Kobe Bryant.

Unos años antes de su partida prematura, le eché un vistazo a la rutina de entrenamiento de Bryant gracias al entrenador de rendimiento, Alan Stein. Alan pasó quince años trabajando con algunos de los atletas de mayor rendimiento en el planeta. Un día se topó con Kobe en un campamento de baloncesto y le preguntó si podía observarlo mientras entrenaba. ¡El que pide, recibe! Bryant le dijo a Alan que lo encontrara en el gimnasio a las cuatro. No, no de la tarde. Alan llegó temprano, buscando impresionar a Kobe. Kobe ya estaba completamente transpirado, haciendo los mismos ejercicios que le enseñaba a sus campistas. Alan lo interrogó sobre lo que consideraba un entrenamiento muy básico y aburrido. Kobe respondió: «¿Por qué crees que soy el mejor del mundo? No me aburro de lo básico».[26]

Eso lo explica todo, ¿no?

Kobe Bryant aplicó su demencial ética de trabajo a todo lo que hizo. Así es como aprendió a tocar *Moonlight Sonata* de Beethoven de oído.[27] Así es como ganó un premio Oscar al Mejor Cortometraje Animado. Es como entrenó al equipo de baloncesto de su hija Gianna.

Kobe hizo todo con la mentalidad Mamba: «Es una búsqueda constante por intentar ser hoy mejor de lo que fuiste ayer».[28]

Su premiado cortometraje, *Dear Basketball* [Querido baloncesto], fue inspirado por un poema de amor que escribió al final de su carrera. El poema hubiese enorgullecido a John Wooden. Refiriéndose a cuando él tenía seis años, Kobe le dijo al baloncesto: «Me enamoré de ti».[29]

Si vas a hacer de cada día una obra de arte, debes básicamente *amar lo que haces* y *hacer lo que amas*. Puede ser frustrante si tu trabajo no es exactamente el trabajo de tus sueños. ¿Puedo darte algunos consejos para acercarte poco a poco a donde quieres estar? Primero de todo: ¡los trabajos que no nos agradan nos ayudan a apreciar aquellos que sí nos gustan! Pocas personas aterrizan en su trabajo soñado de inmediato. Encontrar tu lugar —el lugar donde los dones y las pasiones que Dios te dio se superponen— implica un proceso de prueba y error. Segundo: la clave para llegar a tu trabajo soñado es hacer *un buen trabajo* en un *trabajo malo*. ¿Recuerdas a Horst Schulze? Limpiar ceniceros no es el trabajo soñado de nadie. ¡Allí es cuando remontas la cometa! ¿Cómo? Enfócate en ser fiel en las cosas pequeñas. Si sigues poniéndote los calcetines de la manera correcta, tu día llegará.

«Pensar en mí como una persona que ha sobresalido», dijo Kobe, «eso significaría mucho para mí». ¿Por qué? «Eso significa que puse mucho empeño y exprimí todo el jugo que podía de esta naranja».[30] Exprimir la naranja. Remontar la cometa. ¡Son lo mismo! Significa poner todo tu esfuerzo. ¡Y es ponerlo hasta tu último día! ¿Por qué? ¡Porque no hay línea de llegada!

Si le sacas jugo al día de ese modo, habrás ganado el juego de la vida mucho antes de que Dios te diga: «¡Hiciste bien, siervo bueno y fiel!».[31] Así es como te conviertes en la mejor versión posible de ti mismo, y esa es la definición del éxito.

8

KAIZEN

Si haces cosas pequeñas como si fuesen cosas grandes,
Dios hará cosas grandes como si fuesen pequeñas.

Sakichi Toyoda nació el 14 de febrero de 1867 en una remota comunidad agricultora de Japón. De padre carpintero, Sakichi creció
en un taller cubierto de aserrín. Al igual que su padre, amaba jugar
con cualquier objeto. Su pasión por la innovación eventualmente
lo llevaría a ganar el apodo de «rey de los inventores japoneses».

De joven, Sakichi leyó *Ayúdate*, un libro publicado por primera vez en Inglaterra en 1859.[1] Trazando el perfil de los mejores inventores de la historia, el autor Samuel Smiles, ensalza los
méritos de la autoayuda. ¿Cómo? Prestando atención a absolutamente todo.

Un día, observando a su madre y a su abuela trabajar en sus
telares manuales, Sakichi se inspiró para diseñar un telar que uti-
lizara una fuente de energía. Y así comenzó Toyoda Automatic
Loom Works [Telares Automáticos Toyoda]. El impulso que inspiró la innovación de Sakichi fue una táctica de prueba y error a la
que llamó *genchi genbutsu* («anda y mira»).[2] Un abordaje práctico
a la resolución de problemas fue el corazón de lo que se convertiría
en el conocido sistema de producción Toyota.

Tras la Segunda Guerra Mundial, la economía japonesa estaba
devastada y la compañía automotriz comenzada por el hijo de Sakichi estaba al borde de la bancarrota. ¡Su deuda era ocho veces

mayor a su capital! Adelanta setenta y cinco años y Toyota se encuentra valuada en $236 mil millones.[3] ¿Qué sucedió? En pocas palabras, la respuesta es *kaizen*, un compromiso intransigente hacia la mejora continua. Pero el disparador fue una excursión hacia la tierra del «anda y mira».

En 1950, el sobrino de Sakichi, Eiji Toyoda, guio a un equipo de ingenieros por un recorrido de doce semanas a través de las plantas automovilísticas de Estados Unidos. El equipo de Toyota esperaba algo impactante. En cambio, se fueron sorprendidos por las ineficiencias que encontraron en las líneas de producción estadounidenses. Con una pizca de audacia —y mucho *kaizen*— creían que podían superar a Estados Unidos en el sector automotriz. Considerando que Toyota ahora es la fábrica más grande de automóviles en el mundo, puede decirse que simplemente han hecho eso.

Hagas lo que hagas, *kaizen* es la clave. Todo comienza con una mentalidad de superación. Debes mantenerte humilde, hambriento. Comparas tu progreso, pero nunca llegas realmente a la meta. De hecho, no hay línea de llegada. Te mantienes remontando tu cometa un poco más alto, por un poco más de tiempo.

POCO A POCO

Hay una frase de tres palabras escondida en el libro de Éxodo que me produce sentimientos encontrados. Dice: «Poco a poco».[4] Te pondré en contexto y luego explicaré el porqué de los sentimientos encontrados. Los israelitas se están preparando para conquistar la Tierra Prometida, pero Dios le pone al plan algunos palos en la rueda. «No los desalojaré en un solo año».[5] Ahí es cuando la mezcla de emociones entra en la ecuación.

Yo prefiero los vuelos sin escala, ¡en categoría Turista Premium si es posible! ¿Estás captando lo que quiero decir? Quiero llegar adonde voy sin conexiones. Por supuesto, pocas veces funciona de ese modo. Esto se demuestra en los peregrinajes de los israelitas por el desierto. El trayecto desde el monte Sinaí hasta la Tierra Prometida debía llevar once días, pero se convirtió en un vuelo de cuarenta años, con cuarenta y dos escalas.

¡Estuve en algunos vuelos que se transformaron en —digámoslo así— aventuras! Luego de una de esas debacles, que culminó conmigo rentando un auto y conduciendo toda la noche para llegar a donde debía, tuve una pequeña revelación. No importa cuántos desvíos y retrasos experimentemos como viajeros modernos, *¡siempre es mejor que un vagón cubierto!* ¿Estoy en lo cierto? ¡Así es como cambio el guion de los vuelos frustrantes!

¡Las escalas del Éxodo fueron cuarenta y dos! Cuando los israelitas entraron finalmente a la Tierra Prometida, ¡apuesto a que querían que fuera un viaje directo! No tan rápido.

Los desalojaré poco a poco, hasta que seas lo bastante fuerte para tomar posesión de la tierra.[6]

Dios nos da poco a poco.

Dios nos promueve poco a poco.

Dios nos hace crecer poco a poco.

La pregunta, por supuesto, es ¿por qué? En esta instancia, la razón era más ecológica que teológica. «No sea que, al quedarse desolada la tierra, aumente el número de animales salvajes y te ataquen».[7] Seamos sinceros, nuestra habilidad de anticipar las consecuencias es poco fiable en el mejor de los casos. Dios tiene razones que trascienden la razón humana. Eso nos es difícil de aceptar, pero nos resistimos y luego pagamos las consecuencias.

Detestamos tener que esperar, especialmente si se trata de una cita. ¡Queremos que Dios cumpla sus promesas *ayer*! Sembramos el lunes y queremos cosechar el martes. Noticia de última hora para los que no saben de agricultura: lleva un poco más de tiempo que eso. «No juzgues cada día por la cosecha que recoges», dijo Robert Louis Stevenson, «sino por las semillas que siembras».

DIFICULTAD DESEABLE

Antes de ir más lejos, quiero darte una fórmula. Las fórmulas tienden a volverse predecibles, pero estoy dispuesto a asumir ese riesgo. Entiende, por favor, que tu historia única, tu personalidad y tus metas son el factor X en esta ecuación.

Práctica deliberada + dificultad deseable = aprendizaje duradero.[8]

Ya vimos la noción de práctica deliberada cuando exploramos la ambidestreza. Es hora de ahondar en la dificultad deseable. Suena como un oxímoron, ¿no? ¿Qué parte de la dificultad es deseable? A primera vista, ¡nada! Si observamos un poco más, todo.

«Piensa en un día en el que te sientes extremadamente satisfecho cuando llega a su fin», dijo Margaret Thatcher. «No es un día en el que te apoltronas y no haces nada; es un día en el que tenías de todo por hacer y lo hiciste».[9] Odiamos admitirlo, pero la ex primera ministra británica dio en el clavo. Seguro, todos necesitamos días de holgazanería. Eso se llama Sabbat. ¡Pero el descanso viene mejor luego de un trabajo arduo!

La expresión acuñada por Robert A. Bjork en 1994, *dificultad deseable,* se refiere a una tarea que requiere un esfuerzo considerable.[10] Las tareas difíciles ralentizan el proceso de aprendizaje al principio, pero producen beneficios a largo plazo superiores a las tareas fáciles.[11] Si algo es demasiado fácil, nos aburrimos. Si algo es demasiado difícil, lo abandonamos. Existe un término medio en el que sucede el desarrollo. Como dije antes, se llama *dificultad controlable* (JMD, por sus siglas en inglés).

Como yo lo veo, mi trabajo como pastor es dar tranquilidad a los sacudidos y sacudir a los tranquilos. La primera es mucho más fácil que la segunda, pero ni por mucho igual de importante. Para mí, tranquilizar a los sacudidos es como una caricia suave, pero así no es como se ganan o pierden las batallas espirituales. Puede que sacudiendo a los tranquilos no reciba muchos regalos en el día del pastor, pero así es como se produce el crecimiento espiritual. Dime la última vez que estuviste en apuros, ¡y te diré que esa fue la última vez que creciste!

Hermanos míos, considérense muy dichosos cuando tengan que enfrentarse con diversas pruebas, pues ya saben que la prueba de su fe produce constancia. Y la constancia debe llevar a feliz término la obra, para que sean perfectos e íntegros, sin que les falte nada.[12]

Como padre, soy propenso por naturaleza a facilitarle las cosas a mis hijos. ¡Pero tú y yo sabemos que eso no les hace ningún favor! Si todos reciben un trofeo, ¿cómo aprenderán los niños a manejar el fracaso? Si les evitamos todas las dificultades, sus músculos emocionales se atrofiarán.

Cuando pasamos por tiempos difíciles, Dios está forjando en nosotros la fortaleza emocional. Nos está preparando para cosas mayores y mejores. ¡Los desafíos que parecen tan difíciles hoy parecerán pan comido dentro de diez años!

Si «ayudas» a una mariposa a escapar de su crisálida, en realidad le haces daño. Nunca remontará su cometa. Debes dejar que tus hijos pasen por la crisálida, como Dios lo hace con nosotros. Se denomina amor firme. Es dejarlos aprender cómo valerse por sí mismos. Anda, protege los enchufes a prueba de niños, ¡pero debes dejarlos dar un par de tropezones!

OBJETIVOS DE ELONGACIÓN

En mi vida tengo un pequeño mantra: «Más difícil es mejor». Lo sé, ¡más difícil es más difícil! No quiero que parezca que nunca escojo el camino que requiere menos energía. Por lo general tomo el ascensor en vez de subir por las escaleras. Dicho eso, optar por las escaleras es un buen modo de crear un hábito si te estás preparando para ir de excursión al Gran Cañón.

Uno de mis mejores momentos en altura fue pararme en el borde sur del Gran Cañón y mirar por sobre el paisaje que había cruzado con mi hijo mayor, Parker. Fue su experiencia de iniciación en el senderismo, y es una de las cosas más difíciles que he logrado. ¡Cuánto más difícil es el camino, mejor es la vista! Las metas más gratificantes siempre involucran el mayor grado de dificultad.

Hace algunos años, un versículo de los Salmos me inspiró profundamente: «Irán de poder en poder; verán a Dios en Sion».[13] Con ayuda de un amigo que es entrenador de fuerza y acondicionamiento, experimenté con esta idea de un modo particular. En ese momento, veinticinco flexiones de brazos era lo máximo que mi cuerpo, fuera de forma, podía lograr. Decidí añadir una flexión cada día, con la meta de llegar a cien. Seguro me salteé algún que otro día. ¡Remontar la cometa no es una ciencia perfecta! Pero setenta y cinco días más tarde, alcancé mi meta de cien flexiones de brazos consecutivas.

Por definición, los objetivos de extensión se alcanzan «poco a poco». Así es como uno va «de poder en poder». Con el tiempo, tu tope se convierte en tu base. Lo que parecía imposible hace diez años, ¡hoy parece una caminata en el parque! Es tan simple como ponerse objetivos de extensión, lo que me lleva a recordar mi maratón. Si comienzas muy rápido, ¡acabarás lento! Debes moderar tu ritmo, esa es la genialidad del *kaizen*. Es sumar una repetición, una libra, una vuelta por día.

Apenas podía correr tres millas (cinco kilómetros) cuando comencé a entrenar para el Maratón de Chicago, y corría *muy* lento. No podía imaginarme llegar a correr 26.2 millas (42 km). ¿Qué hice? Me descargué un plan de entrenamiento y lo seguí. Tras un período de seis meses, completé un total de setenta y dos entrenamientos que sumaban 475 millas (765 km). Allí —y solo allí— fue cuando estuve listo para correr mi maratón.

A LA VELOCIDAD DE DIOS

¿Recuerdas a Emil Zátopek, el mejor corredor de todos los tiempos? Al convertir su historia de vida en un guion cinematográfico, analicé sus rituales de entrenamiento. Emil Zátopek era un hombre corriente en todos los aspectos. En puntas de pie llegaba a medir cinco pies con siete pulgadas (1,74 m), y pesaba apenas 145 libras (65,7 kg). Su talento natural era escaso y su manera de correr era irremediablemente inusual. Los comentaristas deportivos decían que corría como un hombre que ha sido apuñalado en el corazón, como un hombre con escorpiones en los zapatos, como un hombre luchando contra un pulpo sobre una cinta transportadora. Eso no detuvo a «la Locomotora Checa» de lograr algo que nunca más volvió a lograrse.

Emil consiguió tres medallas de oro en los Juegos Olímpicos de 1952, en Helsinki, batiendo récords en las categorías de cinco mil metros, diez mil metros y maratón. De 1949 a 1951 ganó sesenta y nueve carreras consecutivas. Puede que eso sea más impresionante que la racha de ochenta y ocho partidos ganados de la UCLA. Y se retiró con dieciocho récords mundiales.

¿Cómo hizo todo eso? Su expediente militar de 1951 resaltaba una característica que lo definía: «obstinación».[14] Había corredores mucho más rápidos que Emil, pero nadie entrenaba tanto, ni tan duro, ni con tanta inteligencia como él. Nunca dejó de ponerse pequeñas metas de extensión, siempre intentando vencer su marca personal. Se enorgullecía de sus logros, pero también hacía un reconocimiento: «Aquel que supere mi entrenamiento, también superará mis récords».[15]

Cuando era su turno de montar guardia, Emil corría por horas en el lugar calzando botas de combate. Al correr en sus prácticas, usaba una máscara de gas para privarse de oxígeno. A menudo cargaba a su esposa, Dana, en su espalda o la arrastraba sobre un trineo en la nieve. Puede que no haya inventado el entrenamiento intermitente, pero de seguro lo reinventó. Y corrió tan duro por tanto tiempo que se desmayó en medio de la pista más de una vez.

Después de dieciocho años de competir, Emil colgó sus zapatillas de un clavo en su sala de estar. Había corrido más de cincuenta mil millas (80 570 km), o sea, el equivalente a dos vueltas al mundo. Emil Zátopek personificó el *kaizen*. «No puedes saltar hasta el segundo piso desde el suelo», dijo. «Sin embargo, paso a paso, un hombre puede alcanzar el quinto piso».[16]

A este punto te estarás preguntando por qué tan pocas personas han oído de él. En noviembre de 1969, fue enviado a las minas de uranio para resistir con coraje la ocupación soviética. «Ya conocí el mundo desde arriba», dijo. «Ahora lo estoy conociendo desde abajo».[17] Emil pasaría sus próximos cinco años haciendo trabajo forzado.

El régimen comunista hizo todo lo que pudo para eliminar el nombre de Emil Zátopek de la historia. Su nombre fue removido del estadio en su ciudad natal, Kopřivnice. Sus logros deportivos fueron borrados de los libros. Intentaron enterrarlo ciento cincuenta metros bajo tierra en una mina de uranio, pero su legado duró más que la misma Unión Soviética. Sus hazañas atléticas ameritan la gran pantalla. Más aún, su carácter intransigente merece ser celebrado.

Nos encantan las historias de éxito como la de Emil. Pero los sacrificios que conllevaron no nos gustan tanto. Queremos éxito sin sacrificio, pero no funciona así. En el corazón de cada historia de éxito hay alguien que estuvo dispuesto a hacer sacrificios que nadie más estaba dispuesto a hacer. El éxito no será regateado, y nunca está a la venta.

Uno de los versos más difíciles de digerir en los Evangelios es este: «Si alguien quiere ser mi discípulo, que se niegue a sí mismo, lleve su cruz cada día y me siga».[18] La mejor decisión que puedes tomar *para* ti mismo, es tomar decisiones *en contra* de tu naturaleza. Es disciplinarte para hacer lo correcto día tras día, semana tras semana, año tras año. Si pagas el precio, la recompensa será mucho mayor que los sacrificios que has hecho.

MEDIDAS A CORTO PLAZO

Una de las claves del *kaizen* —compromiso intransigente con la mejora continua— son los bucles de retroalimentación. El bucle de retroalimentación más efectivo es la convicción del Espíritu Santo. Las Escrituras cumplen la misma función. ¡No las leemos tanto como ellas nos leen a nosotros! Claro, los bucles de retroalimentación son efectivos en la misma medida que la autoevaluación.

Un buen punto de partida es un análisis FODA. FODA son las siglas de «fortalezas, oportunidades, debilidades y amenazas». Este tipo de análisis se utiliza a menudo en organizaciones, pero es un buen ejercicio cuando se trata de la autoevaluación. Tras hacer un listado de tus fortalezas, oportunidades, debilidades y amenazas, debes definir la meta: *¿qué es lo importante ahora?*

Las medidas a largo plazo son resultados. Son beneficios trimestrales y satisfacción del consumidor. Son ganancias. Calificaciones. Son los resultados de las encuestas. Las medidas a largo plazo son objetivos, los ojos del toro al que estás apuntando.

Quieres ganar el juego, concretar la venta, ganar las elecciones. Pero las medidas a largo plazo no son las que te llevarán a donde quieres ir. Allí es donde entran en juego las medidas a corto plazo. Estas son los hábitos que producirán los resultados que deseas.

Si quieres perder peso, debes tomar decisiones en contra de tu naturaleza. Te recomendaría fijar una meta de peso específica. Si no defines tu peso a alcanzar, no sabrás cuando hayas llegado. Te estarás cavando tu propia fosa. También necesitas un plan, y hay muchos allí afuera. Las dietas están más allá de mi alcance, así que no sobrepasaré mis límites. La única experiencia en dietas es la dieta del Gran Cañón. Si haces senderismo por el Gran Cañón con 43 °C de calor, ¡puedes perder trece libras (seis kilogramos) en dos días!

Para darte tranquilidad, sé que no todas las personas son de fijarse metas. Y eso está bien. Algunos son de los que resuelven problemas. ¿Puedo contarte un pequeño secreto? Fijar metas y resolver problemas son dos caras de la misma moneda.

Sacarle el jugo al día es algo tan único como el trabajo que tienes, la persona con la que estás casado y las metas que te fijas. Es tan único como los desafíos de salud que enfrentas, las pasiones que Dios puso en tu corazón y las circunstancias particulares en las que te encuentras. No puedes aprovechar el día por otra persona, y nadie más puede hacerlo por ti.

Una advertencia: no intentes ganar todo el mundo. Recuerda que tus metas deben estar definidas por la *dificultad controlable*. Debes tomar una meta, un partido, un proyecto, un entrenamiento, una milla, un día a la vez.

Durante la temporada 2019 de las Grandes Ligas de Béisbol, los Nacionales de Washington se encontraban en último lugar en la División Este de la Liga Nacional. Con un récord de 19-31, sus probabilidades de pasar a la postemporada eran de 3,8 %. ¿Las probabilidades de ganar un banderín de las Grandes Ligas? 0,1 %.

Ahí fue cuando su director técnico, Dave Martínez, desafió al equipo con una idea simple que se convertiría en su lema: «Vamos por el 1-0». A ese punto, el equipo no tenía nada que perder. ¿Por qué no salir y divertirse un poco? ¡Esa mentalidad los llevó a ganar un campeonato de la Serie Mundial![19]

Si quieres agitar el banderín, debes remontar la cometa. ¿Cómo? Comprometiéndote al *kaizen*. Acogiendo la dificultad deseable como un regalo de Dios. Fijando objetivos de extensión. Tomando decisiones en contra de tu naturaleza. Definiendo la meta.

¡Remonta tu cometa!

PARTE 3

Imagina mañanas por nacer

Todo lo que existe fue en algún momento una idea en la imaginación de alguien. Antes de convertirse en una realidad física, fue una señal electroquímica disparándose entre miles de millones de sinapsis dentro de la corteza cerebral.

El mapa de la ciudad donde vivo —Washington D.C.— primero existió en la mente de un arquitecto francés llamado Pierre Charles L'Enfant. George Washington le encargó al ingeniero militar, convertido en urbanista, que diseñara la distribución de la capital de la nación. La simetría de las calles y la ubicación de los edificios gubernamentales fueron concebidas en su imaginación. Después de imaginar cada detalle, L'Enfant transfirió esas ideas a un papel de unas veinte onzas (cerca de seiscientos gramos), hoy preservado en una vitrina de plexiglás, respirando argón presurizado, en la Biblioteca del Congreso.

Cuando esquivo el tráfico por la Avenida Pennsylvania, conduzco por las calles que soñó L'Enfant. Lo mismo cuando hago un picnic en la Explanada Nacional o cuando paso por el monumento a Abraham Lincoln. Mi realidad física fue ideada por otra persona. Esa verdad también aplica para ti. De hecho, esa verdad también *te incluye* a ti.

Todo lo que existe se originó en la imaginación omnisciente del Todopoderoso. Fue un pensamiento antes de convertirse en algo, y eso te incluye a ti. En algún momento fuiste una idea en la imaginación de Dios. Atrapa ese pensamiento (lo digo en todo sentido).

> Llevamos cautivo todo pensamiento para que se someta a Cristo.[1]

Tendemos a interpretar ese versículo de un modo negativo. Llevamos cautivo a un pensamiento de pecado y lo sometemos a Cristo. Esa es la mitad de la batalla, pero permíteme cambiar el guion. Prefiero tener una sola idea que venga de Dios que mil buenas ideas. Las buenas ideas son buenas, pero las ideas de Dios cambian el curso de la historia. ¿Cómo obtienes ideas de Dios? La oración es un buen punto de partida. Orar es un modo de soñar, y soñar es un modo de orar.

Cuando tienes una idea de parte de Dios, la debes tomar cautiva. ¿Cómo? Eso depende de lo que hagas. Si eres Pierre Charles L'Enfant, será un plano. Si eres David Blaine, será un truco de magia. Si eres Twyla Tharp, será una coreografía. Si eres Mozart, será una partitura. Si eres John Wooden, será una jugada. Ya entiendes la idea…

Cuando yo me siento a escribir, estoy imaginando mañanas por nacer. El modo en el que tomo cautivos esos pensamientos es con las veintiséis letras del alfabeto anglosajón. No sé qué es lo que tú haces, pero de lo que sea que se trate, debes imaginarte mañanas por nacer. Si eres un chef, será planeando un menú. Debes tomar esos ingredientes cautivos y llevarlos a un plato. Si eres un emprendedor, será desarrollando un plan de negocios. Debes tomar cautivo ese producto y desarrollarle una marca y venderlo.

En la parte 3, enfocamos toda nuestra atención en el futuro. Es hora de explorar los hábitos que te ayudarán a imaginarte mañanas por nacer: *corta la cuerda* y *ajusta el reloj*. Vivimos la vida hacia delante, pero Dios trabaja en nuestra vida hacia atrás. «Somos la obra maestra de Dios. Él nos creó de nuevo en Cristo Jesús, a fin de que hagamos las cosas buenas que preparó para nosotros tiempo atrás».[2] ¿Necesita traducción? Dios tiene cosas preparadas para ti. ¡Cuando Él te da una visión, Él provee!

Según el Talmud, junto con todo lo que Dios creó con su palabra en los seis días de la creación, Dios tomó ciertas precauciones. Él le ordenó al Mar Rojo que se abriera para Israel; al sol y a la luna que se detuviesen para Josué; a los cuervos que alimentaran a Elías; al pez que escupiera a Jonás; al fuego que no quemara a Ananías, Misael y Azarías; y a los leones que no hicieran daño a Daniel.[3]

Cuatro dimensiones de tiempo-espacio es todo lo que conocemos, así que es muy difícil para nosotros concebir a Dios de otro modo. ¿Qué hacemos? Creamos a Dios a nuestra imagen y lo hacemos amoldamos a nuestras cuatro dimensiones. Noticia de último momento: no podemos encerrar a Dios dentro de las dimensiones de tiempo-espacio que Él mismo creó. Así que mientras pensamos hacia delante, Él trabaja hacia atrás. Es algo impactante, pero Dios siempre comienza teniendo en mente el final. Eso es clave cuando se trata de imaginar mañanas por nacer.

¿Recuerdas a L'Enfant? Una cosa es tener una idea y otra cosa es hacerla realidad. Llevó cientos de años que sus ideas tomen forma (¡también se precisó toneladas de concreto y millones de dólares!). Sin importar lo que hagas, requerirá de sangre, sudor y lágrimas. ¿La buena noticia? Dios «puede lograr mucho más de lo que pudiéramos pedir o incluso imaginar mediante su gran poder, que actúa en nosotros».[4]

¡Los planes de Dios para tu vida son mayores y mejores que los que tú tienes! ¿Crees en eso? Muéstrame el tamaño de tus sueños y te mostraré el tamaño de tu Dios.

HÁBITO 5 – CORTA LA CUERDA

Jugar a lo *seguro* es *arriesgado*.

En 1853, la ciudad de Nueva York fue sede de la primera exposición universal en Estados Unidos. Los organizadores construyeron un salón de exhibiciones bellísimo llamado el Palacio de Cristal. Allí era donde las últimas y mejores invenciones eran exhibidas. También fue donde un hombre llamado Elisha Otis logró una de las escenas de riesgo más excepcionales en la historia de la exposición universal. Otis había inventado un dispositivo que posibilitaba elevadores más seguros, pero le estaba costando vender la idea a los escépticos de la seguridad. Era hora de hacerlo en grande o irse a casa. Se ubicó sobre una plataforma elevada a una altura suficiente para que pudiera ser vista desde todos los puntos del salón. Y luego, ordenó a un hachero que estaba sobre el elevador ¡que cortara la única cuerda que sujetaba la plataforma!

El elevador cayó… unos pocos pies. La multitud soltó una exclamación colectiva. Y Elisha Otis enunció: «Todo está bajo control, señoras y señores. Todo bajo control».

Lo sé, soltar la cuerda no parece ser algo seguro. ¿Puedo decirte algo que no es seguro? ¡Jugar a lo seguro! De hecho, el mayor riesgo es no asumir riesgos. Cortar la cuerda se trata de tomar riesgos previamente calculados. Cuando digo «calculados» hablo de una escala de riesgo-recompensa. No estoy promoviendo saltos al vacío. Mantén ambos ojos abiertos, pero no te enfoques en el viento y las olas. ¡El único modo de caminar sobre el agua es mantener tu mirada puesta en Jesús! Bueno, ¡también debes salir de la barca![1]

Cuando Elisha llevó a cabo este inolvidable discurso de ventas, había pocos edificios en la ciudad de Nueva York que superaran los cinco pisos de altura. ¿Por qué? ¡Porque nadie quería subir las escaleras! Era casi imposible rentar las unidades en las plantas superiores. Luego en 1854, Otis instaló un elevador en un edificio en Broadway, y el resto es historia.

Para 1890 había diez edificios que superaban las diez plantas de altura. Para 1900, había sesenta y cinco edificios que superaran las veinte plantas. Y para 1908, había quinientos treinta y ocho edificios en la ciudad que calificaban como rascacielos, incluido el famoso edificio Flatiron entre Broadway y la Quinta Avenida. Más y más edificios fueron creciendo en altura, y algo más sucedió. ¡Los pisos más altos comenzaron a producir mayores ganancias! Siempre que no tuvieras que subir las escaleras, todos querían tener una buena vista.

Elisha Otis había transformado el mundo. No solo inventó elevadores más seguros; ¡hizo posible los rascacielos modernos!

Según el último recuento, la ciudad de Nueva York tiene cincuenta y ocho mil elevadores. Esos elevadores suben y bajan once millardos de veces por año.[2] ¡Y eso es solo en Nueva York! Según la Otis Elevator Company, el equivalente a la población mundial usa sus productos cada tres días.[3] ¡Todo porque Otis tuvo el coraje de cortar la cuerda!

Si quieres imaginar mañanas por nacer, debes *cortar la cuerda*. Eso asusta, especialmente si le temes a las alturas. Pero de allí para abajo, todo lo demás es statu quo. Experimentarás algunas caídas, algunos fracasos. Eso es seguro. Pero cortar la cuerda es el modo en que abrimos el lazo de los sueños que Dios ha puesto en nosotros.

9

EL ADYACENTE POSIBLE

Estás a una decisión de distancia de una vida
totalmente diferente.

Con 1 046 pies de altura (319 m), el edificio Chrysler tuvo la distinción de ser el más alto del mundo antes de ser desplazado por
el Empire State. Aún hoy sigue siendo uno de los rascacielos más
icónicos de la ciudad de Nueva York. El edificio fue ideado por
Walter Chrysler, fundador del imperio automotriz que lleva su
nombre. Su meta original era superar a la Torre Eiffel, pero no era
el único con tales aspiraciones.

Los arquitectos del Chrysler y el Bank of Manhattan Trust
Building —los socios William Van Alen y H. Craig Severance,
que finalmente se volvieron rivales— se involucraron en una carrera de superioridad. Con su edificio competían para ganar el
título del más alto del mundo. Van Alen tenía un as bajo su man-
ga: un capitel de 125 pies (38 m) que hizo construir en secreto y
ensamblar en el aire valiéndose de la audacia de los obreros de la
construcción.

Durante los felices años veinte, los valores inmobiliarios se dis-
pararon por los aires. La carrera hacia el cielo, como la denomina-
ron los periódicos, fue alimentada por un optimismo desenfrenado.
Bueno... optimismo y orgullo. «Se trataba de presumir», dijo Neal
Bascomb. «De hacer saber al mundo cuán exitosos eran».[1] Walter
Chrysler se lo admitió también a su arquitecto: «Quiero construir

un monumento a mi persona».[2] Chrysler obtuvo su monumento, ¡pero el sabor de la victoria le duró solo un día!

El edificio Chrysler fue coronado como el más alto del mundo el 23 de octubre de 1929. ¿De casualidad recuerdas lo que sucedió al otro día? El 24 de octubre marcó el comienzo del crac del 29, que dejó en bancarrota a muchos propietarios de edificios y condujo a la Gran Depresión.

Al prepararnos para imaginar mañanas por nacer, comienzo contando una historia de advertencia. ¿Por qué? Sobreestimamos nuestra habilidad para predecir el futuro, y lo hacemos tan a menudo. Esta tendencia lleva muchos nombres: la ley de las consecuencias imprevistas, el efecto del exceso de autoconfianza, y la falacia de la planificación, por nombrar algunos.

Más allá de servir como una historia de advertencia, esta parte de la historia nos recuerda un antiguo proverbio: «No te jactes del día de mañana, porque no sabes lo que el día traerá».[3] Anda, haz planes. No hacer planes es planear el fracaso, ¡pero hacer planes sin oración se llama presunción!

La imaginación de mañanas por nacer comienza y termina con oración. Con una oración valiente, añadiría.

PLANTA BAJA

Todo lo que se encuentra entre ti y tus mañanas por nacer es el *adyacente posible.* La frase fue acuñada por un biólogo de la evolución llamado Stuart Kauffman,[4] y es la rampa entre *lo que es* y *lo que podría ser.* Es lo que nos permite soñar en grande en oración; sueños de diez pisos, de veinte pisos y aun de ciento sesenta pisos como el Burj Khalifa.

No estoy seguro de que Elisha Otis hubiera imaginado un edificio de media milla (unos ochocientos metros) de altura, pero lo hizo posible el día en que cortó la cuerda. ¿Sabías que el Burj

Khalifa es tan alto que puedes ver el atardecer dos veces? Puedes ver el atardecer desde la planta baja, luego subirte a uno de los sesenta y cinco elevadores Otis que te llevarán al último nivel a una velocidad de veintidós millas (veinticinco kilómetros) por hora, y volver a ver el atardecer una segunda vez desde arriba. ¡Te da una segunda oportunidad de que el sol no se ponga sobre tu enojo![5]

El adyacente posible no es un concepto fácil de articular, pero el elevador es el primer ejemplo. ¡Fue el elevador lo que hizo posible el rascacielos! Como tal, facilitó el adyacente posible. El elevador es al rascacielos lo que el alfabeto es a la escritura. El elevador es al rascacielos lo que una bellota es al roble. El elevador es al rascacielos lo que la salsa de tomate es a la pizza, pero ya estoy divagando...

Volveré a la planta baja.

El adyacente posible es lo que posibilita algo más. El microchip es lo que hizo posible las calculadoras científicas, las computadoras personales y los *smartphones*. ¡Sin este, muchos de nosotros no hubiéramos aprobado la clase de matemáticas! Y definitivamente el hombre no hubiese llegado a la luna. Un pequeño paso puede convertirse en un salto gigante hacia el adyacente posible.

PLAN B

Permíteme personalizar el adyacente posible.

Cuando estaba en octavo grado, nuestra familia había comenzado a asistir a la iglesia Calvary [Calvario en inglés] en Naperville, Illinois. Yo desconocía que el pastor de esa iglesia, Bob Schmidgall, tenía una hija. De más pequeño ella no me interesaba, pero al comenzar la preparatoria corté la cuerda y la invité a nuestra primera cita. En ese momento no lo sabía, pero cuando nuestra familia comenzó a asistir a la iglesia Calvary, ¡Lora se convirtió en el adyacente posible! Y también lo hicieron nuestros tres hijos: Parker, Summer y Josiah. ¡Así como tantas otras cosas!

Mientras cursaba un postgrado, Lora y yo quisimos comenzar una iglesia en los suburbios al norte de Chicago. La plantación de la iglesia fracasó y fue terriblemente embarazoso. Pensamos en el fracaso en términos negativos, pero el fracaso no es del todo malo. A menudo es lo que nos introduce al adyacente posible, pues nos predispone a opciones que de otro modo nunca hubiésemos considerado. Si esa iglesia en Chicago no hubiese fracasado, nunca nos hubiéramos mudado a Washington D.C.

Dicho eso, algún día agradeceremos a Dios tanto por las puertas que Él *cerró* como por las que *abrió*. ¿Por qué? Porque nos exponen al adyacente posible. ¡Las puertas cerradas son el modo en que Dios corta la cuerda por nosotros! Si Dios no le hubiese impedido el paso a Bitinia, quizás el apóstol Pablo nunca hubiese llevado el evangelio a Macedonia.[6] Para ese entonces, Macedonia era un desvío para él. Bitinia era el plan A.

A veces nuestro plan B es el plan A de Dios.

¿Recuerdas a Pixar y su modelo fallido de negocios? El software de animación era su plan A. Cuando eso fracasó, el adyacente posible fue *Toy Story, Buscando a Nemo* y —mi favorita— *Up*. ¡Bastante bueno el plan B, si hablamos de miles de millones de dólares!

Si no puedes llegar a fin de mes o tu último emprendimiento falló, quizás Dios te esté preparando para lo que Él quiere que hagas. Cuando sentimos que estamos en el lugar equivocado a la hora equivocada, ¡a menudo Dios nos tiene justo donde nos quiere!

Para Lora y para mí, Chicago era el plan A. Teníamos un plan de veinticinco años para esa plantación de iglesia. ¡Si quieres hacer reír a Dios, cuéntale tus planes! Dios cerró la puerta de nuestro sueño, y yo le estoy eternamente agradecido. No teníamos intención alguna de dejar Chicago. Michael Jordan todavía jugaba para los Chicago Bulls. ¿Por qué íbamos a querer mudarnos?

Muchas veces Dios nos está preparando, aun cuando sentimos que nos está defraudando. Fue nuestra mudanza a la capital de la nación lo que hizo de la National Community Church el adyacente posible.

QUE COMIENCE EL PARTIDO

Como seguidor de Cristo, todo lo que creo gira en torno a una tumba vacía. Cuando Jesús salió de la tumba, lo imposible se desvaneció. Allí es donde comenzamos a imaginar mañanas por nacer.

La cruz es donde Dios demostró todo su amor.

La tumba vacía es donde Dios demostró todo su poder.

El cristianismo *no es* un código moral. Sí, existe un gran mandamiento: ama a Dios con todo tu corazón, con toda tu alma, con toda tu mente y con todas tus fuerzas y ama a tu prójimo como a ti mismo.[7] Sí, también adoptamos un código llamado el Sermón del Monte: haz la milla extra, pon la otra mejilla, ama a tus enemigos y ora por aquellos que te persiguen.[8] Esas reglas cambiarán tu vida, pero no son el fundamento de nuestra fe. El fundamento de nuestra fe es una tumba vacía.

No puedo comprobar la resurrección más de lo que tú puedes refutarla. Es una cuestión de fe, tanto de un lado como del otro. Pero si Jesús salió de la tumba, se caen todas las apuestas. Y si tú estás en Cristo, significa que por medio de Él puedes hacer todas las cosas.[9]

¿Sabes por qué estoy tan seguro de que puedes sacarle el jugo al día? ¡Porque Jesús lo hizo hace dos mil años! Justo cuando parecía que el juego había *terminado*, el juego recién estaba *comenzando*. ¡Nunca pongas un punto donde Dios pone una coma! ¿Por qué? ¡Porque Jesús *es* el adyacente posible!

Cuando Él apareció en escena no existía descripción para los milagros que Él haría. Su primer milagro sucedió en una boda en

Canán. En la boda se acabó el vino, lo cual no era el fin del mundo. Sin embargo, era embarazoso para el novio y la novia. ¿Qué hizo Jesús? Cortó la cuerda, convirtiendo el agua en vino. Y no solo vino, ¡vino fino![10] Eso es imposible, ¿verdad? ¡Pues no! ¿Por qué? ¡Porque Jesús es el adyacente posible!

EL QUE ABRE CAMINOS

En el evangelio de Juan, Jesús hizo siete declaraciones:

> Yo soy el pan de vida.
> Yo soy la luz del mundo.
> Yo soy la puerta.
> Yo soy la vid.
> Yo soy el buen pastor.
> Yo soy la resurrección y la vida.
> Yo soy el camino, la verdad y la vida.[11]

Jesús es el camino, pero es más que eso. ¡Él es quien abre los caminos! Junto con esas siete declaraciones, Juan incluyó siete milagros que hizo Jesús. Cada uno presenta evidencia avasallante sobre la identidad de Jesús como el posible adyacente.

Jesús se encontraba rodeado por cinco mil personas hambrientas, cuando un niño se le acercó y le ofreció su almuerzo. Eso es grandioso, pero no hay manera de alimentar a cinco mil personas con cinco rebanadas de pan y dos peces. ¡Es imposible!

¡No, es posible!

Si pones lo que tienes en manos del hacedor de caminos, cinco más dos ya no es igual a siete. Cinco más dos es cinco mil. ¡Te sobra más que aquello con lo que comenzaste![12]

Jesús se topó con un hombre que nació ciego. Si naces ciego significa que no existen conexiones sinápticas entre el nervio óptico y la corteza visual de tu cerebro. No había modo de que este hombre pudiera recobrar la vista. ¡Es imposible!

¡No, es posible!

¡El hacedor de caminos creó vías sinápticas en el cerebro de este hombre![13]

Lázaro pasó cuatro días muerto. No había manera de que se volviera a despertar. ¡Es imposible!

¡No, es posible!

La misma voz que dijo «Que sea la luz» dijo «¡Lázaro, sal fuera!».[14]

Él es el Dios que abre caminos en medio del mar.[15]

Él es el Dios que hace flotar hachas de hierro.[16]

Él es el Dios que detiene el sol.[17]

No estoy seguro de quién es el autor de esta frase, pero somos un pueblo de Pascuas viviendo en un Viernes Santo. ¡A menudo nuestra fe parece un poco ridícula por unos días! No es congruente de inmediato; no tiene mucho sentido al principio. Entonces, ¿qué hacemos? Comenzamos cada día en el lugar donde todo es posible y vamos directo hacia la tumba vacía.

¡Aquí es donde cortamos la cuerda!

SOMBRA FUTURA

«El adyacente posible es una especie de sombra futura», dijo Steven Johnson, «que surge desde los bordes del presente de las cosas».[18] Tendemos a ver las sombras en una luz negativa. Los remordimientos del pasado y la ansiedad del futuro pueden proyectar sombras largas sobre el presente, pero allí es cuando y donde Dios nos eclipsa. Su gracia es suficiente. Su poder se perfecciona en la debilidad. Y Aquel que comenzó la buena obra será fiel en completarla.

¿Recuerdas la historia de David contra Goliat?

Nadie veía el potencial en David, ni siquiera su padre. Él solo veía un pastor de ovejas, pero David proyectaba una sombra futura como rey de Israel. Tú no eres lo que los demás dicen que eres. ¡Eres lo que Dios dice que eres! Quizás no te agrade la situación en la que estás hoy. ¿Te recuerdo algo? Aún si estás en crisis, estás en Cristo. ¡Y eso te hace más que vencedor![19]

Vivimos en la intersección de dos teologías, dos realidades. La fidelidad de Dios nos sigue desde el pasado, y su soberanía nos acciona desde el futuro. Miramos hacia atrás, y todas las cosas nos ayudaron a bien. Miramos hacia delante, y lo mejor está por venir.

¿Cuál es tu sombra futura?

¿Cuáles son tus adyacentes posibles?

Solo tú puedes responder a esa pregunta, pero deberás cortar la cuerda. Fe es dar el primer paso antes de que Dios revele el segundo. ¿No fue eso lo que hizo Elisha Otis? Él no tenía idea de que su invento daría vuelta al mundo. Todo lo que sabía era que debía vender sus elevadores seguros para permanecer en el negocio. Imaginar mañanas por nacer no significa descifrar cada aspecto de tu futuro. ¡Es armarse de valor para dar el próximo paso!

La fe es la garantía de lo que se espera, la certeza de lo que no se ve.[20]

Hay distintas acepciones de la palabra *fe*, pero una de ellas es *metas*. No alcanzarás el cien por ciento de las metas que no te propongas. Antes de fijarlas, asegúrate de que glorifiquen a Dios. Dios no glorificará las metas que no lo glorifiquen a Él. Si quieres ver mi lista de metas en la vida o descargar «Siete pasos para fijarse metas en la vida», visita markbatterson.com/wintheday [en inglés].

¿Cómo sabes si una meta honra a Dios? Esa no es una pregunta fácil, ¡pero yo comenzaría revisando las motivaciones! En mi experiencia, las metas que honran a Dios a menudo son a la medida de Él; es decir, no las puedes alcanzar sin su ayuda. Así es como Él se lleva la gloria, ¡haciendo cosas de las que tú no te puedes llevar el crédito!

ESTO ES UNA LOCURA

Hace algunos años, realicé el Camino del Inca hasta el Machu Picchu. En términos de dificultad califica justo detrás del Gran Cañón. Al estar allí, Parker y yo decidimos tachar de la lista una de nuestras metas en la vida y volar en parapente sobre el Valle Sagrado.

¡Era una de esas metas que se ve estupenda sobre el papel! A nivel del suelo, digamos. Pero cuando te encuentras mirando hacia abajo sobre un acantilado de diez mil pies (tres mil metros), comienzas a dudar de tu meta. Debo admitir que una charla orientativa de sesenta segundos en español no ayudó en nada a aliviar mi miedo a las alturas. Además, mi instructor de vuelo peruano era un adolescente al que yo doblaba en altura. Lo único que recuerdo que dijo fue: «Corre por el acantilado cuesta abajo tan rápido como puedas, luego levanta las piernas». ¿Eso es todo lo que tienes para decirme? Así que hice lo que cualquier buen padre hubiese hecho. Dejé que Parker fuera primero.

Mientras aceleraba hacia el peñasco, un pensamiento corría por mi mente: «*Esto es una locura; esto es una locura; ¡esto es una locura!*». Cuando dejé el suelo, levanté mis piernas y una corriente de aire ascendente remontó nuestro paracaídas. Lo próximo que recuerdo es estar volando sobre el Valle Sagrado y otro pensamiento corría por mi mente: «*Esto es increíble; esto es increíble; ¡esto es increíble!*»

Expulsé mi almuerzo siete veces, así que fue menos increíble para mi instructor que estaba detrás de mí. Pero aprendí una lección a diez mil pies de altura: si no estás dispuesto a ponerte en situaciones que te hagan pensar *«Esto es una locura»*, nunca experimentarás los momentos del tipo *«Esto es increíble»*.

Al imaginar mañanas por nacer puedes sentirte un poco como si estuvieras corriendo hacia ese acantilado. Algunos hasta te tildarán de loco. Allá ellos… Convertir una casa de crac en la cafetería Ebenezers Coffeehouse fue una locura. No teníamos nada que hacer en el negocio del café, excepto que Dios nos había llamado a entrar. ¿Cometimos errores en el camino? Claro que sí. Siempre lo hacemos.

Desde que nos lanzamos por ese acantilado, hemos servido a millones de clientes y donado cada centavo de las ganancias. ¡La locura se transformó en algo increíble! ¿Cuál es la clave? Hay un momento en el que debemos cortar la cuerda. Asegúrate de que Dios te haya dado luz verde. Si te la ha dado, es ¡en sus marcas, listos, ya!

ÉCHATE UN BRODIE

El 23 de julio de 1886, un corajudo de veintidós años, llamado Steve Brodie, saltó del puente de Brooklyn apenas terminado. De acuerdo con el *New York Times*, realizó el salto desde ciento veinte pies (treinta y seis metros) de altura por una apuesta de $200.21 Brodie sobrevivió al salto, cobró el dinero y eventualmente protagonizó una obra de Broadway que recreaba su controversial salto al río Este.

Ya no es una frase conocida, pero en una época *echarse un Brodie* era sinónimo de una hazaña peligrosa, un riesgo calculado, un salto de fe que cambia tu vida. Tal como el parapente sobre el Valle Sagrado, te aterra, pero *luego* es increíble. Los *Brodies* no siempre tienen sentido al principio, pero a menudo prueban ser los momentos decisivos de nuestra vida.

Cuando tenía diecinueve años, entré a la oficina de admisiones de la Universidad de Chicago y me eché un Brodie. Les informé que ya no quería la beca completa, que iba a devolverla. La Universidad de Chicago era la tercera en el *ranking* nacional ese año, y yo no estaba pagando un centavo por mi educación. Nunca olvidaré la cara de confusión de la asesora de admisiones cuando le dije que me cambiaba al Central Bible College [Universidad Bíblica Central]. La secretaria tuvo problemas para transferir mis calificaciones porque la institución no estaba siquiera acreditada regionalmente. Mi jugada carecía de sentido tanto en lo académico como en lo económico. Era un truco peligroso, pero no tan peligroso como rechazar lo que yo creía que era el plan de Dios y su propósito para mi vida. No estaba saltando por una apuesta de $200, pero había detectado mi adyacente posible.

¡En la vida hay momentos en que jugar a lo *seguro* es *riesgoso*! Debes dar el paso, hacer el llamado, dar el salto. Y —añado— ¡cometer el error! ¿Quieres saber si dudé sobre mi decisión de cambiar de institución? ¡Más de una vez! ¿Implicó sacrificios? Un salto de fe siempre lo hace. Pero gracias a Dios ¡ese salto sigue dando fruto muchas décadas después! Esos son los momentos que marcan un antes y un después.

¡Estás a una decisión de distancia de una vida radicalmente distinta! Tal vez sea la decisión más difícil que tomes en la vida, pero probablemente eso es lo que la convertirá en la mejor. ¿Sabías que la palabra *decidir* tiene raíz en latín y significa «cortar»? ¡Es tiempo!

¿Qué cuerda debes cortar?

¿Qué estás esperando?

10

EL GRAN GESTO

Deja de vivir como si el propósito de la vida fuese llegar a salvo al momento de la muerte.

En 1976, un profesor de la Universidad Northwestern publicó un ensayo titulado «Con el barro hasta las rodillas: un estudio sobre incrementar el compromiso hasta alcanzar un curso de acción deseado».[1] El Dr. Barry Staw describió un patrón de comportamiento llamado el incremento del compromiso. Es la tendencia natural, a pesar de los crecientes resultados negativos, a continuar lo que has estado haciendo, ¡cuando claramente no está funcionando!

¿Puedo hacerte una pregunta? ¿Cómo te está resultando eso?

Odio ser el portador de las malas noticias, pero tus acciones se condicen perfectamente con los resultados que estás obteniendo. ¡Tu conducta en tus relaciones encaja perfectamente con los resultados que estás obteniendo en tus relaciones!

Eso suena un poco duro, ¿no? ¿Qué hay acerca de los que están batallando contra una enfermedad debilitante causada por un desorden genético? Hacer esta distinción es importante. No estoy sugiriendo que todo lo que enfrentas es tu culpa, pero aun así debes cortar la cuerda. ¿Cómo? Tomando decisiones valientes que tracen un nuevo camino.

Tus malos hábitos se han llevado lo mejor de ti por demasiado tiempo. ¡Ya fue suficiente! ¡Y eso incluye cada una de las conductas autodestructivas! Todos tenemos tendencias y conductas que funcionan como detonantes. Debemos cortar la cuerda eliminando esos detonantes. ¿Cómo? La mejor manera de cortar con un mal hábito es creando uno bueno en su lugar.

Cuando intentas establecer un hábito nuevo, el progreso inicial es lento. En la gestión de proyectos se lo llama «la curva S». Lleva tiempo cobrar impulso. El primer paso siempre es el más difícil, y se volverá cada vez más difícil, ¡hasta que se vuelva fácil! Eso aplica para todos los buenos hábitos, ¿no es cierto? Comienzas a entrenar y te duele el cuerpo. Comienzas a ajustar tu presupuesto, y te toca donde más te cuesta. Comienzas la dieta, ¡y tienes aún más deseo de ingerir azúcar! Comienzas a orar y tu mente deambula por todas tus perdiciones. Debes trabajar duro para establecer un nuevo hábito, y debes hacerlo un día a la vez.

Eso nos lleva de vuelta a la pregunta: *¿puedes hacerlo por un día?*

Debemos imaginarnos mañanas por nacer, no preocuparnos por ellos. No es bueno preocuparnos por la semana que viene, el mes que viene o el año que viene. Como una vez alguien dijo: «He estado rodeado de problemas toda mi vida, pero hay algo curioso acerca de ellos: nueve de cada diez nunca se hicieron realidad».[2]

CAMBIO DE ESCENARIO

En el 2007, la escritora J. K. Rowling se encontraba en la lucha por terminar *Las reliquias de la muerte*, la novela final de los siete tomos de la saga Harry Potter. Se sentía estresada, intentando conectar los puntos de un modo que dejara satisfechos a millones de fanáticos de la serie. ¡Menuda presión! Rowling intentó escribir el libro en la oficina de su casa, pero se distraía fácilmente. «Hubo un día en que vinieron a limpiar los vidrios, los niños estaban en casa y los perros ladraban en simultáneo», contó.[3] La imposibilidad para concentrarse le impedía finalizar el libro. ¿Qué hizo Rowling?

Reservó una habitación en el Balmoral, un hotel cinco estrellas en el centro de Edimburgo. ¡Debe ser hermoso!

El cambio de contexto la ayudó a redescubrir su fluidez en la escritura, y el resultado fue un récord en el Guinness. ¡*Las reliquias de la muerte* vendió más de diez millones de copias en las primeras veinticuatro horas de su lanzamiento![4] «La decisión de la escritora de recluirse en un hotel lujoso cerca del castillo de Edimburgo», dijo el profesor Cal Newport de Georgetown, «es ejemplo de una estrategia curiosa pero efectiva a la hora de realizar trabajo profundo: *el gran gesto*».[5]

Por un lado, esto no es nada nuevo. De hecho, ¡es tan viejo como la construcción de altares! Cuando Dios quiere hacer un trabajo profundo en nosotros, a menudo necesita de un gran gesto. Podría decirse que el arca de Noé califica para esto, ¿no? ¡Hazlo en grande o vete a casa! Claro, los grandes gestos vienen en distintas formas y tamaños. Los israelitas rodearon Jericó por siete días. Eliseo quemó la madera de su yunta de bueyes. Ezequiel se acostó sobre su lado derecho por trescientos noventa días. Los tres sabios siguieron una estrella hasta llegar a Belén. Pedro y Andrés dejaron sus redes. Y los efesios quemaron sus libros de hechicería en una fogata gigante.[6]

Quiero aclarar que no todo gran gesto es un buen gesto. Pilato se lavó las manos delante de la gente antes de entregar a Jesús a una multitud despiadada. En sus palabras: «Soy inocente de la sangre de este hombre».[7] El problema con eso es el siguiente: *la inacción es una acción*, y la *indecisión es una decisión*. Pilato era capaz de dar una respuesta, y eso lo hacía responsable. Tenía el poder para defender a un hombre inocente, pero se acobardó.

¡Asegúrate de que tu gran gesto es un buen gesto!

Yo no soy J. K. Rowling. Para empezar, escribo firmando con mi nombre, no con mis iniciales. Pero me identifico con su estrategia. Escribí mi primer libro del mismo modo que ella. No, no me recluí en un hotel cinco estrellas. Convertí el salón de una cafetería barata en mi sala de escritura. Y luego fijé mi cumpleaños treinta y cinco como mi fecha límite.

Sentí el llamado a escribir cuando tenía veintidós, pero trece años después no había escrito nada. Había leído mucho y escrito poco. Llegué a detestar mi cumpleaños porque era un recordatorio anual del sueño pospuesto. Ahí fue cuando corté la cuerda. Me puse una fecha límite; y comencé a trabajar en ello un día a la vez. Aproveché el día, por cuarenta días seguidos. El resultado fue un libro autopublicado, *ID: The True You* [ID: Tu verdadero yo]. ¿Es mi mejor libro? No, no lo es. Intenté sacarlo de circulación, pero una vez que está publicado en Amazon, ¡es para siempre! Sin embargo, me había echado un Brodie. Me había probado a mí mismo y a Dios que podía escribir un libro.

¿Tienes algún sueño juntando polvo? ¡Fíjate una fecha límite! No solo para terminarlo, también para comenzarlo. Los mañanas por nacer no puedes solo imaginarlos; tienes que levantarte cada mañana y moverte en dirección a ese sueño. ¿Necesitas más motivación? ¡La obediencia con demora es desobediencia!

VIDA SIMPLE

En marzo de 1845, Henry David Thoreau recibió una carta del poeta William Ellery Channing. «Construye una cabaña y comienza el gran proceso de devorarte a ti mismo», escribió Channing. «No veo otra alternativa ni otra esperanza para ti».[8]

Ese desafío fue el impulsor de dos años de experimentación sobre la vida simple, que comenzó el 4 de julio de 1845. ¿Cuál fue el gran gesto de Thoreau? Mudarse a una pequeña casa en un trozo de una propiedad de Ralph Waldo Emerson. Para que conste, el minimalismo es un gran gesto, especialmente en una cultura adicta al consumismo. El resultado fue su obra maestra, *Walden*. Por dos años, Thoreau comulgó con la naturaleza. Su experimento iba más allá de una práctica deliberada. Era una regla de vida con todo incluido. Llamémoslo vida deliberada.

Fui a los bosques porque deseaba vivir deliberadamente; enfrentar solo los hechos esenciales de la vida y ver si podía aprender lo que ella tenía que enseñar, para no darme cuenta, en el momento de morir, de que no había vivido.[9]

¡La mayoría de nosotros descubre esto demasiado tarde! Vivimos como si el propósito de la vida fuera llegar a salvo al momento de la muerte. Tomamos el camino más fácil. Henry David Thoreau murió antes de que Robert Frost naciera, pero hay mucha documentación sobre la admiración de Frost por Thoreau. Uno no puede evitar preguntarse si Frost estaba pensando en Thoreau cuando escribió «El camino no elegido». De un modo u otro, está claro que Thoreau eligió el camino menos transitado.

¿Recuerdas la fórmula? Práctica deliberada + dificultad deseable = aprendizaje duradero.

Exploramos la práctica deliberada en la primera parte de este libro y la dificultad deseable en la segunda parte. ¿Qué es el aprendizaje duradero? En latín, la palabra *educar* significa «prolongar». Basándonos en nuestro modo de enseñar, uno pensaría que significa «apiñar». Cuando preparas tus exámenes finales, estás aprendiendo de memoria. Ese proceso funciona bien para la memoria a corto plazo y, generalmente, es bueno para conseguir buenas notas, pero no tan bueno para imaginar mañanas por nacer.

El aprendizaje duradero va más allá del conocimiento racional. Es un conocimiento que ha viajado de tu mente a tu corazón y hasta tus entrañas. No se consigue en una universidad costosa y prestigiosa. Es la escuela de los golpes duros. No son hechos, son convicciones. Es saber que sabes que sabes. Y cuanto más sabes, más te das cuenta cuánto no sabes. Es el combustible para lo que Albert Einstein denominó «la sagrada curiosidad».[10] La realidad es que la mayoría de nosotros somos educados más allá de nuestro nivel de obediencia. No necesitamos saber más. Necesitamos *hacer más* con lo que ya sabemos. De eso se trata cortar la cuerda.

Puede que Elisha Otis supiese más acerca de mecánica de seguridad de elevadores que cualquier otro en el planeta, pero no hubiera marcado una diferencia si no accionaba sobre ese conocimiento. Hacer es saber, y saber es hacer. Al final del día, Dios no dirá: «bien pensado», «bien planeado» o «qué buena fue tu intención». Hay solo un reconocimiento: «¡Hiciste bien, siervo bueno y fiel!»[11]

El aprendizaje duradero deriva en convicciones centrales que se convierten en tu regla de vida: aquello que te mantiene vivo. Tu modus operandi. Tu razón de ser. Esa regla de vida abarca las metas a la medida de Dios y las pasiones que Él depositó en ti, para empujarte a ser la mejor versión posible de ti mismo.

DOS MAÑANAS

Benjamin Franklin dijo: «Un hoy vale por dos mañanas».[12] En otras palabras: *¡No dejes para mañana lo que puedes hacer hoy!* Claro, la mayoría preferimos la visión de Mark Twain: «Nunca dejes para mañana lo que se puede hacer igualmente pasado mañana».[13]

En su libro *The Alphabet of Grace* [El alfabeto de la gracia], Frederick Buechner percibe que cada momento de cada día está: «coronado con despedidas».[14] Puede parecer lúgubre decir que todo lo experimentamos por última vez, pero esta perspectiva convierte cada momento en un momento sagrado. Una vez que este día se termina, no puedes recuperarlo. Hoy es el primer y último día de tu vida. Buechner explicó: «Es el primer día porque nunca antes fue y el último porque nunca más será».[15]

Si quieres sacarle el jugo al día, debes vivir como si fuese el primer y último día de tu vida. Lo llevaré a un nivel superior. Si estás en Cristo, ¡ya no vives tú! ¿No fue eso lo que dijo el apóstol? «He sido crucificado con Cristo, y ya no vivo yo, sino que Cristo vive en mí. Lo que ahora vivo en el cuerpo, lo vivo por la fe en el Hijo de Dios».[16]

Eso no quiere decir que no hagas planes a largo plazo. Imaginar mañanas por nacer es proyectar hacia el futuro, pero involucra una inmediatez que difiere mucho de la urgencia. La urgencia nace de la ansiedad, mientras que la inmediatez nace de la fe. La fe es profética, pero no impertinente. ¿Recuerdas a Walter Chrysler? La fe hace planes para el mañana, pero no da por sentado el futuro. Realmente vive como si no hubiese un mañana. Buechner lo expresó con estas palabras:

Si las promesas no cumplidas van a cumplirse, deben cumplirse hoy. Si no hablas hoy las palabras que todavía no dijiste, nunca serán dichas.[17]

Tendemos a obsesionarnos con los pecados por comisión mientras que ignoramos los pecados por omisión. Un pecado por comisión es hacer algo que no deberías haber hecho. Un pecado por omisión es una oportunidad que desperdiciaste. El apóstol Santiago dijo sin titubear: «Así que comete pecado todo el que sabe hacer el bien y no lo hace».[18] En concreto, se trata de un pecado por omisión.

Al final de nuestra vida, nuestros mayores arrepentimientos no serán los errores que cometimos. Serán los momentos que nos perdimos por estar demasiado ocupados o por ser demasiado holgazanes. Serán las oportunidades que dejamos sobre la mesa por estar asustados o por estar distraídos.

SIETE VUELTAS

Gratitud es agradecer a Dios *después* de lo que hizo.

Fe es agradecer a Dios *antes* de que lo haga.

Al imaginar mañanas por nacer, debemos reconocer que todo es creado dos veces. La primera creación es espiritual. La oración es el modo de escribir la historia antes de que suceda. Es la diferencia entre *dejar que las cosas sucedan* y *hacer que las cosas sucedan.* Cómo Dios responderá nuestras oraciones es cosa suya, pero nosotros debemos orar hasta que el camino se abra.

En agosto de 1996 me sentí determinado a orar alrededor de un perímetro en el barrio Capitol Hill. Estaba leyendo Josué 1:3, «Yo les entregaré a ustedes todo lugar que toquen sus pies». Sentí que Dios quería que yo me aferrara a esa promesa, así que oré alrededor de unas 4.7 millas (7,5 km) en el barrio. Dos décadas más tarde, somos propietarios de seis terrenos dentro de ese perímetro de oración que, en conjunto, están valuados en setenta y cinco millones de dólares. ¿Ya mencioné que las poseemos sin ningún tipo de deuda? Solo Dios pudo hacerlo. No hay manera de que yo pudiera orquestar tantos milagros. En el momento no lo veía como un gran gesto, pero es exactamente lo que era.

> Las puertas de Jericó estaban bien aseguradas por temor a los israelitas; nadie podía salir o entrar. Pero el Señor le dijo a Josué: «¡He entregado en tus manos a Jericó, y a su rey con sus guerreros!»[19]

¿Has notado el tiempo verbal? Debería ser tiempo futuro: «Les entregaré». Aún no había sucedido, ¿no? ¿Entonces por qué está en tiempo pasado? El camino siempre se abre primero en el mundo espiritual. Luego —y solo luego— se manifiesta en el mundo físico. Dios ya había entregado a Jericó en el mundo espiritual;

todo lo que debían hacer los israelitas era rodear la ciudad por siete días.

Antes de alimentar a los cinco mil, Jesús le preguntó a Felipe: «¿Dónde podremos comprar suficiente pan para que toda esta gente pueda comer?»[20] ¿Realmente crees que Jesús le estaba pidiendo a Felipe que localizara como un GPS la panadería más cercana? ¡Yo tampoco lo creo! Jesús lo estaba poniendo a prueba. ¿Cómo sabemos esto? Porque las Escrituras dicen: «[Jesús] ya sabía lo que iba a hacer».[21]

¡Respira profundo! ¡Dios tiene todo bajo control! Él quiere que lleguemos a donde debemos estar más de lo que nosotros queremos ir, y es extremadamente habilidoso para llevarnos hasta allí.

Hay una pequeña trampa, claro. ¡Ninguno de nosotros sabe cuánto tiempo llevará! Como dijo mi amigo T. L. Rogers: «Sería mucho más fácil si Dios nos dijera cuánto falta». Una de las preguntas más conmovedoras en el libro de los Salmos es esta: «¿Hasta cuándo, Señor…?»[22] Somos como niños pequeños en el asiento trasero preguntando una y otra vez: *¿Cuánto falta para que lleguemos?* La respuesta de Dios se parece mucho a la nuestra como padres: *«Un minuto menos que la última vez que preguntaste».*

Mi consejo es que sigas rodeando Jericó.

ENTREGA EN EL DÍA

Existe un pecado de arrogancia: *adelantarse a Dios.*

También existe un pecado de postergación: *quedarse atrás.*

Al imaginar mañanas por nacer debemos evitar ambos extremos. Sí, debemos hacer cosas que marcarán una diferencia de aquí a cien años. Pero como todo lo demás, ¡las partidas largas se juegan un día a la vez!

Según la ley deuteronómica, «si [un hombre] es pobre y en prenda te ofrece su manto, no se lo retengas durante la noche.

Devuélveselo antes de la puesta del sol».[23] ¿Qué significa eso? ¡Cumple con tus compromisos sin esperar al último momento! La ley exigía entrega en el día mucho antes de que existiera el servicio de entregas de Amazon Prime.

Se me ocurre lo siguiente: utiliza la puesta de sol como un plazo máximo cada día. ¿No fue eso lo que hicieron los antiguos israelitas?

Cuando Abraham tenía noventa y nueve años, Dios confirmó su pacto con él una última vez. ¿Alguna idea de cómo lo hizo? ¡Con un gran gesto, claro! Este hace que el largo recorrido de Abraham parezca pan comido. Como símbolo del pacto Dios le dijo que circuncidara a cada hombre de su casa. No entraré en detalles de lo que eso involucra, pero cuando se trata de cirugía ambulatoria, la mayoría de las personas quiere uno o dos días para pensarlo. Las Escrituras hablan de manera explícita acerca de la velocidad de la obediencia de Abraham: «En el mismo día fueron circuncidados Abraham e Ismael su hijo».[24]

¿Qué día? «Ese mismo día» ¡Cuanto más esperas, más difícil se vuelve! Las decisiones difíciles solo se tornan más difíciles. En este caso, ¡más difícil *no* es mejor!

Cada vez que persigo una meta —ya sea escribir un libro, entrenar para un triatlón o iniciar un negocio—, al comienzo me siento totalmente abrumado. La línea de llegada parece estar tan lejos que es difícil hasta comenzar. Debo luchar contra los sentimientos de inseguridad y desánimo. El día más difícil de aprovechar, sin duda alguna, ¡es el día uno! Por eso es que debes ponerte una fecha para comenzar. Después de todo, *no puedes finalizar lo que no comienzas.*

Aquí va una lección que aprendí a la fuerza: ¡*Todo lo que no hagas hoy, es menos probable que lo hagas mañana!* ¿Hoy no sientes ganas de hacer dieta? Mañana sentirás menos ganas. ¡No dejes para mañana lo que puedes hacer hoy!

Si ustedes oyen hoy su voz,
no endurezcan el corazón.[25]

Como Moisés, el escritor de Hebreos era defensor de la entrega
el mismo día. Si no lo haces hoy, tu corazón se endurece un poco
más. Lo mismo con tu capacidad de oír. Antes de que te des cuenta,
es difícil discernir la guía del Espíritu Santo.

De acuerdo con la Ley de Parkinson, la cantidad de tiempo
que toma completar una tarea depende del tiempo asignado. El
tiempo que toma se expande o se contrae basado en la fecha límite.
Si tienes dos días, llevará dos días. Si tienes dos semanas, llevará
dos semanas. Si tienes dos meses, llevará dos meses. Cuando escribo suelo terminar en fecha, ¡pero nunca un día antes! En parte
se debe a mi perfeccionismo; en parte a mi naturaleza humana.

Recuerda estas cinco palabras: ¿puedes hacerlo por un día?
Permíteme agregar algo de inmediatez. ¡Hoy es el día! Si esperas
hasta que estés listo, estarás esperando el resto de tu vida.

¡Corta la cuerda!

HÁBITO 6 – AJUSTA EL RELOJ

El tiempo se mide en *minutos*; la vida, en *momentos.*

Entre las piezas de arte más antiguas en el Capitolio de los Estados Unidos está el reloj *Car of History* que recibe a los invitados al entrar a la Sala Nacional de las Estatuas. De pie sobre el reloj se encuentra Clío, la musa de la historia. Sostiene un libro en el cual lleva una crónica de los sucesos a medida que acontecen. La escultura fue creada por Carlo Franzoni, y el mecanismo del reloj fue hecho e instalado por Simon Willard en 1837, a sus ochenta y cuatro años de edad.

Durante un discurso ante a una sesión conjunta del Congreso, el historiador y ganador del premio Pulitzer, David McCullough se refirió al reloj de Willard como un objeto con una importante lección: «Es… un reloj con dos agujas y una cara antigua, de aquellas que muestran lo que el tiempo es hoy, lo que el tiempo solía a ser… y en lo que el tiempo se convertirá».[1]

Pasado, presente y futuro.

Así es como dividimos el tiempo, y McCullough tiene razón: una buena relación con esos tres husos horarios es crucial. Debes sepultar el pasado e imaginarte mañanas por nacer si quieres sacarle el jugo al día. Pero nota que el tiempo —como nosotros lo conocemos— no es nada más que una construcción humana. Seguro, Dios es aquel que nombró la noche y el día y dividió el tiempo en semanas, meses y años. Pero su existencia no se limita a las cuatro dimensiones de tiempo-espacio que creó. «Para el Señor un día es como mil años, y mil años como un día».[2] El tiempo avanza en una sola dirección para nosotros, pero Dios es omnipresente. ¿Qué significa eso?

¡Dios está *aquí*, *allí* y *en todos lados*!

Dios estuvo presente *ayer*, lo está *hoy* y lo estará *mañana*.

Administrar nuestro tiempo es algo fastidiosamente práctico, y desde luego que ajustaremos el reloj en ese sentido. Pero es necesario que comprendamos las bases teológicas del tiempo. ¿Sabías que Dios preparó buenas obras de antemano para ti?[3] ¿Qué Él dirige tus pasos?[4] Él se encarga de posicionarte estratégicamente en el lugar correcto en el momento correcto. En pocas palabras, ¡Dios te está tendiendo una trampa! Los mañanas por nacer que tú imaginas fueron soberanamente preparados por Dios mismo antes de la creación del mundo.

Me gusta la visión de John Piper sobre el tiempo en su brillante libro *No desperdicies tu vida*. En él nos advierte sobre el «esnobismo cronológico», un concepto que toma prestado de C. S. Lewis.

> La novedad no es virtud y lo viejo no es vicio. La verdad, la belleza y la bondad no se determinan por el momento en que existen. Nada es menos por ser viejo, y nada es más por ser moderno. Esto me ha hecho libre de la tiranía de la novedad y me ha abierto la puerta a la sabiduría de los siglos.[5]

Volviendo al historiador David McCullough, en el mismo discurso ante al Congreso también dijo: «He decidido que el reloj digital es el símbolo perfecto de la falta de perspectiva sobre nuestro día. Solo marca qué hora es ahora, en este instante, como si eso fuese todo lo que podríamos desear o querer saber».[6]

La falta de perspectiva a la que aludió McCullough se presenta en distintas formas, desde una vida ocupada hasta la holgazanería. Es el impulso del apuro. Es la receta para el remordimiento. Una buena relación con el tiempo significa reconocer, primero y principal, que el tiempo se mide en *minutos* ¡pero la vida se mide en *momentos*! No todo el tiempo se genera del mismo modo. Como Albert Einstein demostró muy bien, el tiempo es relativo.

El sexto hábito —ajusta el reloj— administra el tiempo de dos maneras. Saca provecho de cada minuto, pero también saca provecho de cada momento. Está sumamente al tanto de todo lo que está sucediendo aquí y ahora. Pero también ten siempre un ojo puesto en la eternidad. Y lo más importante: no pierdas la fe al final del cuento.

Los antiguos griegos tenían dos palabras para el tiempo: *chronos* y *kairos*. Son dos caras de la misma moneda, pero son tan distintos como el agua y el aceite. *Chronos* es el tiempo del reloj, como el del reloj de Willard. Nuestra palabra *cronología* proviene de *chronos*. Es un tiempo secuencial: pasado, presente y futuro. Es un tiempo cuantitativo: cuenta los segundos, los minutos y las horas. Administrar el *chronos* es sumamente importante. Si no controlas tu agenda, tu agenda te controlará a ti. Pero no es tan importante como «aprovechar al máximo cada momento oportuno»[7], y allí es donde el *kairos* entra a la ecuación.

Kairos saca lo mejor de cada oportunidad. Es el sexto sentido que percibe la guía del Espíritu Santo. *Kairos* no controla el tiempo tanto como lo genera. Cuando discierne un momento santo, se quita el calzado. La poeta Elizabeth Barrett Browning lo dijo así:

La tierra está llena de cielo,
Y Dios arde en cada arbusto común.
Pero solo quien lo ve se quita los zapatos;
el resto se sienta a recoger zarzamoras.[8]

Yo sostengo el tiempo Lombardi. Si no estás llegando quince minutos antes, estás llegando tarde. Pero en la vida, los mejores momentos no caben en el reloj, están fuera del sistema. *Chronos* se trata de llegar a horario. *Kairos* tiene que ver con disfrutar del camino. Se trata de detenerse a oler las flores. No se trata tanto de arribar a un lugar en tiempo récord sino de quién te conviertes en el camino. Con el sexto hábito daremos cuerda tanto al reloj *chronos* como al *kairos*, pero dedicaremos más tiempo y energía al *kairos* porque es el que nos sale de manera menos natural.

¡Es tiempo de ajustar el reloj!

11

A CONTRARRELOJ

Muéstrame el tamaño de tus sueños y te mostraré
el tamaño de tu Dios.

En 1905, Albert Einstein hizo una reflexión que en definitiva le
haría ganar un Premio Nobel. Imagina dos gemelos. Uno de ellos
ingresa a una nave espacial que viaja a cuatro quintos de la velocidad de la luz y diez años después regresa a la Tierra. Cuando los
gemelos se reencuentren, tendrán edades distintas. El que se quedó
en la Tierra tendrá diez años más que al comienzo, mientras que el
interestelar tendrá solo seis años más.[1] ¿Cómo es posible? Cuanto
más rápido viajamos, el tiempo avanza más lento.

A la mitad de la velocidad de la luz, el tiempo se ralentiza un
13 %. Al 99 % de la velocidad de la luz, el tiempo es siete veces más
lento, ¡un minuto se reduce a 8,5 segundos! Básicamente, el tiempo
es relativo. Nos movemos demasiado lento para notarlo en la vida
real, pero el término científico es dilatación del tiempo.

¿Recuerdas a Tony Campolo y su momento sobre el Empire
State? ¿O mi momento sobre el borde del Gran Cañón? El tiempo
se detuvo. ¿Por qué? Porque era un momento *kairos*. ¡Nuestro
deber es disfrutar de esos momentos! Si no lo hacemos, la vida se
nos pasa. ¿No fue eso lo que dijo el antiguo salmista?

Este es el día que hizo Jehová;
Nos gozaremos y alegraremos en él.[2]

Ajustar el reloj es reconocer cada momento por lo que es: un regalo de Dios. El desafío, por supuesto, es que nos distraemos tan fácilmente como Dug, el perro parlante de la película *Up*. *¡Ardilla!* ¡No ayuda que la vida se nos precipite más rápido que nunca!

El universo de data digital duplica su tamaño cada dos años, y ahora ha alcanzado los cuarenta y cuatro zettabytes.[3] No tengo idea de qué significa eso, pero creo que se traduce en una «sobrecarga de información». Cada día somos bombardeados por al menos cinco mil publicidades. Según expertos en administración de tiempo, la persona promedio es interrumpida cada ocho minutos.[4] ¡Si tienes hijos pequeños, ocho minutos parecen una eternidad! ¿No es cierto? La persona promedio pasa dos horas y veintidós minutos por día en redes sociales.[5] ¡Y me atrevo a decir que el ritmo de la vida no disminuirá pronto!

Los sociólogos tienen un nombre para este ritmo de vida frenético: *metabolismo urbano*. Estudios demuestran que existe una correlación entre el tamaño de la ciudad y el ritmo de vida: cuanto más grande la ciudad, más rápido caminamos. Como diría la canción de LFMAO: *Every day we're shuffling, shuffling* [Cada día andamos arrastrando los pies].[6]

¿Vale decir que nuestra vida se mueve demasiado rápido?

«Cuando pronuncio la palabra futuro, la primera sílaba pertenece ya al pasado», dijo la poeta polaca Wisława Szymborska.[7] El poeta Robert Herrick lo expresó de este modo en su poema «Make Much of Time» [«Aprovechen el tiempo»]

Cosecha capullos mientras puedas,
el tiempo pasado todavía vuela;
y esta misma flor que hoy sonríe,
mañana estará muerta.[8]

El tiempo pasado todavía vuela, ¡más rápido que nunca! ¿Pero qué pasaría si hubiese un modo de dar cuerda al reloj y hacerlo ir más despacio?

NEOTENIA

En 1979, la profesora de Harvard Ellen Langer llevó a cabo un experimento poco convencional al que llamó «estudio a contrarreloj». La hipótesis de Langer estaba basada en una corazonada acerca del poder de la mente: «Si psicológicamente lográramos retroceder en el tiempo, ¿lograríamos también retroceder el tiempo físico?»[9]

Cronológicamente, todos envejecemos al mismo ritmo. Cada día que pasa nos hacemos un día más viejos. Psicológicamente, todos envejecemos a ritmos y de maneras distintas. Todos conocemos personas que cronológicamente tienen la misma edad, pero nunca lo sabrías por el modo en que lucen, actúan o piensan. Decimos que el tiempo ha favorecido a algunos y desfavorecido a otros, ¿pero existen factores que podamos controlar cuando se trata de envejecer bien?

Langer buscó participantes que estuviesen en sus largos setenta o comenzando sus ochenta años, lanzando su estudio como una investigación sobre la memoria. Ella sabía que no podía volver el tiempo atrás, pero quizás podía retroceder el reloj. «Recrearíamos el mundo de 1959 y les pediríamos a los sujetos vivir como lo hacían veinte años atrás. Si retrocedíamos la mente veinte años, ¿reflejaría el cuerpo este cambio?»[10]

Langer y su equipo ambientaron un antiguo monasterio en Peterborough, New Hampshire, para recrear el año 1959. Cuando los participantes atravesaron la puerta de entrada, fue como retroceder en el tiempo. En una radio antigua sonaba un tema de Perry Como. Un televisor retransmitía *The Ed Sullivan Show* [El show de Ed Sullivan] en blanco y negro. Los libros y revistas estaban seleccionados para evocar dicho año. Fueron removidos los espejos, porque de lo contrario les hubiesen recordado a los participantes su edad actual. Para ayudarlos a entrar en el personaje, se les pidió a los participantes escribir una pequeña autobiografía como si fuese 1959 y enviar fotografías de su juventud.

Una regla se le dio al grupo: estaba prohibido hablar de cualquier cosa que hubiera ocurrido después de ese año. Hablaban de acontecimientos históricos como si fuesen actuales. Hablar en *tiempo pasado* era inaceptable. Todo era experimentado en *tiempo presente*, como si estuviese sucediendo en tiempo real.[11] Aquello era un verdadero túnel del tiempo.

Antes de contarles los resultados del estudio de Langer, quiero compartir una de mis palabras favoritas: *neotenia*. Es un término relacionado a los animales, y se refiere a la retención de cualidades juveniles en la adultez. No estoy seguro de quién se te viene a la mente, pero yo pienso de inmediato en Caleb. Hablando bíblicamente, él es el santo patrón de la neotenia. Cuando finalmente pisó la Tierra Prometida, después de cuarenta años de deambular por el desierto, Caleb era como aquellos abuelos entrando al monasterio ambientado. ¡Sentía que había vuelto a tener cuarenta años!

Y todavía mantengo la misma fortaleza que tenía el día en que Moisés me envió. Para la batalla tengo las mismas energías que tenía entonces.[12]

Sé que esta es una autoevaluación que hace Caleb, pero no tengo motivos para ponerla en duda. Yo creo que podía levantar el mismo peso a los ochenta y cinco que a los cuarenta. ¿Cómo? Tengo una teoría sobre ello, pero primero divirtámonos un rato. ¡Caleb era el Chuck Norris original! No me imagino las bromas que circulaban en el internet ancestral.

Caleb contó hasta el infinito, dos veces.

Una vez, la muerte tuvo una experiencia cercana a Caleb.

Cuando Alexander Graham Bell inventó el teléfono, tenía una llamada perdida de Caleb.

Cuando Caleb cayó al río, el agua no lo mojó. Él mojó al agua.

Caleb no usaba reloj; simplemente decidía qué hora era.

Podría seguir, pero me detendré aquí. ¿Cuál es mi teoría? Siempre que persigas un sueño a la medida de Dios, con la pasión que solo Él puede infundir, ¡nunca se te pasa el tren! La visión hace que el tiempo vuele, pero ralentiza el envejecimiento.

LA MENTE VERSUS LO FÍSICO

Antes de comenzar el estudio a contrarreloj, se analizó a los participantes con base en una amplia variedad de signos biológicos e intelectuales del envejecimiento. Tan solo una semana después de volver el tiempo atrás, los participantes demostraron mejoras medibles en su fuerza física, habilidad manual y mayor sensibilidad en el sentido del gusto. Mejoró su visión y audición, así como su desempeño en pruebas de inteligencia. ¡Hasta sus dedos se alargaron al disminuir los efectos de la artritis![13]

El primer día del estudio, algunos ancianos apenas podían cruzar la puerta. En el último día, salieron y jugaron un partido de fútbol americano en el jardín delantero.[14] Solo tocaban la pelota, no había tacles, pero aun así era impresionante. ¡Qué pena que en aquella época no había televisión bajo demanda!

Los participantes no fueron los únicos que sintieron que el tiempo había retrocedido. Se le pidió a un grupo de voluntarios que no tenía idea sobre la investigación que retrataran el *antes* y *después* de los participantes. ¡Las fotografías del *después* parecían haber sido tomadas dos años antes de las fotografías del *antes*! Y eso fue solo al cabo de una semana.

Quisiera añadir una última nota al pie.

Antes de iniciar el estudio a contrarreloj, Ellen Langer consultó con gerontólogos para determinar cuáles eran los signos del envejecimiento. ¡Le dijeron que no había ninguno! Los doctores distinguen la edad del mismo modo que el resto de nosotros: por la fecha de nacimiento. Fuera de eso, la ciencia no puede precisar la edad de alguien por medio de un examen físico o un análisis de sangre.

«He llegado a creer cada vez menos que la biología es un destino», afirma Ellen Langer. «Si un grupo de adultos mayores puede producir cambios tan dramáticos en su vida, el resto de nosotros también podemos».[15] ¿Cómo? ¡Ajustando el reloj!

PREDECISIONES

Parte de mi fascinación con el estudio a contrarreloj tiene que ver con mi meta de celebrar mi cumpleaños número cien. Probablemente no sea el mejor candidato para convertirme en un centenario, teniendo en cuenta mi historia clínica. Sufrí de asma severo por cuarenta años. Me han operado de la rodilla seis veces y mis intestinos tienen un pie (treinta centímetros) menos de longitud que la persona promedio, tras haber atravesado una cirugía de emergencia por una perforación intestinal. A pesar eso, me imagino muchos mañanas por nacer. Quiero una torta con cien velitas e intentaré apagarlas de un soplo. Sé que hay muchos factores que no puedo controlar, pero intento controlar aquellos que sí puedo. Y eso comienza con mi actitud.

Envejecer, como todo lo demás, es una cuestión de voluntad por sobre la física. ¡Ellen Langer diría que es cuestión de conciencia plena por sobre la física! Conciencia es prestar atención al tiempo presente, y es una de las maneras en las que podemos ajustar el reloj. Es conocimiento preciso de lo que estamos pensando, lo que estamos sintiendo. Y —añadiría— conocimiento de lo que el Espíritu de Dios está haciendo en nosotros y a nuestro alrededor. Esto va por encima de la definición de Langer, pero la conciencia plena es tener la mente de Cristo. Es vivir sincronizados con el Espíritu de Dios. Es tener un ojo puesto en la eternidad y el otro en las oportunidades. En resumen, es sacar lo mejor de cada momento.

¿Recuerdas la regla principal de la investigación de Langer? No estaba permitido hablar en *tiempo pasado*. Todo era vivido en *tiempo presente*. Sé que es más fácil decirlo que hacerlo, pero es el único modo de sacarle el jugo al día. Conciencia plena es vivir en tiempo presente, como los participantes del estudio.

Según Ellen Langer, la conciencia plena son compromisos cognitivos premeditados. Son las predecisiones que tomamos cada día, como *tragarse el sapo*. El rey Salomón lo dijo de este modo: «Porque cual es su pensamiento en su corazón, tal es él».[16] Si la guerra se pierde o se gana en la mente, las predecisiones son la manera en la que damos batalla. Es tomar decisiones *antes* de tener que tomar la decisión.

Te daré un ejemplo clásico. Antes de ser vendido como esclavo, José comenzó a trabajar para un hombre llamado Potifar. La esposa de Potifar hacía todo lo que estaba a su alcance para seducir a José. ¿Qué tanto? Todos-Los-Días. «Día tras día, ella seguía presionando a José, pero él se negaba a acostarse con ella y la evitaba tanto como podía».[17]

Si esperas a encontrarte en medio de una situación tentadora para tomar una decisión, buena suerte con eso. Así es como se toman las malas decisiones.

José no tomó una decisión en el ardor del momento, al encontrarse frente al coqueteo constante. Había tomado una predecisión de no dormir con una mujer que no fuera su esposa. Caso cerrado.

Debes establecer límites y luego clavar un cartel que diga «prohibido pasar».

Eventualmente José salvaría a dos naciones de la hambruna, pero esa oportunidad no se hubiera presentado si él no hubiese tomado una buena predecisión muchos años antes. ¿Cuál era su compromiso cognitivo premeditado? José «la esquivó lo más posible». Esa es una buena regla de oro cuando hablamos de tentación. Debes evadirla a cada paso. Yo no conozco cuáles son tus tentaciones, ¡pero si fuese tú no les pasaría ni cerca!

EL PODER DE LA SUGESTIÓN

Hace más de cien años, un psiquiatra británico llamado J. A. Hadfield realizó un estudio fascinante sobre el poder de la sugestión. Usando un dinamómetro que medía la fuerza de agarre, Hadfield puso a prueba el efecto de la sugestión sobre la fuerza física. Se les pidió a los participantes que apretaran el dinamómetro con toda su fuerza. El resultado promedio fue de 101 libras (45 kg) de presión en condiciones normales. Luego Hadfield sometió a sus sujetos al poder de la sugestión y les dijo que eran muy débiles. Su fuerza de agarre disminuyó veintinueve libras (13 kg), es decir, menos de un tercio de su fuerza regular. Uno de los sujetos, que casualmente era boxeador profesional, dijo que sintió que su brazo era pequeño, ¡como el de un bebé! Los participantes fueron puestos a prueba una tercera vez y se les dijo que eran muy fuertes. La fuerza de agarre promedio se disparó a 142 libras (64 kg).[18]

¿Recuerdas el primer hábito, *cambia el guion*? Debemos recordarlo bien, y eso requiere de revisionismo histórico. Da Vinci lo llamaba postimaginar, que es lo mismo que posteditar. Es una manera más grácil, más verdadera de reescribir nuestras historias. ¿Por qué es tan importante? En palabras del Dr. Joseph Dispenza: «El cerebro no conoce la diferencia entre lo que ve y lo que recuerda».[19] Es hora de añadir *imaginación* a la receta. El cerebro tampoco diferencia entre lo que ve y lo que imagina. ¿Recuerdas la grabación del *Australia II* que repetían una y otra vez? ¡Antes de siquiera zarpar, en su mente ya habían ganado la carrera unas 2 190 veces! Ese tipo de *preimaginación* tiene implicaciones profundas cuando se trata de imaginar mañanas por nacer.

Por amor a tus amigos y familia, asume tu edad. ¡Todos saben que no tienes veintinueve! Reconocer tu edad es celebrar el interés compuesto de la obediencia a largo plazo en la misma dirección. Actuar como alguien de tu edad es algo muy distinto, y no lo recomiendo. Actuar de tu edad es el camino para envejecer. Dejamos que la edad nos dictamine qué podemos hacer. La edad no es una excusa aceptable para Dios, puedes preguntarle a Abraham y Sara.

En muchos aspectos, la edad es una profecía autocumplida. No le digas a la gente que tienes veintinueve si no los tienes, pero *pensar* y *actuar* como si tuvieras veintinueve está muy bien. Puede que tu cuerpo sepa la diferencia, pero tu cerebro no la sabe.

Nunca es tarde para ser quien podrías haber sido. La cuerda se corta cortando la cuerda, ¡pero al reloj se le da cuerda bailando!

Nuestra familia celebró algunas bodas el año pasado, ¡y mi madre dominó la pista de baile! No revelaré su edad, aunque a ella no le molestaría que lo haga. Solo digamos que las personas con la mitad de su edad tuvieron que tomar un descanso mientras que ella bailaba como si estuviéramos en 1999. Tras una de esas bodas, le pregunté cómo es que lo logra. Mi madre estaba tan sorprendida por mi pregunta como yo por su respuesta: «¡Cada día hago estiramientos!» Ahí lo tienes. ¡Estoy casi seguro de que hubiese logrado una o dos anotaciones en aquel partido de fútbol americano entre abuelos que mencioné anteriormente!

MORIR JOVEN

Ashley Montagu, la antropóloga británica-americana, dijo: «Quiero morir joven a una edad avanzada». ¡Yo también! Para que sepan, Montagu vivió hasta los noventa y cuatro años. Me encantan las almas mayores que poseen sabiduría más allá de sus años, pero también me encantan los octogenarios que se mantienen jóvenes de corazón.

La idea de morir joven a una edad avanzada es una buena paráfrasis de algo que dijo Jesús: «a menos que ustedes cambien y se vuelvan como niños, no entrarán en el reino de los cielos».[20] Volverse como Cristo es hacerse como un niño. Las implicaciones y aplicaciones de esta declaración son caleidoscópicas, pero se refiere a afrontar la vida con la humildad de un niño, el asombro de un niño, la fe de un niño. Debes permanecer en contacto con tu niño interior, sin importar cuánto hayas crecido. ¡Para hacer eso, debes ignorar tu crítico interior!

Tal vez hoy la esperanza de vida sea mayor que la de nuestros ancestros, pero ellos nos ganaban en la tarea de envejecer. Hoy en día, envejecer es visto como un mal a evitar a cualquier costo, inclusive el costo de la cirugía estética. Si lucir más joven te hace sentir más joven, está bien. ¡Pero envejecer tiene mucho menos que ver con tu apariencia y mucho más que ver con tu actitud!

En su libro más vendido, *Martes con mi viejo profesor*, Mitch Albom cuenta sobre su acercamiento a Morrie Schwartz, su antiguo profesor de la universidad, a quien la enfermedad de Lou Gehrig estaba debilitando. Morrie compartió con él muchas lecciones que la vida le había dado, pero mi favorita es acerca de la vejez. Aprecio mucho su abordaje honesto: «*Abrazo* el envejecimiento».[21]

¿Podemos dejar de decir que los cuarenta son los nuevos treinta, que los cincuenta son los nuevos cuarenta y que los sesenta son los nuevos cincuenta? ¿Hasta dónde llegará? Llamémoslo como es: ¡cuarenta son cuarenta, cincuenta son cincuenta y sesenta son sesenta! Cuando se trata de envejecer, yo creo en que hay que *confesarlo y declararlo*. ¡Te has ganado tu edad! ¡Deja de rebajarte al restarte años!

En su séptimo martes juntos, Morrie cambió el guion sobre el envejecimiento: «La vejez no es solo decadencia, sabes. Es crecimiento. Es más que la negativa de saber que vas a morir, también es lo positivo de entender que vas a morir, y que eso te impulse a vivir una vida mejor».[22] El proceso de desarrollo personal no acaba nunca. Yo no soy el mismo que era ayer. Tampoco soy el mismo que seré mañana. Soy un ser en desarrollo. ¿Qué es lo bueno de todo esto? Nunca es demasiado tarde para ser quien podría haber sido. Con ese fin, Morrie Schwartz compartió otra perspectiva profunda sobre envejecer:

> La verdad es que, una parte de mí tiene todas las edades juntas. Tengo tres años de edad, cinco años de edad, tengo treinta y siete años de edad y también cincuenta años de edad. He pasado por todas ellas y sé cómo se sienten. Me deleito en ser como un niño cuando es apropiado ser un niño. Me deleito en ser un viejo sabio cuando es apropiado ser un viejo sabio. ¡Piensa en todo lo que puedo ser! Llevo todas las edades, hasta llegar a la mía.[23]

Algo sobre lo que dijo es muy liberador, ¿no es cierto? Eres todas las edades hasta llegar a la que tienes. Como con tu pasado, ¡debes adueñarte de tus edades o ellas se adueñarán de ti!

UN PRESENTE DE DOSCIENTOS AÑOS

Caleb tenía cuarenta años cuando fue elegido como uno de los doce espías para explorar la Tierra Prometida. Fue él quien soltó palabra sobre la nación: «Subamos a conquistar esa tierra. Estoy seguro de que podremos hacerlo».[24] Si tuviese que adivinar el perfil de Caleb, sin dudas incluiría la positividad. Desafortunadamente, la negatividad de la mayoría les costó a los israelitas cuarenta años en el desierto.

Dice una tradición rabínica que Caleb se apartó de los demás exploradores luego de entrar a la Tierra Prometida para visitar la ciudad de Hebrón. Allí era donde la matriarca y el patriarca, Sara y Abraham, habían sido sepultados. Allí era donde habían construido altares, montado carpas y cavado pozos. Hebrón era tierra santa y —aunque no puedo probarlo— no puedo evitar preguntarme si Caleb juró por la muerte de sus ancestros que volvería a reclamar lo que legítimamente les pertenecía.

Adelantamos cuarenta y cinco años, y Caleb aún le estaba dando cuerda al reloj con su visión. Toda su vida adulta había apuntado a este único objetivo, y estaba casi por alcanzarlo. Puedes sentir la convicción en su voz. «Dame, pues, ahora este monte».[25] Caleb poseyó su porción de la Tierra Prometida. Misión cumplida, ¿no es cierto? No tan rápido.

Nosotros pensamos en el aquí y ahora. ¡Pero Dios está pensando en naciones y generaciones! Caleb no estaba conquistando Hebrón solo para sí mismo. Más de cuatrocientos años después, David sería coronado rey en esa misma ciudad. ¡David estaba parado sobre los hombros de Caleb! ¡Fue la victoria de Caleb lo que hizo posible que David fuera coronado! Cuando das cuerda al reloj como lo hizo Caleb, ¡tu valentía abre el camino a los otros!

La socióloga Elise Boulding diagnosticó una vez a la sociedad moderna con «cansancio transitorio». Suena cierto, ¿no? Dijo: «Si uno está constantemente sin aliento por lidiar con el presente, no le quedan energías para imaginar el futuro».[26] ¿Cuál es la solución? Si vas a soñar en grande, debes pensar a largo plazo. ¿Cuán largo? Boulding recomendó lo que ella denomina el «presente de doscientos años». Comienza hace cien años, con aquellos que han alcanzado su cumpleaños número cien. Termina con aquellos que nacieron hoy y vivirán hasta los cien años.

> Al pensar en ese período de tiempo como abarcador de la realidad presente de toda la gente que conoces y por la que te preocupas, ese período se vuelve accesible. Se vuelve nuestro tiempo en un sentido muy profundo. Ese período de doscientos años nos pertenece: es el espacio de nuestra vida. Es el espacio en el cual deberíamos estar pensando, planeando y opinando, evaluando, deseando y soñando.[27]

Somos beneficiarios de sacrificios que no alcanzamos siquiera a imaginar y riesgos que no podemos calcular. Vivimos en ciudades que no construimos, bebemos de pozos que no cavamos y cosechamos campos que no sembramos. ¿Por qué? Porque hace mucho, mucho tiempo hubo personas que dieron cuerda al reloj con su fe, esperanza y amor.

Somos la respuesta a oraciones que desconocemos. ¿Por qué no devolver el favor? Deja de perder el tiempo y da cuerda al reloj por la cuarta y quinta generación. ¡Ya, listos, en sus marcas!

12

CAZA POR PERSISTENCIA

No hay línea de llegada.

En 1973, una dupla de científicos de Harvard insertó un termómetro rectal dentro de las nalgas de un guepardo, y de algún modo la pusieron a correr sobre una cinta.[1] Sí, leíste bien. Es difícil de imaginarlo, pero mantenlo en tu mente.

A fines del siglo XIX, un teniente del ejército americano devenido en explorador, llamado Frederick Schwatka, lideró una expedición por el territorio mexicano, en la que se topó con una tribu remota que vivía de la tierra, fuera de la civilización. Los tarahumara se instalaron en cuevas en los cañones de la región de Sierra Madre, al norte del país. En sus memorias sobre esta tribu aislada, Schwatka notó la habilidad excepcional de los tarahumara para correr:

> En el invierno profundo el cazador tarahumari, sobre el suelo cubierto de nieve y vistiendo nada más que sus sandalias de cuero sin curtir y unos taparrabos de trapo, comenzará la búsqueda de un ciervo y correrá tras él en una persecución que durará horas, mientras una fina capa de nieve entorpece al animal hasta que finalmente sucumba a su *persistente* enemigo.[2]

Observa que utiliza la palabra *persistente* porque define a los tarahumara bastante bien. No serían aventajados, ni siquiera por un animal salvaje. El nombre original de esta antigua tribu es «Rarámuri», que significa «los de los pies ligeros».[3] ¡«Su afición por las extensas competencias a pie» son legendarias! Este pueblo corría ultramaratones mucho antes de que existiese el maratón de Barkley. En 1867, ocho mujeres tarahumaras compitieron en una carrera de cien millas (160 km). La ganadora llegó a la meta en 13 horas y 25 minutos. ¿Quieres saber algo más impresionante? ¡Una de las mujeres que terminó la carrera había dado a luz diez días antes![5]

En sus memorias de 1893, *In the Land of Cave and Cliff Dwellers* [En la tierra de los moradores de cuevas y acantilados], Schwatka dice: «Si los pilla la noche, los cazadores duermen en el camino y reanudan la persecución la mañana siguiente, cuan temprano la luz lo permita».[6] Esta técnica ancestral tiene un nombre: *caza por persistencia*. Los seres humanos somos más lentos que la mayoría del resto del reino animal, pero tenemos una ventaja que nos distingue: las glándulas sudoríparas. El sexto hábito —ajusta el reloj— gira en torno a la imaginación, y cuando la combinas con la transpiración, ¡puedes perseguir casi cualquier cosa!

Pocos de nosotros cazamos nuestra comida, pero ¿qué pasaría si persiguiésemos nuestros sueños con la persistencia de los tarahumara? Fijarse metas es cazar por persistencia. Adelante, guarda unos pequeños logros mientras persigues los objetivos a la escala de Dios. Eso nos trae seguridad y nos da impulso. Es un modo de remontar la cometa. Pero también debes ponerte objetivos de extensión que te tomen la vida entera alcanzar. Así es como ajustas el reloj.

EL SUDOR NOS EQUIPARA

No me olvidé del guepardo con el termómetro rectal, te lo aseguro. Antes de compartir los resultados de esa investigación tan peculiar, quiero compartir contigo el secreto no tan secreto del éxito del actor Will Smith:

> No tengo miedo de morir en la cinta caminadora. Nadie me superará en esfuerzo. Punto. Podrás ganarme en talento, ser más inteligente que yo o hasta más guapo que yo… Pero si subimos a una cinta los dos, hay dos opciones: tú te bajarás primero o yo voy a morir.[7]

¿Sabes lo que pagaría por ver a Will Smith versus el guepardo? Un guepardo puede correr más rápido que un humano, eso es seguro. Pero una vez que su cuerpo se sobrecalienta, debe detenerse. Los animales salvajes como el guepardo pueden correr rápido, pero no pueden hacerlo de manera continua. ¿Recuerdas nuestra única ventaja por sobre el resto del reino animal? Ya les conté sobre nuestra mejor carta, las glándulas sudoríparas. Bueno, eso y el ligamento nucal que estabiliza tu cabeza al correr. ¡Si estás persiguiendo un animal salvaje, o localizando un balón que sobrevuela la cancha, es muy útil!

¿Cuándo fue la última vez que le agradeciste a Dios por las glándulas sudoríparas? Probablemente nunca. Ellas nos permiten transpirar, lo que nos posibilita correr largas distancias sin detenernos. No podemos correr más rápido que los animales salvajes, pero podemos correr por más tiempo. ¿Cómo? ¡Regulamos mejor la temperatura corporal! No creo que necesitemos un termómetro rectal para probar eso, ¡pero la ciencia es muy divertida!

El viejo arte de la caza por persistencia aún es practicado por los bosquimanos del desierto de Kalahari. Un antropólogo llamado Louis Liebenberg siguió una vez a uno de ellos en su partida de caza. Caminaron veinte millas (treinta y dos kilómetros) hasta divisar un grupo de kudúes, una especie de antílopes muy ágiles. Cuando el bosquimano comenzó a correr, Louis tuvo sus dudas:

«Ni modos que estos muchachos alcanzarían uno de esos kudúes a pie. Es imposible».[8] ¡No, es posible! Luego de aislar a uno de los kudúes, lo mantuvieron corriendo y fuera de la sombra. No te detallaré cómo terminó eso, pero un kudú de quinientas libras (227 kg) puede proveer suficiente para alimentar al pueblo entero por un tiempo.

La caza por persistencia se trata de una eficiencia implacable. No puedes desperdiciar energía. No puedes perder el tiempo. No puedes desperdiciar agua. Lo mismo aplica para cuando vas tras una meta a la medida de Dios. Debes permanecer con la mente abierta y enfocado al mismo tiempo. Debes reconocer tu carril y mantenerte en él. ¿Por qué? ¡Porque el que va despacio y con constancia gana la carrera! Es la supervivencia del persistente.

NOTICIAS DE PRIMERA PLANA

Nunca olvidaré el 12 de agosto del 2001. Fue uno de esos días que cambiaron mi vida. Llevábamos cinco años en la plantación de nuestra iglesia, ¡cinco *largos* años! Nos llevó cinco años pasar de nuestro grupo original de diecinueve personas a una concurrencia promedio de 250. Nos tomó casi el mismo tiempo poder autosostenernos, y aún entonces vivíamos de ofrenda en ofrenda.

Muchos años después, la National Community Church sería reconocida como una de las más innovadoras e influyentes de Estados Unidos. Créeme, ¡no siempre fue así! Sí, plantamos la iglesia a la sombra del Capitolio. Pero la palabra clave aquí es *sombra*. Hicimos lo que hicimos relativamente en la oscuridad. ¡Nuestros primeros días no eran nada glamorosos!

Un día, una periodista de la sección «Religión» del diario *Washington Post*, nos pidió una entrevista. Había oído sobre nuestra peculiar demografía —en ese entonces NCC se componía en un 80 % de personas solteras en sus veintitantos— y le pareció relevante para una noticia. Tras la entrevista, me dijo me mantuviese pendiente de la sección de religión ese fin de semana. El domingo siguiente, entré a la estación Union Station, donde en ese momento nos reuníamos, y tomé un periódico del kiosco de diarios. Hojeé en la sección de religión y no estábamos allí. Decepción total. Volví a doblar el periódico, ¡pues si no aparecíamos nosotros no iba a pagar $1.50! Ahí fue cuando lo vi. El artículo sobre la NCC aparecía en la primera plana del *Washington Post*, en la edición del domingo.

Solía bromear con que debía haber sido un día en que no había mucho más para contar; pero luego sentí la convicción del Espíritu Santo. No era un día de pocas noticias. ¡Era el tiempo de Dios! ¡Era el favor de Dios! Ese artículo en primera plana era el modo en que Dios nos estaba poniendo en el radar. Ese año nos duplicamos en tamaño y ya no volvimos atrás.

Cuando digo que en un día Dios puede hacer más de lo que nosotros podemos en mil vidas, pienso en días específicos como el 12 de agosto de 2001. ¡Dios se presentó y nos manifestó su favor! Dicho eso, ¡ese momento fue antecedido por mucha sangre, sudor y lágrimas! Oras como si dependiera solo de Dios. Pero también debes pelear cada día como si dependiese de ti. Así es como ajustamos el reloj, y ajustar el reloj toma muchas y diversas formas.

Para Rahab, fue ayudando y encubriendo a los espías israelitas.

Para David, fue pastoreando fielmente a sus ovejas.

Para Daniel, fue absteniéndose de la comida del rey.

Para Nehemías, fue sirviendo con una sonrisa.

Para Benaías, fue siguiendo un león hasta una cisterna en un día nevado.

Como cada uno de los siete hábitos, ajustar el reloj es algo tan único para cada uno como lo eres tú. Pero puede que el mejor ejemplo sean los discípulos reuniéndose en un aposento alto para orar por diez días. Cada día daban cuerda al reloj. Ninguno sabía que el día de Pentecostés sería aquel que lo cambiaría todo. ¡Ninguno de nosotros lo sabe! Ellos contaban los días hacia delante, ¡pero creo que la de Dios era una cuenta regresiva! Sea como sea, nada ajusta tanto el reloj como la oración.

UN DÍA

En la Biblia existe una frase de dos palabras que me pone la piel de gallina: «un día». ¿Por qué? ¡Porque hoy mismo podría ser ese día! ¡Esa frase alimenta mi confianza santa con adrenalina santa! Si hacemos lo correcto día tras día, Dios se presentará y se manifestará. Habrá un momento crítico. Habrá un punto de inflexión. No puedo decirte *cuándo* o *dónde* o *cómo*, ¡pero tarde o temprano sucederá! Y eso es verdad, aun si ocurre en la eternidad.

Un día, le dijo Jonatán a su escudero: «quizá haga algo Jehová por nosotros».[9] Un solo acto de valentía cambió el rumbo frente al archienemigo. *Un día* Mardoqueo, al estar de guardia en la puerta del rey, oyó una conspiración para asesinarlo.[10] Ese descubrimiento dio vuelta el marcador y Mardoqueo se convirtió en una ficha clave para salvar a los israelitas del genocidio. *Un día*, alrededor de las tres de la tarde, Cornelio tuvo una visión de Dios que cambió la historia en un instante.[11]

¿Te recuerdo algo? ¡Las historias que leemos en *minutos* tomaron *años*! Abraham esperó veinticinco años hasta que Dios cumplió su promesa. La vida de José fue de mal en peor por trece años. Jesús no realizó milagros hasta los treinta años.

No envidies el éxito de los demás si no estás dispuesto a imitar su ética de trabajo. Cuando se trata del éxito, todos leemos el resumen. Sí, la gente exitosa siempre lo hace parecer más fácil de lo que es. Pero tú y yo sabemos cómo llegaron hasta allí. Tragaron más sapos y remontaron más cometas que el resto de nosotros, y dieron cuerda al reloj día tras día.

Llegas a tu peso objetivo una libra a la vez.

Logras ser libre de deudas un dólar a la vez.

Te pones en forma un entrenamiento a la vez.

Alcanzas tu diploma una clase a la vez.

Grabas el álbum un ensayo a la vez.

Ganas el partido una práctica a la vez.

Imaginar mañanas por nacer no se trata solo de planificar un futuro a largo plazo. Es planificar un día a la vez. Es poner un pie delante del otro cuando no te sientes motivado a hacerlo. ¡Tus metas de vida deben traducirse en hábitos diarios! Debes darle cuerda al reloj de tus sueños cada día.

PERSISTENCIA FANÁTICA

Existe un antiguo proverbio que dice: «Roma no se hizo en un día». Se le atribuye a un dramaturgo inglés mucho menos conocido que William Shakespeare, llamado John Heywood. De hecho, se lleva el crédito de varias expresiones del estilo: «Ojos que no ven, corazón que no siente», «Mejor tarde que nunca» y «Dos cabezas piensan mejor que una».[12] Pocas cosas pueden completarse en un solo día, pero nada puede hacerse ayer o mañana. El presente es todo lo que tenemos, así que mejor hagámoslo valer.

Cuando se trata del éxito, la mayoría de nosotros somos malos para la autoevaluación. Lo mismo pasa con el fracaso. En un estudio en que se les pedía a líderes exitosos que detallaran la causa de su éxito, muchos de ellos se sintieron desconcertados. No podían reconocer «una sola acción definitoria, un gran programa, una innovación genial, ningún golpe de suerte ni revolución impetuosa». ¿Cuál es la clave entonces? Para citar a uno de esos líderes: «una persistencia fanática».[13] En otras palabras, dar cuerda al reloj día tras día.

¿Puedo darte dos consejos?

Primero: no te desalientes demasiado si tu sueño demora más que lo que habías planeado. ¡Quizás Dios está haciendo algo mayor y mejor de lo que imaginaste originalmente! En palabras de Oswald Chambers: «La puntería de Dios parece errada porque nos falta perspectiva para ver lo que Él está apuntando».[14]

Segundo: no renuncies a menos que Dios te libere de tu carga. Si hubiésemos tirado la toalla en los primeros cinco años de la NCC, nuestra decisión hubiese afectado a cientos de personas. Honestamente, podrían haber encontrado una iglesia más madura a la que asistir. Pero ahí es donde entra en juego la imaginación de mañanas por nacer. La realidad es que hubiésemos renunciado a todo lo que Dios haría en y a través de la iglesia en las dos décadas siguientes. Hubiésemos abandonado los cientos de viajes misioneros que realizamos, los miles de vidas afectadas y los millones de dólares que hemos ofrendado a causas del Reino.

CUENTA LOS DÍAS

Durante el torneo de la Asociación Nacional Deportiva Universitaria (NCAA, por sus siglas en inglés) en 2019, celebré un oficio religioso para los Virginia Tech Hokies antes de la semifinal regional contra los Duke Blue Devils. Era su primera semifinal en cincuenta y dos años. Conocía a su entrenador de ese momento, Buzz Williams, desde sus días como entrenador en la Universidad Marquette, así que estaba muy al tanto de su afición por la disciplina.

Sin embargo, no tenía idea de que ese sería su último partido como entrenador de los Hokies. Tampoco creo que él lo supiese, pero Buzz hacía valer cada día. ¿Cómo? ¡Literalmente contando los días! El día de esa semifinal, el entrenador mencionó que ese era su día número 1 811 como entrenador principal de los Hokies. ¿Te asombra tanto como a mí? ¿Tú sabes cuantos días llevas en tu trabajo actual? Tomé nota, en parte, porque cuento los días desde que Dios me curó del asma.

Sabía que Buzz era un modelo cuando se trata de sacarle el jugo al día, pero con ese acto puede que se haya convertido en un santo patrón. ¿Quién cuenta los días que lleva entrenando a un equipo? Te diré quién: ¡alguien que les está sacando el jugo! Si quieres que cada día cuente, cuenta los días. Si no los cuentas, contarán en tu contra.

¿Cuán en serio se toma Dios cada día? La respuesta está en el libro de Números. ¡Recuerda que se suponía que el viaje desde el monte Sinaí a la Tierra Prometida llevaría solo once días! ¿Entonces por qué llevó cuarenta años? La respuesta fácil es que a los israelitas les faltó fe, pero la razón detrás de esta larga duración es un poco más compleja que eso. La sentencia de cuarenta años fue un castigo por los cuarenta días que los espías pasaron en la Tierra Prometida; un año por cada día.[15]

En esa ecuación, cada día equivale a un año. El salmista subió la apuesta: «Vale más pasar un día en tus atrios que mil fuera de ellos».[16] La proporción es mil a uno. El apóstol Pedro subió nuevamente la apuesta: «Pero no olviden, queridos hermanos, que para el Señor un día es como mil años, y mil años como un día».[17]

En síntesis: ¡no des por sentado el poder de veinticuatro horas! En el Reino de Dios no existe el quedarse quieto. O estamos ganando territorio o lo estamos perdiendo. Todo lo que no contamos, lo descontamos. Si no le sacas el jugo al día, ¿adivina qué? ¡Lo pierdes!

PERFECCIÓNATE

Luego de predicarles a los Hokies, Buzz me invitó a quedarme para la charla anterior al partido. Los entrenadores y jugadores miraron grabaciones en video, lo que era de esperarse. Lo que no me esperaba era un ejercicio de *mindfulness* que hubiese enorgullecido a Ellen Langer. Sería mejor describirlo como un ejercicio guiado de meditación. ¡Solo faltaban colchonetas de yoga y música de relajación!

Buzz pidió a sus jugadores que sacaran sus diarios personales; luego los acribilló a preguntas para pensar: «¿Qué aprendiste de tu último juego?» «¿Qué quieres recordar en diez años?» «¿Qué debes hacer antes del inicio del partido?»

Después de cada pregunta, les daba unos minutos para escribir y reflexionar. Al observar su manera de actuar, podrías deducir que Buzz es más emocional que cerebral. He conocido pocas personas tan consideradas y atentas como él.

Luego de esa meditación, el entrenador elogió a sus jugadores por cómo habían manejado su día libre. Luego les recordó el lema del equipo: #perfecciónate. ¡Toma eso, Toyota! Luego Buzz hizo una última cosa. Supongo que los jugadores ya sabían cuántos partidos llevaban jugados, incluidas las victorias y las derrotas. El entrenador les recordó cuántas prácticas habían tenido: setenta y cuatro. La semifinal contra la Universidad Duke no era una casualidad, era un esfuerzo acumulado. Dieron cuerda al reloj setenta y cuatro veces.

¿Cómo ajustamos el reloj? ¡Perfeccionándonos cada día! ¿En qué? ¡En todo!

Considerado por muchos como el mejor violonchelista del mundo, la carrera de Pablo Casals abarcó muchas décadas. Dio un concierto privado para la reina Victoria a sus veintidós años. Tocó para el presidente Kennedy a los ochenta y seis. Vivió hasta la edad de noventa y seis y en sus ochenta, aún practicaba entre cuatro y cinco horas al día. Cuando le preguntaron por qué lo hacía, contestó: «Porque creo que estoy mejorando».[18]

MARTÍN PESCADOR

Si en algo creo, es en la obediencia constante en una misma dirección. Fue Eugene Peterson quien escribió un libro con ese título, y su vida fue ejemplo vivo de eso.[19] Poco antes de su muerte, yo formé parte de un pequeño grupo que se reunió para honrar su vida y su legado. Eugene compartió algunas lecciones de vida que siempre recordaré. Pero aún más que sus palabras, recuerdo el brillo en sus ojos. El tiempo había hecho lo suyo, como lo hace en todos nosotros, pero él aún seguía de pie, seguía sonriendo.

¿Cómo hizo Eugene para darle cuerda al reloj? El secreto yace en una historia que una vez compartió acerca del martín pescador, un pequeño pájaro famoso por su delicadeza a la hora de pescar. Un día, Eugene se hallaba sentado en la terraza de su casa frente al lago Montana, mirando a una de estas aves que intentaba cazar a su presa. Contó la cantidad de intentos. «Probó treinta y siete veces hasta que logró atrapar al pez, ¡y eso que lleva el nombre de rey pescador [*kingfisher*, en inglés]!», dijo. Tras una pausa dramática, Eugene hizo una pregunta incisiva: «¿cuántas veces lo intentaste tú?» ¡Ese era su modo inigualable de recordarnos que abandonamos demasiado rápido, muy fácilmente! Esa era la lección que ochenta y cinco años de vida le habían enseñado, y lo mejor es aprenderla lo más pronto posible. Existe un tipo de poder que a menudo es ignorado y menospreciado: *¡el poder de la persistencia!* ¡En especial en nuestra cultura apremiante! Poder de persistencia es negarse a renunciar, llueva, truene o relampaguee. No podemos negarlo.

No es fácil discernir el tiempo de Dios. Confiar en Él es aún más difícil. Por favor comprende esto: Dios está contando. Él cuenta nuestras lágrimas. Cuenta nuestros actos de bondad. Nuestros pasos de fe. Aun los cabellos que hay en nuestra cabeza. Dios es realmente bueno llevando la cuenta de lo que hacemos bien y recompensándonos por ello. ¡No te canses de hacer el bien![20]

Si el martín pescador se hubiera rendido al intento número treinta y seis, se hubiese dado por vencido faltándole solo uno más. Como él, ¡creo que no debemos avergonzarnos por la cantidad de intentos que nos lleve atrapar un pez! ¡Más bien al contrario, deberíamos sentir orgullo por no habernos rendido!

Dios no se ha dado por vencido contigo.

No te des por vencido con Él.

¡Ajusta el reloj con fe, esperanza y amor!

HÁBITO 7 – SIEMBRA LAS NUBES

Siembra hoy lo que deseas ver mañana.

El 13 de noviembre de 1946, un avión despegó del aeropuerto Schenectady con una carga bastante singular: seis libras de hielo seco. ¿Cuál era su misión? Sembrar las nubes con dióxido de carbono solidificado, con la esperanza de generar suficiente condensación y producir lluvia.

Durante muchos meses previos a ese vuelo, un químico llamado Vincent Schaefer había estado llevando a cabo experimentos clandestinos en el laboratorio de General Electric, la casa de la magia. Utilizando un refrigerador GE puesto a temperaturas por debajo de cero grados, Scheafer creó nubes usando su propio aliento y sembrándolas con diferentes sustancias químicas. Después de muchos intentos fallidos, en un caluroso día de junio, el hombre añadió un poco de hielo seco a su experimento. Ese hielo provocó una reacción química y catalizó cristales de nieve. Unos meses más tarde, había llegado el momento de hacer una prueba de campo.

Luego de despegar, Schaefer condujo su aeroplano de una hélice a un cúmulo de nubes y arrojó allí el hielo seco. Los testigos que observaban desde tierra aseguraron que las nubes parecían explotar. La consiguiente nevada fue visible desde unas cuarenta millas de distancia. GE incluso bromeó sobre el invento del científico: «¡Schaefer hizo nevar esta tarde sobre Pittsfield! La semana próxima caminará sobre el agua».[1]

La ciencia de sembrar las nubes puede ser una maravilla moderna, pero la idea es tan vieja como el profeta Elías. Después de una hambruna que duró tres años y medio, Elías sembró las nubes con una oración audaz.

«Elías subió a la cumbre del Carmelo, se inclinó hasta el suelo y puso el rostro entre las rodillas».[2]

Hay muchas maneras de sembrar las nubes. La humedad cataliza el favor de Dios. La generosidad activa la reciprocidad, algo que explico detalladamente en mi libro *Doble bendición*. Una obediencia a la antigua usanza prepara el camino para imaginar nuevos mañanas. Tú puedes sembrar las nubes de muchas maneras, pero ninguna es más poderosa que la oración.

¿Cuándo fue la última vez que te encontraste doblándote en oración? La postura corporal que Elías asume indica una profunda humildad y una extrema intensidad. Él no está nada más orando; está creyendo que Dios hará un milagro. Yo no tengo problema en hacer una oración corta antes de comer. ¿Por qué? Porque me gusta comer la comida mientras está caliente. Habiendo dicho esto, hay momentos en que necesitas esforzarte y hacer oraciones completas. Necesitas sembrar las nubes con oraciones de guerra.

En nuestra búsqueda por sacarle jugo al día hemos sepultado ayeres muertos e imaginado nuevos mañanas. Hemos explorado seis hábitos: *cambiar el guion, ambidestreza, tragar el sapo, remontar la cometa, cortar la cuerda y ajustar el reloj*. Todavía hay un hábito más a poner en práctica si queremos estresarnos menos y lograr más. Tenemos que *sembrar las nubes*. ¿Y cómo lo hacemos? Tomando medidas proactivas hoy que producirán resultados deseados en el futuro. Dicho de otro modo, ¡siembra hoy lo que quieres ver mañana! Identifica los rituales diarios que te permiten cosechar los mejores frutos y los hábitos diarios que te resultan más valiosos y ponlos como prioridad. ¿Cuál está primero en la lista? ¡Nunca subestimes el poder de una simple oración audaz! Por supuesto que esa es la punta del iceberg.

La único que te acerca a la intimidad con Dios y a tu impacto en el mundo es la disciplina espiritual diaria. Para mí, sacarle el jugo al día empieza con mi plan de lectura cotidiano de la Biblia; ese es el semillero de la fe. Y no solo leerla de corrido, sino también meditar en ella. La meditación es más que fantasear, es sembrar las nubes. Leer nos introduce en la Palabra de Dios, pero meditar introduce la Palabra de Dios en nosotros. Déjame explicarte de manera sencilla este séptimo hábito.

Puedes sembrar las nubes con algo tan simple como una sonrisa. Puedes cambiar la atmosfera de un lugar con tu actitud. Puedes alterar el curso de la vida de alguien con un pequeño acto de bondad.

En 1987, Howard Schultz se enfrentó con una decisión crucial. Le ofrecieron la opción de comprar una pequeña cadena de cafeterías con un nombre un poco extraño: Starbucks. ¿Comprar o no comprar? Esa era la pregunta. Hoy la respuesta nos parece evidente, pero en ese momento era un paso arriesgado. ¡Schultz comparó la inversión de cuatro millones de dólares con un salmón intentando tragarse una ballena! Eso sería tragarse el sapo a otro nivel.

«Este es mi momento», pensé. *«Si no aprovecho ahora, si no salgo de mi zona de confort y lo arriesgo todo, si dejo que el tiempo siga pasando, me perderé mi oportunidad»*. Sabía que si no aprovechaba esa chance la repetiría en mi cabeza toda la vida, preguntándome: *«¿Qué hubiese pasado si...?»*.[3]

Howard Schultz tiró los dados, asumiendo el enorme riesgo de seguir su pasión por todo el universo del café. Cinco años más tarde, las acciones de Starbucks comenzaron a cotizar en bolsa, un 26 de junio de 1992. Ese día fueron las segundas acciones más comercializadas en la bolsa de valores NASDAQ. Para el final de la jornada, su valor de mercado alcanzaba los $273 millones,[4] lo que convertía a Howard en multimillonario.

Howard Schultz es un generador de lluvia, pero no te equivoques, no tuvo *suerte*. Fue su visión lo que catalizó esa reacción en cadena. Con el periódico del lunes todos somos genios. Si entonces hubiésemos sabido lo que hoy sabemos, ¡habría muchos más multimillonarios! ¿Verdad? ¡Hubiésemos invertido en acciones de Starbucks el día que nos tomamos el primer *caramel macchiato*!

En su libro *On Paradise Drive* [En el viaje al paraíso], David Brooks brinda un interesante análisis de la psiquis americana. Somos personas con una mentalidad orientada al futuro y a este tipo de mentalidad Brooks le llama «el hechizo del paraíso». Es «la capacidad de ver el *presente* desde la perspectiva del *futuro*».[5] Hay un aspecto negativo en esta mentalidad y es nuestra incapacidad de estar presentes en el presente. Sin embargo, también es una expresión de fe. «Todo comienza con la imaginación, la habilidad de ver una visión detallada y vívida como si ya existiera. Entonces la persona con mentalidad de futuro es capaz de pensar hacia atrás».[6]

¡Esa es precisamente la forma en que Dios obra en nuestra vida! Comienza con el final en mente, y providencialmente va preparando buenas obras de antemano. Luego trabaja hacia atrás. Sembrar las nubes es ejercitar nuestra fe por medio de identificar las metas que honran a Dios y que tienen su tamaño, luego la ingeniería inversa las convierte en hábitos.

Sembrar las nubes es soñar en grande y pensar con larga vista y empieza con orar fervorosamente. Orar sin planificar es una pérdida de tiempo, mientras que planear sin orar es una pérdida de energía. También se le dice «pecado de presunción». Pero hay buenas noticias: cuanto más oras, más grande sueñas. Y cuanto más grande sueñas, ¡más tienes que orar!

Permíteme regresar a Elías una vez más. Al principio no había evidencia visible de que Dios hubiera respondido su oración por lluvia. Ahí es cuando la mayoría de nosotros nos damos por vencidos, pero Elías redobló la oración.

—Ve y mira hacia el mar —le ordenó a su criado.

El criado fue y miró, y dijo:

—No se ve nada.

Siete veces le ordenó Elías que fuera a ver, y la séptima vez el criado le informó:

—Desde el mar viene subiendo una nube. Es tan pequeña como una mano.[7]

La mayor tragedia de la vida son las oraciones que quedan sin responder porque quedan sin pedir. Dios no responderá el 100 % de las oraciones que tú no realizas, así como no alcanzarás el 100 % de las metas que no te propones. Pero permíteme cambiar ese guion. La oración es la forma en que escribimos la historia antes de que ocurra. Es la diferencia entre *dejar* que las cosas sucedan y *hacer* que ellas sucedan. Tienes que orar hasta lograr la victoria. Si deseas sacarle jugo al día no puedes pedirle deseos a una estrella fugaz. ¡Tienes que sembrar las nubes con oraciones audaces!

En el siglo primero antes de Cristo, la nación de Israel estaba devastada por una fuerte hambruna. Una generación entera de judíos estaba en riesgo. Ahí fue cuando un sabio antiguo llamado Honi tomó su báculo y comenzó a dibujar un círculo en la arena. Se arrodilló dentro de ese círculo e hizo esta oración:

«Señor soberano, juro ante tu gran nombre que no dejaré este círculo hasta que tengas misericordia sobre tus hijos».[8]

Honi fue criticado por su audacia santa, pero es difícil contradecir un milagro. Cuando esa oración subió a los cielos, la lluvia descendió. Honi se ganó el apodo de «hacedor de círculos». Fue la oración lo que salvó a una generación, la generación anterior a Jesús.

No subestimes el poder de una sola semilla, ¡una sola oración! Es capaz de cambiar cualquier cosa, de cambiar todas las cosas. Lo mismo se aplica a las semillas de fe, de esperanza y de amor. No te preocupes por los resultados, enfócate en tu aporte. Nosotros plantamos y regamos, pero Dios da el resultado.

Déjame hacerte una pregunta sencilla: si plantas semillas de zanahoria, ¿qué obtienes? La respuesta más fácil es zanahorias. ¿Y qué hay de las semillas de calabacín? La contestación obvia es calabacines. ¿Y si no plantas nada? Seguro pensarás que la respuesta es *nada*, pero en realidad obtienes malezas. La sencilla verdad es esta: no puedes romper la ley de la siembra y la cosecha. Es ella la que te romperá a ti.

¿Sabes qué fue lo primero que Noé hizo después de recibir la visión de construir una gran arca? Según la tradición rabínica, plantó árboles. ¿Por qué? ¡Porque sabía que necesitaría un montón de tablones! Así es como comienzan todas las visiones. Vamos, levántate y sueña en grande, pero recuerda que debes comenzar en pequeño.

En 1979, Jadv Payeng comenzó a plantar árboles en la isla de Majuli.[9] Los vientos huracanados estaban desbordando el río Brahmaputra y erosionando el lugar a una velocidad alarmante. Majuli había perdido casi la mitad de su masa terrestre en los cien años anteriores y Jadav empezó a sembrar las nubes al sembrar literalmente la tierra. Cuatro décadas más tarde, su bosque es más grande que el Central Park en Nueva York. Sus esfuerzos de reforestación no solo disminuyeron la erosión sino que repoblaron especies de animales que estaban casi extintas. ¡Hasta hay una manada de elefantes viviendo allí![10]

No desprecies los días de los pequeños comienzos o las nubes del tamaño de la palma de una mano. Dios puede mover montañas con una fe del tamaño de una semilla de mostaza. ¿Cuál es el tamaño de la visión de Dios para ti? ¿Cuál es la pasión que Él te ha dado? ¿Qué estás esperando?

¡Siembra las nubes!

13

AHORA O NUNCA

No hay nada como el presente.

El 29 de mayo de 1832, un matemático francés veinteañero se sentó y escribió de corrido una obra maestra de sesenta páginas sobre las matemáticas. «Si se juzga este artículo por su novedad y profundidad de ideas» dijo Hermann Weyl, «tal vez sea el escrito más sustancial de toda la historia de la literatura».[1]

Siendo todavía un adolescente, Évariste Galois determinó «la condición necesaria y suficiente para que una ecuación polinómica sea resuelta por radicales».[2] Me debo haber perdido esa clase, ¡porque no tengo idea de siquiera qué significa eso! Pero al hacerlo, resolvió un misterio matemático de una antigüedad de trescientos cincuenta años.

Sin dudas, Évariste era un niño prodigio. Sentó las bases para una rama del álgebra conocida como teoría de grupos, una pieza fundamental para la informática, la teoría de la codificación y la criptografía. Doscientos años más tarde, una conexión de Galois es un «modo de resolver problemas matemáticos complejos traduciéndolos a distintos campos matemáticos».[3] De nuevo, ¡tenía tan solo veinte años!

Según E. T. Bell, el artículo que Galois escribió el 29 de mayo «mantendrá ocupados a generaciones de matemáticos por cientos de años».[4] Esto nos hace preguntarnos: ¿cómo sintetizó tantas ideas abstractas en un solo día? La respuesta es que el matemático vivió aquel 29 de mayo de 1832 como si fuese el último día de su vida. ¿Por qué? ¡Porque estaba bastante convencido de que lo sería! Tras ser retado a un duelo por su rival, Pescheux d'Herbinville, ¡sabía que era *ahora o nunca*! El duelo sirvió como fecha límite, y es asombroso lo que un plazo de entrega puede hacer. Disparó sus sinapsis y enfocó su mente. En los márgenes de su obra maestra, Galois garabateaba una y otra vez: «No tengo más tiempo; no tengo más tiempo».[5]

Aprovechar el día no es un sentido de urgencia profano. ¡Eso se denomina estrés! No es tratar de seguirle el ritmo a las chicas Kardashian. Ni siquiera se trata de superación. Sacarle el jugo al día es la conciencia santa de que tienes una sola vida. Todo lo que tienes es el presente, aquí y ahora.

FATIGA DE DECISIÓN

Tengo un consejo para los sabios. Si alguna vez te encuentras frente a un jurado de libertad condicional, intenta asegurarte los primeros turnos de la mañana. ¿Por qué? Porque la inclinación del juez que preside tu caso puede tener menos que ver con el fallo en sí que con el momento del día en que fue programado. Mi abuelo era juez, así que lo digo con todo respeto.

En un estudio llevado a cabo por la Academia Nacional de Ciencias estadounidense, se examinaron 1 112 fallos de un jurado israelí a lo largo de diez meses. El 75 % de los prisioneros a los que se les concedió libertad condicional fueron sentenciados por la mañana. Luego las probabilidades de un fallo favorable disminuían, y volvían a aumentar cada vez que los jueces tomaban un receso para comer. Solo al 10 % de los prisioneros que se presentaron al final del día se les concedió libertad condicional. No, no guardaron lo peor para el final. Los autores de ese estudio citaron la fatiga de decisión como la razón principal por la cual el porcentaje de juicios favorables declinaba.[6]

La fatiga de decisión es el deterioro de nuestra capacidad para tomar buenas decisiones luego de haber tomado muchas otras más. Decidir conlleva energía mental. Al igual que con el ejercicio físico, con el paso del tiempo nos cansamos. Perdemos motivación. Perdemos enfoque y fuerza de voluntad. ¡Nadie sabe más sobre esto que los padres de niños pequeños! Quieres limitar el tiempo en pantalla de tu hijo, yo sé que sí. Pero para el final del día, ¡solo necesitas detener la locura!

La noche anterior a la crucifixión de Cristo, sus discípulos tomaron algunas malas decisiones. Pedro reaccionó precipitadamente, cortándole la oreja derecha al siervo del sumo sacerdote.[7] Luego negó a Jesús tres veces.[8] Uno de sus otros discípulos hasta escapó desnudo.[9] Todo empeoró rápidamente. ¿Pero recuerdas el contexto? Más específicamente: ¿recuerdas el momento del día?

Al recomponer la línea de tiempo, podemos determinar que era alrededor de medianoche. No estoy justificando a los discípulos, pero estaban agotados. De hecho, ¡ya se habían quedado dormidos dos veces![10] En parte, lo que contribuyó a sus malas decisiones fue la antigua y conocida fatiga. Los discípulos no están exentos. Los jueces tampoco. Ni tampoco lo estamos nosotros. «No creo que esto se aplique solo para los jueces», dijo Jonathan Levav, uno de los investigadores involucrados en el mencionado estudio. «Creo que si buscáramos entre los médicos, los encargados de admisiones o las decisiones financieras encontraríamos lo mismo».[11]

Las ramificaciones de la fatiga resolutiva se perciben en muchos campos de la vida. Se calcula que tomamos un aproximado de treinta y cinco mil decisiones cada día.[12] Una de las claves para decidir mejor es tomar menos cantidad de ellas, y allí es donde entran en juego las predecisiones. Dicho eso, sacarle el jugo al día no una cosa de un minuto. Durante el día debes reiniciar.

SELAH

Hay una palabra peculiar que aparece setenta y una veces en el libro de Salmos. Su origen etimológico es un misterio, pero parece ser una antigua notación musical. La palabra *selah* representa un silencio. Si el Sabbat es un silencio de redonda, *selah* es un silencio de corchea. Serían los pequeños momentos durante el día en los que pierdes conciencia del reloj.

La Sinfonía n.° 5 en *C* menor de Beethoven tiene una introducción icónica. Pero no quiero hablar de las cuatro notas que puedes escuchar en tu cabeza: *ta, ta, ta, tan.* Antes de las famosas notas, ¡la sinfonía comienza con un silencio de corchea! Ese silencio amortigua el sonido para ayudar a la audiencia a enfocar su atención. Necesitamos un par de esos silencios, ¿no? *Selah* nos ayuda a estar cien por ciento presentes. También le sube el volumen a la suave voz del Espíritu Santo.

El poeta inglés John Donne dijo: «Me distrae de Dios y sus ángeles el sonido de una mosca».[13] Muy a menudo, ¡la mosca es nuestro celular! Hay muchas más distracciones ahora que las que había antes. ¿Cómo hacemos para mantenernos enfocados? ¿Para mantenernos positivos? ¿Para mantenernos centrados?

Por empezar: *comienza tu día con silencio.*

Sé que es más fácil decirlo que hacerlo, aun cuando estamos solos. Puedes poner el teléfono en modo avión, algo que por demás recomiendo. Desafortunadamente, las voces en nuestra mente no vienen con ese modo. El silencio precisa de una práctica deliberada. Claro, ¡los auriculares antiruido también ayudan! Si realmente quieres ajustar el reloj y aprovechar el día, ¡intenta apagando el teléfono en tu día libre!

El filósofo francés del siglo diecisiete llamado Blaise Pascal dijo: «Toda la desdicha del hombre se debe a que no sabe permanecer tranquilo en su habitación».[14] Es toda una declaración, pero no es exagerada. Dios nos habla más fuerte cuando estamos en calma. Todos necesitamos un poco de paz y quietud de vez en cuando. Ese es el silencio de corchea al que el salmista llamó *selah*.

Segundo: *toma cautivos tus pensamientos.*

Un modo de sacarle el jugo al día es enfocar tu mente en todo lo bueno y verdadero, lo puro y lo justo.[15] ¡Tu enfoque determinará tu realidad! *Selah* es parar al costado del camino a oler las flores. O como lo dijo Jesús: «Fíjense cómo crecen los lirios».[16] ¡Algo tan simple como llevar un diario de gratitud puede alterar por completo tu realidad al cambiarte el enfoque! Y no son solo los momentos-sobre-el-Empire-State en los que deberías enfocarte. Cuando buscas pequeñas cosas para estar agradecido, de algún modo tus minutos se transforman en momentos.

¿Recuerdas a Henry David Thoreau? Él cortó la cuerda y se mudó a Walden Pond. Estando allí, le sacó el jugo al día con una rutina diaria. Daba largos paseos por la tarde, equipado con un arsenal de herramientas primitivas: «su sombrero para recolectar muestras, un pesado libro para presionar las plantas, unos binoculares para observar las aves, su bastón para tomar medidas y pequeños trozos de papel para tomar notas».[17] Instado por Ralph Waldo Emerson, Thoreau había llevado registros desde su graduación en Harvard en 1837. Pero llevó el registro a otro nivel estando en Walden. Su obra maestra no es *Walden*. Es el diario con dos millones de palabras donde documentó sus observaciones diarias. Cada día, el escritor llenaba página tras página con «un flujo de palabras narradas en forma de monólogo interior». Uno de sus biógrafos, Laura Dassow Walls observó: «A partir de allí, Thoreau nunca paró de hacer eso, jamás; no hasta que un día, en su lecho de muerte y muy débil para tomar un bolígrafo, concibió un último registro».[18]

Tercero: *vive en el presente.*

Shirley Temple, la legendaria actriz y diplomática, aprendió una lección invaluable de su suegra, cortesía de su esposo

Charles. Cuando Charles era niño, le preguntó a su madre cuál era el momento más feliz de su vida. Ella respondió: «Justo ahora, este mismo momento». Charles replicó: «Pero ¿qué hay de todos los otros momentos felices? ¿Qué hay de cuando estabas casada?» La madre dijo: «En ese entonces, mi momento más feliz era ese. Mi momento más feliz ahora es el presente. Solo puedes vivir realmente en el instante en que te encuentras. Así que, para mí, ese siempre es el más dichoso».[19]

DISFRUTA DEL CAMINO

En mi primer sermón en la NCC, cité un estudio sociológico que involucraba a cincuenta personas por sobre los noventa y cinco años de edad. En conjunto, sumaban más de cinco mil años de experiencia de vida. La encuesta consistía en una sola pregunta: *si pudieses vivir toda tu vida de nuevo, ¿qué harías de otro modo?* Se consensuaron tres respuestas. Una: *arriesgar más.* Dos: *reflexionar más.* Tres: *hacer más cosas que perduren tras tu muerte.*

Concuerdo con las tres, pero permíteme agregar una más. *¡Disfruta del camino!* La vida es demasiado corta como para no disfrutar cada edad, cada etapa. Creo que lo mejor está por venir, ¡pero la grama del vecino *no es* más verde!

Si no disfrutas de tu vida *ahora*, no la disfrutarás *entonces*.

Si no disfrutas de tu vida *aquí*, no la disfrutarás *allá*.

No caigas en la trampa del cuando/entonces. ¿De qué se trata? De creer que seremos felices cuando nos encontremos en unas circunstancias específicas. *Cuando me gradúe, o cuando me case, o cuando obtenga el trabajo de mis sueños, entonces seré feliz.* No lo serás. *Cuando tenga hijos, cuando me den ese ascenso, cuando sea libre de deudas, entonces seré feliz.* Créeme, ¡nunca se termina! *Cuando nuestros hijos dejen los pañales, o nos jubilemos, o nuestra economía sea estable, la vida será buena.* Deja de mentirte a ti mismo. Llamemos las cosas por su nombre: es el mal del «algún día».

Debemos resguardar el presente de dos amenazas. La primera es la culpa del pasado. La segunda es la ansiedad del futuro. Vienen a matar, robar y destruir. ¿Cómo nos protegemos de ellas? Tomamos la predecisión de disfrutar del camino, ¡sin importar qué ni cuándo ni dónde!

Puede que eso no suene muy espiritual y hasta puede sonar egoísta. «El principal fin del hombre», dice el primer principio del Catecismo Menor de Westminster, «es glorificar a Dios, y disfrutar de Él por siempre». Entendemos la parte de glorificar a Dios; pero la parte de disfrutar, no tanto.

¿Cuánto estás deleitándote en Dios? ¿En su Palabra? ¿En su presencia? Quizás sea esa la mejor medida de madurez espiritual. Cuando gozas de Dios, eres capaz de gozar la vida entera. ¿Por qué? Pues porque todo es de Él y para Él. Aprovechar el día comienza aquí. El salmista lo dijo de este modo: «Este es el día que hizo Jehová; nos gozaremos y alegraremos en él».[20]

BÚSQUEDA LABORAL

El 26 de septiembre de 1855, un John D. Rockefeller de dieciséis años entró a una sociedad mercantil de la ciudad de Cleveland, llamada Hewitt and Tuttle, y obtuvo un puesto como ayudante contable. Era su primer empleo. Ganaba cincuenta centavos por día y amaba cada minuto de su jornada. Por el resto de su vida, Rockefeller guardó el 26 de septiembre como una festividad personal. Lo llamó el "Día del Empleo", y lo consideraba hasta más importante que su propio cumpleaños. «Todo mi futuro pareció partir de ese día», rememoró.[21]

Este hombre tuvo dos grandes ambiciones: la primera era llegar a tener $100 000, y la segunda era vivir hasta los cien años.[22]

No alcanzó su segunda meta, muriendo a los noventa y siete. Quizás apuntó un poco bajo con su primer objetivo. Cuando murió, su patrimonio neto, ajustado a la inflación, era de $340 mil millones.[23] ¡Nada mal para alguien que comenzó con cincuenta centavos al día!

Rockefeller está clasificado entre los norteamericanos más adinerados de toda la historia, y su caridad sentó un precedente al inicio del siglo XX. Comenzando con su primer sueldo, toda su vida diezmó el 10 % de todas sus ganancias a la iglesia, y donó más de $500 000 000 a causas científicas y de educación a través de la Fundación Rockefeller. Yo mismo me considero uno de sus beneficiarios, pues asistí a la institución que él fundó y financió, la Universidad de Chicago. Mi habitación se ubicaba justo en la acera frente a la Capilla Rockefeller, con su carillón de setenta y dos campanas, pero ya estoy divagando.

En agosto de 1855, John dejaba su pensión cada mañana a las ocho e iba de puerta en puerta hasta el final del día, intentando obtener un empleo. Volvía sin nada, pero no se daba por vencido. Hizo esto seis veces a la semana por seis semanas consecutivas. Para aquellos que llevan la cuenta, la mala racha duró treinta y seis días. La mayoría de nosotros nos hubiésemos sentido desalentados. Sin embargo, él cobraba más y más determinación. Cuando finalmente consigues un trabajo tras treinta y seis días de búsqueda laboral, es menos probable que des ese trabajo por sentado. ¡De hecho, celebras ese día como una festividad personal por el resto de tu vida!

«Uno se siente tentado a decir que su verdadera vida comenzó ese día», escribió uno de los biógrafos de Rockefeller, «que nació de nuevo en los negocios como lo hubiese hecho en la Iglesia de la Misión Bautista de la calle Erie».[24]

¡Sacarle el jugo al día no es sentarse a esperar ganar la lotería! Es salir a las calles. Es no dejar que las cosas sucedan, sino hacer que sucedan. No intentes fabricar el milagro e ir por delante de Dios. Pero tampoco te sientes con los brazos cruzados. Precisamos de la urgencia santa. No de aquella que nace del nerviosismo, sino de la que nace de la pasión infundada por Dios. Aquella que viene de un lugar de descanso, de un silencio de corchea.

FESTIVIDADES PERSONALES

Hay días que definen nuestra vida y la marcan para siempre, como el Día del Empleo de Rockefeller. Tal como él lo hizo, debemos transformarlos en días de conmemoración. ¿Cómo? Eso depende de ti.

Hay quien considera que un día tiene más importancia que otro, pero hay quien considera iguales todos los días. Cada uno debe estar firme en sus propias opiniones.[25]

Pareciera que estoy dando un doble discurso, pero esta exhortación merece una segunda mirada. Por un lado, sacarle el jugo al día es tratar cada día como si fuese el primero y el último de tu vida. En ese sentido, cada día es importante. Dicho eso, algunos días son más importantes que otros. Sé que eso suena contradictorio, pero la verdad es una moneda de dos caras que hay que arrojar al aire.

Cada día debería ser considerado importante: cara.

Algunos días están más adelante en la escala de importancia: cruz.

Para bien o para mal, hay días que nos definen. Alteran la realidad de nuestra vida para siempre. Introducen un nuevo capítulo, una nueva normalidad. Algunos momentos son tan maravillosos como caminar hacia el altar el día de tu boda o salir del hospital llevando un bebé recién nacido. Otros momentos son tan dolorosos como firmar un divorcio, recibir un diagnóstico desfavorable o enterarse de la muerte de un ser querido. De uno u otro modo, esos son los momentos que nos marcan. Y nosotros debemos marcarlos también.

¿Cuáles son tus días que conmemorar?

¿Qué días celebras como una festividad personal?

No es necesario que marques muchos días en el calendario. De hecho, cuanto menos y más espaciados, más significativos serán. Rockefeller hizo miles de millones de dólares, pero fue un trabajo de cincuenta centavos por día lo que lo mantuvo con los pies sobre la tierra, agradecido. No solo le ayudó a aprovechar el día, sino también los años como parte de su ritmo anual.

Ya he compartido uno de mis días especiales: el 2 de julio de 2016. Ese es el día en el que Dios me sanó del asma. No solo lo celebro cada año; también llevo la cuenta de los días que viví sin hacer uso del inhalador. Compartiré una festividad personal más con la esperanza de ayudarte a identificar las tuyas.

El 23 de julio del año 2000 estuvo muy cerca de ser el último día de mi vida. Ese fue el día en que sufrí una perforación intestinal y fui operado de urgencia a las dos de la madrugada. Pasé dos días con un respirador, luchando por mi vida. Perdí veinticinco libras (11 kg) en una semana y un pie de intestinos (30 cm). La cicatriz que llevo en medio de mi abdomen es un recordatorio constante del peor día de mi vida, del año más difícil en toda mi existencia. No querría pasar por algo así nunca más, pero tampoco lo cambiaría por nada en el mundo. Hoy lo considero uno de los mejores días de mi vida. ¿Por qué? Porque después de un episodio como ese, no das por sentado ni un solo día. Cada día lo ves como lo que es: un regalo de Dios. No me regalan un pastel, pero celebro el 23 de julio como mi «segundo cumpleaños». Lo conmemoro del mismo modo que Rockefeller conmemoraba su Día del Empleo.

Si eres como yo, hay algunos días que no quieres recordar. Recordarlos dispara muchas emociones dolorosas. Por supuesto que no estoy sugiriendo que los celebres, pero debes conmemorarlos. Si no los defines tú a ellos, ellos te definirán a ti.

El día en que los hermanos de José lo vendieron como esclavo fue el punto más bajo en su vida. Pero también fue el punto de inflexión. Le tomó trece años cambiar el guion, pero continuó aprovechando cada día. Algunos días eso implicaba resistir la tentación. Otros, interpretar sueños. Sea como fuere, José aprendió a usar cada día para darle gloria a Dios.

CELEBRA ESTE DÍA

Cuando Dios estableció a Israel como nueva nación, hizo algunas planificaciones. Estableció un ritmo de trabajo y de descanso, en una proporción de seis a uno. Fijó días de ayuno y banquetes. Tres festividades principales marcan el calendario judío, y cada una se conmemoraba con gran particularidad e intencionalidad. Las Pascuas eran celebradas con una comida bien organizada, algo parecida al Día de Acción de Gracias norteamericano. Por supuesto, puede que su equivalente más cercano sea el Día de la Independencia, ya que los israelitas festejaban en esa fecha su libertad.

> Fue ese día cuando los saqué de Egipto formados en escuadrones. Por ley, las generaciones futuras siempre deberán celebrar ese día.
>
> Comerán pan sin levadura desde la tarde del día catorce del mes primero hasta la tarde del día veintiuno del mismo mes.[26]

La segunda festividad de peregrinación, el Pentecostés, era como un desfile de honor. Y la Fiesta de los Tabernáculos se debe haber parecido un poco al festival Burning Man, porque involucraba acampar por una semana en la intemperie.

Sumado a las tres fiestas de peregrinaje, el pueblo judío celebraba el primer día de cada mes Rosh Jodesh. Comenzaban cada nuevo año, Rosh Hashanah, con diez días de arrepentimiento. Tenían días de ayuno secundarios, como el 10 de Tevet.[27] Tenían días santísimos como Yom Kipur. Y luego de las Pascuas, contaban cuarenta y nueve días —días de la Sefirá— que culminaban en el Pentecostés, cuando rememoraban la entrega de la Torá. La palabra hebrea *sefirá* significa literalmente «contando». Así es como los antiguos israelitas aprovechaban el día. ¡En síntesis, tenían una canción y una razón para cada estación!

Se nos suele nublar la vista cuando se trata de nombres, lugares y fechas. Volvemos con el recuerdo a exámenes sorpresa de la clase de historia. Entonces evitamos las genealogías y nos salteamos las fechas. Lo entiendo, parecen hechos y cifras aleatorias. Pero el calendario judío es una bella melodía. De hecho, los israelitas iniciaban esas celebraciones con música.[28] Tal vez no celebremos las mismas fechas del mismo modo, pero debemos encontrar nuestra propia armonía entre el *chronos* y el *kairos*.

Cuando se trata de festividades personales, cada cual con sus gustos. Encuentra un modo de que sean significativos. Si no lo haces, los días parecen largos y los años, cortos. Los días en que publico un nuevo libro, nuestra familia festeja con una cena especial. ¿Por qué? ¡Porque cada libro merece una fiesta de cumpleaños! El día del lanzamiento es aquel en que cortamos el cordón umbilical; ya no está en mis manos sino en las manos de Dios. Cada libro tiene una vida propia y lo lanzamos al mundo.

¿Hay algún día que se acerque a lo especial? ¡Conviértelo en una festividad! Mientras estés en eso, celebra cada día por lo que es: una oportunidad única, un milagro que nunca más será repetido. Si quieres sacarle el jugo al día, debes vivir de ese modo. Al celebrarlo, le estás sacando el jugo.

DÍA TRAS DÍA

En la película *La familia de mi novia*, el personaje representado por Ben Stiller formula, entre tartamudeos y balbuceos, una incómoda oración antes de cenar. Pero acaba con un gran cierre: «Oramos por tres cosas, Dios: amarte más profundo, verte más claro, y seguirte más de cerca». Luego añade un pequeño remate: «día, tras día, tras día».[29] La primera vez que lo oí me reí en voz alta. Lo más gracioso es que se trata de una oración *real*. Luego de ver la película, me topé con la oración original recopilada en un libro de espiritualidad ignaciana. Data del siglo XIII y su autor fue Richard de Chichester, un obispo de dicha ciudad y rector de la Universidad Oxford. La única diferencia entre las oraciones es que Stiller agrega un día extra al día tras día de Richard. ¡La versión de la película me gusta aún más!

«Día tras día» es un mantra repetido a lo largo de toda la Biblia.

La columna de nube los condujo día tras día.[30]

Tu fuerza se renovará *día tras día* como el rocío de la mañana.[31]

Aunque por fuera nos vamos desgastando, por dentro nos vamos renovando *día tras día*.[32]

El pan nuestro de *cada día*, dánoslo hoy.[33]

Si quieres estresarte menos y lograr más, debes vivir día tras día. Eso nos lleva de nuevo a la exhortación de William Osler a dividir la vida en pequeños compartimentos. ¿Recuerdas la pregunta de cinco palabras? Te la haré de nuevo.

¿Puedes hacerlo por un día?

Es tiempo de poner esto en práctica. No te abrumes por la cantidad de problemas que debes resolver, la cantidad de cambios que quieres hacer o de metas a alcanzar. ¡Numera tus días! ¿Cómo? ¡Uno a la vez! No te preocupes por la semana que viene, el mes o el año que viene. ¡Todo lo que debes hacer es aprovechar el día! Hoy gana el partido 1 a 0 y mañana será mejor que hoy.

Recuerda mi hipótesis del principio: *casi todos pueden lograr casi todo si trabajan de forma dura, constante e inteligente.* Espero que ahora lo creas más que al comenzar este libro. Ningún hábito es demasiado difícil con la ayuda de Dios. No hay meta demasiado grande si glorifica a Dios. ¿Por qué no tú? ¿Por qué no ahora?

No hay otro tiempo como el presente.

¡Aprovecha el día!

EPÍLOGO

EL JUEGO DE LOS MINUTOS

Vive como si no hubiera un mañana.

El 25 de mayo de 1979, Denis Waitley corría desesperado para tomar un vuelo de Chicago a Los Ángeles y llegar a tiempo a dar una conferencia. ¡Hay aeropuertos mucho más sencillos de recorrer que el de O'Hare! Cuando finalmente arribó a su puerta de embarque, ya habían cerrado. Denis suplicó que lo dejaran subir al avión, pero no tuvo suerte. Sin aliento ni paciencia se acercó al mostrador a registrar una queja y reprogramar su vuelo. Mientras esperaba en la fila, por el intercomunicador se escuchó un anuncio. El vuelo AA 191 con destino a Los Ángeles se había estrellado tras el despegue.

El motor del ala izquierda de aquel McDonnell Douglas DC-10 se separó del avión justo después de despegar. El desbalance hizo que el avión comenzara a girar en círculos y no se pudiera recuperar. La totalidad de los 258 pasajeros y 13 tripulantes murieron en la colisión. Fue el accidente de aviación más letal en la historia de los Estados Unidos.

Aquella experiencia cercana a la muerte tuvo un impacto transformador en la vida de Denis Waitley. Si hubiese llegado a tiempo, aquel hubiese sido el último día de su vida. De más está decir que no presentó su queja. De hecho, nunca devolvió su boleto del vuelo 191. Se lo llevó consigo y lo colgó en un lugar visible en su oficina.

En días difíciles, aquellos en los que Denis sentía ganas de tirar la toalla, bastaba una mirada al boleto de avión para recobrar perspectiva. Ese pasaje era un recordatorio constante de que cada día es un regalo. Lo ayudó a dividir la vida en pequeños compartimentos. Ese boleto era lo que yo llamo un símbolo de vida: una insignia del pasado que da significado al presente y hace de brújula para el futuro.

Para John D. Rockefeller, fue su primer recibo de sueldo.

Para Elisha Otis, fue un hacha.

Para John Wooden, fue un par de medias.

Para Elon Musk, fue una computadora Commodore VIC-20.

Para Homan Walsh, fue una cometa.

¿Cuáles son los símbolos de tu pasado, ya sea alegre o doloroso, que hacen cada día más significativo? Los míos incluyen una máscara de oxígeno de una de mis internaciones por asma; la prueba universitaria en la que obtuve bajas aptitudes para la escritura; un ladrillo de la antigua casa de crac que hoy es la cafetería Ebenezers Coffeehouse; y la bien gastada, leída y vivida Biblia de mi abuelo que tiene casi cien años de antigüedad.

Por un lado, esos símbolos no tienen valor alguno. ¿Alguien querría una máscara de oxígeno vieja? ¡Ya me parecía! ¡Pero para mí son invaluables! ¿Por qué? Porque representan mis momentos en la cima del Empire State y en lo más bajo del Gran Cañón. Me enseñaron lecciones que no puedo darme el gusto de olvidar. Representan minutos que se convirtieron en momentos que siempre recordaré.

¿Qué tiene que ver todo esto con aprovechar el día? Confía en mí, esto es más que un paseo por el mundo de los recuerdos. Los símbolos de vida son la clave para llegar a donde Dios quiere que vayamos. Son la clave para convertirnos en lo que Dios quiere que seamos; para descubrir el poder que hay en veinticuatro horas. ¡Nos ayudan a cambiar el guion, abrazar la ola, tragarnos el sapo, remontar la cometa, cortar la cuerda, ajustar el reloj y aprovechar el día!

SÍMBOLOS DE VIDA

¿Recuerdas la historia de David contra Goliat? Tras derrotar a Goliat, David tomó las armas del gigante y las guardó en su tienda de campaña.[1] Solemos pasar por alto este detalle, pero es importante. Y lo digo literalmente. La armadura de Goliat pesaba ciento veinticinco libras (57 kg). No creo que David pesara mucho más que eso. ¿Por qué se tomaría el trabajo de desvestir a Goliat y llevar sus armas hasta su tienda? Si la armadura de Saúl no era de su talla, ¡la de Goliat mucho menos! Y si no la puedes usar, ¿para qué guardarla?

Tal como el boleto de avión de Denis Waitley, la armadura de Goliat servía de símbolo de vida. Cuando David se sentía desalentado, una mirada a la armadura le recordaba que no era el relegado de nadie. Ese símbolo avivó el orgullo santo por el resto de su vida. Apuesto a que David marcó su calendario y celebró el Día del Gigante de allí en más. Guardar las armas del gigante en su tienda fue una idea genial. Tal vez podríamos imitarlo.

De acuerdo con varios psicólogos del desarrollo, si quitas un objeto de la vista de un bebé, es como si el objeto dejara de existir. ¡Por eso es tan divertido jugar a cubrir y descubrir el rostro con niños! No han desarrollado la comprensión de la permanencia de los objetos. Dicho de manera simple: *si no lo veo, no lo pienso*. Nunca superamos del todo esta etapa, ¿no es cierto? Es por eso que construimos monumentos y celebramos festividades.

Tenemos tendencia a recordar lo que deberíamos olvidar y olvidar lo que deberíamos recordar. La amnesia espiritual se vence construyendo altares. ¿Y qué ponemos en ellos? Símbolos de vida. Ellos no solo señalan al pasado; también apuntan al futuro. Nuestra fe en el futuro resulta de la fidelidad de Dios en el pasado.

Cuanto más grandes nos ponemos, ¡más fe deberíamos tener! ¿Por qué? Porque tenemos más testimonios.

Existe una rama de la filosofía llamada teleología. Es una doctrina de diseño, y es el modo en que unimos los puntos tal como lo hizo David con los osos y los leones. Para nosotros, la aguja del tiempo apunta desde el pasado hacia el futuro. ¡Pero Dios trabaja en el sentido opuesto! No solo sus planes y propósitos eternos son opuestos a la lógica; sino que además funcionan a contrarreloj. Dios nos ha preparado buenas obras de antemano.[2] A nosotros nos parece que están en tiempo futuro, pero para Dios están en tiempo pasado. ¿Recuerdas los muros de Jericó? ¡Antes de que se derrumbaran, Dios ya lo había declarado como hecho![3]

Eso nos lleva de vuelta a donde comenzamos: el presente eterno. Aunque no podamos verlo, el cielo está invadiendo la tierra. Aunque no podamos sentirlo, ¡la eternidad está invadiendo cada minuto de cada hora de cada día!

Deja de desperdiciar culpa en el pasado.

Deja de desperdiciar preocupación en el futuro.

Es hora de comenzar a dividir la vida en pequeños compartimentos.

REDIME EL TIEMPO

«Experimenta con cosas nuevas».[4] Ese es el desafío atemporal que propuso Thomas Shepard, un pastor puritano y figura clave en la fundación de la Universidad Harvard. Shepard creía en abordar nuestra vida espiritual como un ensayo científico, y no podría estar más de acuerdo. «Haz un nuevo experimento sobre la oración secreta. Y luego salte de tu oración secreta y prueba inmediatamente más amor, más paciencia y más consideración por los demás», dijo.[5]

¡Gran idea!

¿Qué pasaría si encaráramos cada día de ese modo?

No solo remontes la cometa; transfórmala en un pararrayos como hizo Benjamin Franklin.

No solo te tragues el sapo; disecciónalo como Theodore Graves Hulett.

No solo ajustes el reloj; recupera el tiempo como Frank Laubach.

El 30 de enero de 1930, Frank Laubach comenzó un experimento al que llamó: «el juego de los minutos». Lo describió como «un nuevo juego para algo tan viejo como Enoc».[6] ¿Cuál es el objetivo? Una conciencia continua de la presencia de Dios. Laubach transformó su vida diaria en un laboratorio y comenzó a experimentar con su espiritualidad. Tras seis meses de investigación, escribió estas palabras en su diario personal:

> El lunes pasado fue el día más exitoso en lo que va de mi vida, al menos si de poner mi día en manos de Dios en completa y continua entrega se trata Al mirar a las personas con el amor de Dios me retribuían la mirada y sus acciones reflejaban que querían acompañarme. En ese momento sentí que por un día pude experimentar una pequeña parte de aquel empuje que tenía Jesús al caminar por la senda día tras día «inundado de Dios» y resplandeciendo por la comunión eterna de su alma con Dios.[7]

¿Cuál es el desafío más grande de una comunión con Dios como esa? Laubach detectó nuestro problema de raíz: «No seremos como Cristo», dijo, «hasta que no le entreguemos más de nuestro tiempo».[8] Recuerda: no *encontrarás* el tiempo. Tendrás que *hacértelo*. ¿Cuánto tiempo? Laubach comenzó con un segundo de cada minuto. No puedes aprovechar el día si no aprovechas cada hora, y no puedes aprovechar las horas si no aprovechas los minutos. No menosprecies los días de los modestos comienzos, ¡ni las horas, ni los minutos!

«Te parecerá tan fácil y tan difícil como forjar cualquier otro hábito», dijo Frank.[9] ¡Sacarle el jugo al día requiere prácticas intencionales! ¡Eso también aplica para cambiar el guion, abrazar la ola, tragarse el sapo, remontar la cometa, cortar la cuerda y ajustar el reloj!

Pero con el tiempo, tendrías más días aprovechados que perdidos. Y el interés compuesto se pondrá al día contigo. «Los resultados comienzan a aparecer al mes», dijo el misionero Laubach. «Se vuelven enriquecedores luego de seis meses, y gloriosos al superar los diez años».[10]

Sobreestimamos lo que podemos lograr en el corto plazo, pero subestimamos lo que Dios puede lograr con una obediencia constante en una dirección continua. Si apuestas al largo plazo, tu vida te sobrevivirá a ti mismo. Se llama legado, y es el efecto acumulativo de una vida bien vivida. ¿Qué significa una vida bien vivida? Es sacarle el jugo al día; día tras día tras día.

Ya hemos hablado del valor de cada día. En las matemáticas de Dios, un día equivale a mil años. Dios se toma cada día muy en serio, y nosotros también deberíamos hacerlo. ¿Cómo? Considerando cada día como un regalo de Él. Dicho eso, me gustaría terminar con una última nota alegre. Aprovechar el día es *divertido*. Piénsalo como si fuese *el juego de los minutos*. ¿Cuál es el objetivo del juego? ¡Descubrir el poder que hay en veinticuatro horas!

OTRO DÍA, OTRA AVENTURA

Hace muchos años pasé una semana en las islas Galápagos que cambió mi vida. Puede que aquel archipiélago sea lo más cercano al Jardín del Edén en la tierra. Vimos pelícanos que parecían pterodáctilos prehistóricos tirarse de bomba en el océano y volver con el desayuno dentro de su pico. Nos enfrentamos cara a cara con tortugas gigantes e iguanas marinas. Nadamos con lobos marinos, sin percatarme en ese momento de lo peligroso que era. ¡Ah!, y también saltamos de un peñasco en Las Grietas. Mis piernas estuvieron plagadas de moretones por un mes, pero la explosión de adrenalina valió la pena.

En un momento de esa inolvidable semana, encontré una lata de Sprite escrita en español. Yo hablo poco español, pero sabía lo suficiente como para entender lo que decía. De hecho, aquellas cuatro palabras han sido desde entonces un lema de vida para mí: «Otro día, otra aventura».

Otro día, otra aventura.

No todos los días son igual de maravillosos que los que pasé en Galápagos, ¡pero aun el día más rutinario no es menos milagroso que aquellos! Recuerda, estás en un planeta que gira a mil millas (1 609 km) por hora y se desliza en el espacio a 66 000 mil millas (106 216 km) por hora. ¡Damos un giro celestial de 360 grados cada veinticuatro horas! Eso merece una celebración cada día, ¿no es cierto?

«Este es el *día* que hizo Jehová; nos gozaremos y alegraremos en él».[11]

«El pan nuestro de cada *día*, dánoslo hoy».[12]

«*Cada mañana* se renuevan sus bondades».[13]

«La bondad y el amor me seguirán todos los días de mi vida».[14]

Puedes lograr casi cualquier cosa si trabajas en ello de forma dura, constante e inteligente. ¡Es hora de desatar el poder que hay en veinticuatro horas! Puedes lograrlo. ¿Por qué? ¡Porque Dios tiene todo bajo control! Es hora de estresarse menos y lograr más.

¡Anda y sácale jugo al día!

RECONOCIMIENTOS

Para lograr un sueño se precisa de un equipo, y eso es muy cierto en el caso de *Sácale jugo al día*. Estoy en una deuda de gratitud con WaterBrook Multnomah por haber publicado mi primer libro *Con un león en medio de un foso*. Estoy muy agradecido por la amistad y compañerismo continuo que tenemos.

Gracias a Tina, Laura, Campbell y Andrew por la fe que tuvieron en este proyecto, que se hizo evidente en el ánimo que me brindaron constantemente. ¡Estoy agradecido por la forma en que apoyan a sus autores!

Andrew, tienes más sabiduría que años, y tu forma de editar es incomparable. También necesito darle el crédito a quien se lo merece: ¡la cubierta es toda tuya!

Chris: gracias por invertir tu corazón y tu alma en este libro. Lo mismo va para ustedes, Brett, Beverly, Leslie y Ginia. Estoy agradecido por la forma en que abren puertas para que este mensaje corra.

Gracias a Mark, a Kris y a Joe por la forma en que convierten las palabras en fuentes e imágenes en portadas.

Gracias a Helen por tenerme paciencia con mi perfeccionismo. Gracias a Kayla y Kathy, y también a Julia, Angela, Virginia y Ruby por sus ojos detallistas.

Gracias a Kim y Julie por imprimirle su huella a este proyecto.

Gracias a todo el equipo de ventas: Lori, William, Steve, Katie, Todd, Andrew y Ashley. Sin ustedes este libro no llegaría a las manos y a los corazones de la gente.

Quiero agradecer a mi agente, Esther Fedorkevich, y a todo el equipo de la Agencia Fedd. Sé que no solo representan a mis libros: ¡ustedes los leen y los llevan a la práctica!

Por último, quiero darle las gracias a mi familia. Lora: tu sabiduría está plasmada en este libro. Gracias a toda la familia de mi iglesia. Estoy eternamente agradecido por el privilegio de pastorear la National Community Church. Mi oración es que la NCC sea siempre la primera beneficiaria de mis libros.

NOTAS

Introducción: Compartimentos de un día

1. *The Principles and Practice of Medicine* [Los principios y la práctica de la medicina] se publicó por primera vez en 1892.

2. Carlyle, T. (1884). Signs of the Times [Señales de los tiempos]. En *Critical and Miscellaneous Essays: Collected and Republished* (vol 1, p. 462). Boston: Dana Estes and Charles E. Lauria.; Carnegie, D. (2004). *How to Stop Worrying and Start Living: Time-Tested Methods for Conquering Worry* [Cómo dejar las preocupaciones y comenzar a vivir: Métodos comprobados para vencer las preocupaciones] (Ed. rev., p. 3). Nueva York: Pocket Books.

3. Osler, W. (1913). *A Way of Life: An Address to Yale Students Sunday Evening, April 20th, 1913* [Una forma de vida: Un discurso a los estudiantes de Yale la noche del domingo 20 de abril de 1913]. Londres: Constable. Recuperado de: https://archive.org/details/awayoflifeanaddr00osleuoft/page/n5.

4. Osler, W. (1913). *A Way of Life: An Address to Yale Students Sunday Evening, April 20th, 1913* [Una forma de vida: Un discurso a los estudiantes de Yale la noche del domingo 20 de abril de 1913] (p.14). Londres: Constable. Encontré estas palabras en el libro clásico de Carnegie, D. (2004). *How to Stop Worrying and Start Living: Time-Tested Methods for Conquering Worry* [Cómo dejar las preocupaciones y comenzar a vivir: Métodos comprobados para vencer las preocupaciones] (Ed. rev., p. 4). Nueva York: Pocket Books.

5. Osler, W. (1913). *A Way of Life: An Address to Yale Students Sunday Evening, April 20th, 1913* [Una forma de vida: Un discurso a los estudiantes de Yale la noche del domingo 20 de abril de 1913] (p. 29). Londres: Constable.

6. Osler, W. (1913). *A Way of Life: An Address to Yale Students Sunday Evening, April 20th, 1913* [Una forma de vida: Un discurso a los estudiantes de Yale la noche del domingo 20 de abril de 1913] (p. 23). Londres: Constable.

7. Osler, W. (1913). *A Way of Life: An Address to Yale Students Sunday Evening, April 20th, 1913* [Una forma de vida: Un discurso a los estudiantes de Yale la noche del domingo 20 de abril de 1913] (p. 22-23). Londres: Constable.; Carnegie, D. (2004). *How to Stop Worrying and Start Living: Time-Tested Methods for Conquering Worry* [Cómo dejar las preocupaciones y comenzar a vivir: Métodos comprobados para vencer las preocupaciones] (Ed.rev, pp. 3-4). Nueva York: Pocket Books.

8. Campolo, T. (s.f.). If I Should Wake Before I Die [Si debiera despertar antes de morir]. *Preaching Today*. www.preachingtoday.com/sermons/sermons/2005/august/124.html.

9. Bradt, S. (11 de noviembre de 2010). Wandering Mind Not a Happy Mind [«La mente errante no es una mente feliz»]. *Harvard Gazette*. https://news.harvard.edu/gazette/story/2010/11/wandering-mind-not-a-happy-mind.

10. Laubach, F. C. (2011). *Letters by a Modern Mystic* [Cartas de un místico moderno] (p. 15). Londres: Society for Promoting Christian Knowledge.

11. Salmos 90:12.

12. Emmitt Smith. (s.f.). En Pro Football Hall of Fame. Recuperado el 6 de octubre de 2020 de www.profootballhof.com/players/emmitt-smith/biography.

13. Mateo 6:11.

14. Osler, W. (1913). *A Way of Life: An Address to Yale Students Sunday Evening, April 20th, 1913* [Una forma de vida: Un discurso a los estudiantes de Yale la noche del domingo 20 de abril de 1913] (pp. 18-19). Londres: Constable.

15. Mateo 6:12.

16. Mateo 6:13.

17. Mateo 6:11.

18. Éxodo 16:19-20.

19. Efesios 4:26.

20. Lamentaciones 3:22-23.

21. Lucas 9:23.

22. Salmos 118:24.

23. Génesis 1:5.

24. Prossack, A. (31 de diciembre de 2018). This Year, Don't Set New Year's Resolutions [Este año, no hagas resoluciones de año nuevo]. *Forbes.* www. forbes.com/sites/ashiraprossack1/2018/12/31/goals-not-resolutions/ #12aea983879a.

PARTE 1: Sepulta los ayeres muertos

1. Reina Victoria, citada por Hibbert, C. (2001). *Queen Victoria: A Personal History* [La reina Victoria: Una historia personal] (p. 123). Cambridge, MA: Da Capo.

2. Scazzero, P. (2015). *Espiritualidad emocionalmente sana: Es imposible tener madurez espiritual si somos inmaduros emocionalmente* (ed. Rev.). Miami, FL: Editorial Vida. Del original del inglés: *Emotionally Healthy Spirituality: It's Impossible to Be Spiritually Mature While Remaining Emotionally Immature* (p. 121). Grand Rapids, MI: Zondervan, 2017.)

3. Cooke, S. (1964). A Change Is Gonna Come [Canción]. En *Ain't That Good News.* RCA Victor.

4. Job 2:13

Hábito 1 – Cambia el guion

1. Metaxas, E. (2017). *Martin Luther: The Man Who Rediscovered God and Changed the World* [Martín Lutero: El hombre que redescubrió a Dios y cambió el mundo] (p. 1). Nueva York: Viking.

2. Solomon, M. (1996). *Mozart: A Life* [Mozart: una vida] (p. 282). Nueva York: HarperPerennial.

3. Marcos 3:17.

4. Apocalipsis 2:17.

5. Números 6:24-27.

Capítulo 1: La historia principal

1. Thompson, W. M. y Lawson, T. W. (1902). *The Lawson History of the America's Cup: A Record of Fifty Years* [La historia Lawson de la Copa América: Un registro de cincuenta años] (p. 29). Boston: impreso por el autor.

2. America's Cup Win [El triunfo de la Copa América]. (s.f.). En Museo Nacional de Australia. Recuperado el 6 de octubre de 2020 de www.nma. gov.au/defining-moments/resources/americas-cup-win; History of the America's Cup [Historia de la Copa América]. (s.f.). Recuperado el 6 de octubre de 2020 de www.americascup.com/en/history.

3. Bach, R. (2014). *Juan Salvador Gaviota* (nueva ed.). Barcelona: Ediciones B. (Del original en inglés *Jonathan Livingston Seagull: A Story* (p. 56). Nueva York: Scribner.

4. Covey, S. R. (2015). *Los 7 hábitos de la gente altamente efectiva: Lecciones magistrales sobre el cambio personal* (Ed. rev. y act.). Buenos Aires: Ediciones Paidós. (Del original en inglés *The 7 Habits of Highly Effective People: Powerful Lessons in Personal Change* (p. 109). Nueva York: Simon & Schuster.)

5. Canfield, J. y Hansen, M. V. (2001). *El factor Aladino*. Barcelona: Ediciones B. (Del original en inglés: *The Aladdin Factor: How to Ask for What You Want-and Get It* (p. 76). Nueva York: Berkley, 1995.)

6. Bo Eason, B. (2019). *There's No Plan B for Your A-Game: Be the Best in the World at What You Do* [No existe un plan B para tu opción A: Sé el mejor del mundo en lo que haces] (p. 1). Nueva York: St. Martin's.

7. Hebreos 11:1.

8. Eason, B. (2019). *There's No Plan B for Your A-Game: Be the Best in the World at What You Do* [No existe un plan B para tu opción A: Sé el mejor del mundo en lo que haces] (p. 2). Nueva York: St. Martin's.

9. Hebreos 12:2.

10. Maxwell, J. C. (2016). *3 decisiones que toman las personas exitosas: El mapa para alcanzar el éxito*. Nashville: Grupo Nelson. (Del original en inglés: *3 Things Successful People Do: The Road Map That Will Change Your Life* (p. 93). Nashville: Nelson Books.)

11. LifePlan [Plan de vida]. (s.f.). En *Paterson Center*. https://patersoncenter. com/lifeplan.

12. Mateo 19:26.

13. Tim Ferriss, citado en Gregg, R. (30 de julio de 2014). Passion and Practice: Tim Ferriss & Neil Strauss's Tips for Better Writing [Pasión y práctica: Consejos de Tim Ferriss y Neil Strauss para mejorar la escritura]. *CreativeLive*. https://www.creativelive.com/blog/tim-ferriss-neil-strauss-writing-advice.

14. Peschel, B. (9 de noviembre de 2018). Ingmar Bergman Quote About Filmmaking [Comentarios de Ingmar Bergman acerca de la realización cinematográfica]. *Peschel Press*. https://peschelpress.com/ingmar-bergman-quote-about-filmmaking.

15. Emil Zátopek: The Man Who Changed Running [Emil Zátopek: El hombre que cambió el atletismo]. (16 de septiembre de 2016). *Runner's World*. www.runnersworld.com/uk/training/a775206/emil-zatopek-the-man-who-changed-running.

16. Deuteronomio 1:2.

17. Números 11:5.

18. Josué 5:9.

19. Asch, C. M. y Musgrove, G. D. (2017). *Chocolate City: A History of Race and Democracy in the Nation's Capital* [Ciudad de chocolate: Una historia de raza y democracia en la capital de la nación]. Chapel Hill, NC: University of North Carolina Press.

20. King Jr., M. L. (28 de agosto de 1963). Tengo un sueño (Discurso, marcha en Washington, Washington, D.C.). Recuperado de www.elmundo.es/especiales/2013/internacional/martin-luther-king/texto-integro.html.

21. Karl Barth, citado en Barth in Retirement [Barth durante su retiro]. (31 de mayo de 1963). *Time*. http://content.time.com/time/magazine/article/0,9171,896838,00.html.

22. 2 Corintios 5:17.

23. Salmos 17:8.

24. Efesios 2:10.

25. Romanos 8:37.

Capítulo 2: Ambidestreza

1. Vance, A. (2016). *Elon Musk: El empresario que anticipa el futuro.* Barcelona: Ediciones Península. (Del original en inglés: *Elon Musk: Tesla, SpaceX, and the Quest for a Fantastic Future* (Ed. Rev., pp. 26-28). Nueva York: Ecco.)

2. Vance, A. (2016). *Elon Musk: El empresario que anticipa el futuro.* Barcelona: Ediciones Península. (Del original en inglés: *Elon Musk: Tesla, SpaceX, and the Quest for a Fantastic Future* (Ed. rev., p. 30). Nueva York: Ecco.

3. 1 Crónicas 12:2.　　.

4. Ericsson, A. y Pool, R. (2017). *Número uno: Secretos para ser mejor en lo que nos propongamos.* Barcelona: Conecta. (Del original en inglés: *Peak: Secrets from the New Science of Expertise* (pp. 14, 109-110). Nueva York: Mariner Books, 2017.)

5. Ericsson, A. y Pool, R. (2017). *Número uno: Secretos para ser mejor en lo que nos propongamos.* Barcelona: Conecta. (Del original en inglés: *Peak: Secrets from the New Science of Expertise* (pp. 39, 40, 99, 100). Nueva York: Mariner Books, 2017.)

6. Ericsson, A. y Pool, R. (2017). *Número uno: Secretos para ser mejor en lo que nos propongamos.* Barcelona: Conecta. (Del original en inglés: *Peak: Secrets from the New Science of Expertise* (p. 113). Nueva York: Mariner Books, 2017.)

7. Jueces 3:15.

8. 2 Corintios 12:9.

9. Kahn, R. (2006). *The Boys of Summer: The Classic Narrative of Growing Up Within Shouting Distance of Ebbets Field, Covering the Jackie Robinson Dodgers, and What's Happened to Everybody Since* [Los chicos del verano: La clásica historia de crecer a un grito de distancia del Ebbets Field, cubrir a los Dodgers de Jackie Robinson y qué les ha pasado a todos desde entonces] (p. 224). Nueva York: HarperPerennial.

10. Kahn, R. (2006). *The Boys of Summer: The Classic Narrative of Growing Up Within Shouting Distance of Ebbets Field, Covering the Jackie Robinson Dodgers, and What's Happened to Everybody Since* [Los chicos del verano: La clásica historia de crecer a un grito de distancia del Ebbets Field, cubrir a los Dodgers de Jackie Robinson y qué les ha pasado a todos desde entonces] (p. 241). Nueva York: HarperPerennial.

11. Millett, M. (31 de marzo de 2017). Challenge Your Negative Thoughts [Desafía tus pensamientos negativos]. *MSU Extension*. www.canr.msu.edu/news/challenge_your_negative_thoughts.

12. Landers, C. (20 de julio de 2017). The Story of Gaylord Perry, the Moon Landing and a Most Unlikely Home Run [La historia de Gaylord Perry, el alunizaje y el jonrón más inesperado]. *Cut4*. www.mlb.com/cut4/gaylord-perry-hits-home-run-just-minutes-after-neil-armstrong-moon-landing-c2433.

13. Atribuido a Henry Ford; véase *Whether You Believe You Can Do a Thing or Not, You Are Right* [Si crees o no que puedes hacer algo, estás en lo correcto] (3 de febrero de 2015). *Quote Investigator*. Recuperado de https://quoteinvestigator.com/2015/02/03/you-can.

14. Gladwell, M. (2013). *David y Goliat: Desvalidos, inadaptados y el arte de luchar contra gigantes*. Madrid: Taurus. (Del original en inglés: *David and Goliath: Underdogs, Misfits, and the Art of Battling Giants* (p. 11). Nueva York: Little, Brown.)

15. 1 Samuel 17:7.

16. 1 Samuel 17:33.

17. 1 Samuel 17:37.

18. Barker, E. (2017). *Barking Up the Wrong Tree: The Surprising Science Behind Why Everything You Know About Success Is (Mostly) Wrong* [Ladrando al árbol equivocado: La sorprendente ciencia de por qué todo lo que sabes sobre el éxito es (básicamente) incorrecto] (p. 26). Nueva York: HarperCollins.

19. Simonton, D. K. (1999). *Origins of Genius: Darwinian Perspectives on Creativity* [El origen de los genios: Perspectivas darwinianas acerca de la creatividad] (pp. 115-116). Nueva York: Oxford University Press.

20. Juan 1:46.

21. Vance, A. (2016). *Elon Musk: El empresario que anticipa el futuro*. Barcelona: Ediciones Península. (Del original en inglés: *Elon Musk: Tesla, SpaceX, and the Quest for a Fantastic Future* (Ed. rev., pp. 38, 40-41). Nueva York: Ecco.)

22. Children Benefit If They Know About Their Relatives, Study Finds [Beneficios en los niños que conocen acerca de sus parientes, según un estudio]. (3 de marzo de 2010). *Emory University*. http://shared.web.emory.

edu/emory/news/releases/2010/03/children-benefit-if-they-know-about-their-relatives-study-finds.html#.XqX_x5opCVo.

Hábito 2 – Abraza la ola

1. Meixler, E. (26 de enero de 2018). Today Is Wilder Penfield's 127th Birthday. Here's Why Google Is Honoring Him [Hoy es el 127° cumpleaños de Wilder Penfield. Por qué Google le rinde homenaje]. *Time.* https://time.com/5119901/wilder-penfield-127th-birthday.

Capítulo 3: El obstáculo es el camino

1. Frederick Treves, citado en Paschall, J. (3 de septiembre de 2015). How the «Elephant Man» Actually Looked: Staggering Pics Show Skeleton and Post-Mortem Bust [Cómo se veía en realidad el «Hombre Elefante»: Imágenes sorprendentes que muestran su esqueleto y su torso post-mortem]. *Express.* www.express.co.uk/news/weird/602782/Elephant-Man-looked-Staggering-images-skeleton-post-mortem.

2. Treves, F. (1923). *The Elephant Man and Other Reminiscences* [El hombre elefante y otras reminiscencias], (p. 22). Londres: Cassell.

3. Treves, F. (1923). *The Elephant Man and Other Reminiscences* [El hombre elefante y otras reminiscencias] (p. 22). Londres: Cassell.

4. Treves, F. (1923). *The Elephant Man and Other Reminiscences* [El hombre elefante y otras reminiscencias] (p. 24). Londres: Cassell.

5. Treves, F. (1923). *The Elephant Man and Other Reminiscences* [El hombre elefante y otras reminiscencias] (p. 17). Londres: Cassell.

6. 6 Quotes Spurgeon Didn't Say [6 frases que Spurgeon no dijo]. (8 de agosto de 2017). *Centro Spurgeon.* Recuperado de www.spurgeon.org/resource-library/blog-entries/6-quotes-spurgeon-didnt-say. (Pero que muchas veces se le atribuyeron a Spurgeon).

7. Marcos 4:39.

8. Proverbios 17:22, PDT.

9. Piper, J. (2011). *Don't Waste Your Cancer* [No desperdicies tu cáncer]. Wheaton, IL: Crossway.

10. Proverbios 3:33.

11. Holmes, T. H. y Rahe, R. H. (1967). The Social Readjustment Rating Scale [La escala de reajuste social]. *Journal of Psychosomatic Research* (11, no. 2, pp. 213-218). www.sciencedirect.com/science/article/abs/pii/0022399967900104?via%3Dihub.

12. Spurgeon, C. H. (7 de noviembre de 1858). *The Christian's Heaviness and Rejoicing* [La tristeza y el regocijo del cristiano]. Recuperado de www.spurgeon.org/resource-library/sermons/the-christians-heaviness-and-rejoicing#flipbook.

13. Solomon, A. (2015). *El demonio de la depresión: Un atlas de la enfermedad* (ed. Actualizada). Barcelona: Debate. (Del original en inglés: *The Noonday Demon: An Atlas of Depression* (p. 16). Nueva York: Scribner, 2014.)

14. Kübler-Ross, E. y Kessler, D. (2017). *Sobre el duelo y el dolor: Cómo encontrar sentido al duelo a través de sus cinco etapas.* Barcelona: Luciérnaga. (Del original en inglés: *On Grief and Grieving: Finding the Meaning of Grief Through the Five Stages of Loss* (p. 7). Nueva York: Scribner, 2014.)

15. 1 Tesalonicenses 4:13.

16. Fitzpatrick, K. (16 de agosto de 2019). Stephen Colbert's Outlook on Grief Moved Anderson Cooper to Tears [La mirada de Stephen Colbert sobre el duelo conmovió hasta las lágrimas a Anderson Cooper]. *Vanity Fair.* www.vanityfair.com/hollywood/2019/08/colbert-anderson-cooper-father-grief-tears.

17. Stephen Colbert, citado en Fitzpatrick, K. (16 de agosto de 2019). Stephen Colbert's Outlook on Grief Moved Anderson Cooper to Tears [La mirada de Stephen Colbert sobre el duelo conmovió hasta las lágrimas a Anderson Cooper]. *Vanity Fair.* www.vanityfair.com/hollywood/2019/08/colbert-anderson-cooper-father-grief-tears.

18. Joseph Merrick. (13 de enero de 2018). En *Wikiquote.* https://en.wikiquote.org/wiki/Joseph_Merrick.

19. Spurgeon, C. H. (1984). *Ganadores de hombres.* Barcelona: Editorial Clie. (Del original en inglés: *The Soul-Winner; or, How to Lead Sinners to the Saviour* (p. 286). Nueva York: Revell, 1895.)

20. Adaptado de Reinhold Niebuhr; véase Shapiro, F. R. (Julio/Agosto 2018). Who Wrote the Serenity Prayer? [¿Quién escribió la oración de la Serenidad?]. *Yale Alumni Magazine.* Recuperado de https://yalealumnimagazine.com/articles/2143.

21. Plegaria de la Serenidad. (21 de julio de 2020). En Wikipedia. Recuperado de https://es.wikipedia.org/wiki/Plegaria_de_la_Serenidad.

22. Buechner, F. (1982). *The Sacred Journey: A Memoir of Early Days* [El viaje sagrado: Memorias de los viejos tiempos]. Nueva York: Harper San Francisco. (Del original en inglés: *The Sacred Journey: A Memoir of Early Days* (p.46). Nueva York: Harper San Francisco, 1982.)

23. Norris, K. (1998). *Amazing Grace: A Vocabulary of Faith* [Sublime gracia: Un vocabulario de fe] (p. 71). Nueva York: Riverhead Books.

24. Lutero, M. Castillo fuerte es nuestro Dios (Trad. J. B. Cabrera). Dominio público.

25. Juan 19:30, RVR 1960.

26. Lucas 9:23.

Capítulo 4: Postimaginar

1. Barnes, M. C. (2009). *The Pastor as Minor Poet: Texts and Subtexts in the Ministerial Life* [El pastor como poeta menor: Textos y trasfondos de la vida ministerial] (p. 46). Grand Rapids, MI: Eerdmans.

2. Crowe, C., Brooks, J. L., Mark, L. y Sakai, R. (productores) y Crowe, C. (director). (1996). *Jerry Maguire.* EE.UU.: TriStar Pictures.

3. Da Vinci, L. (1906). *Leonardo Da Vinci's Note-Books* [Los cuadernos de Leonardo Da Vinci] (Trad. al inglés por Edward McCurdy, p. 53). Londres: Duckworth.

4. van der Kolk, B. (2020). *El cuerpo lleva la cuenta: Cerebro, mente y cuerpo en la superación del trauma.* Barcelona: Editorial Eleftheria, S.L. (Del original en inglés *The Body Keeps the Score: Brain, Mind, and Body in the Healing of Trauma* (p. 146). Nueva York: Penguin Books, 2014.)

5. Juan 5:6.

6. Juan 5:14.

7. Steve Jobs, citado en Michaels, P. (30 de abril de 2002). Jobs: OS 9 Is Dead, Long Live OS X [Jobs: El OS 9 está muerto, larga vida al OS X»]. *Macworld.* Recuperado de www.macworld.com/article/1001445/06wwdc. html.

8. Génesis 35:4.

9. Génesis 12:6-7.

10. Mateo 26:34.

11. Apocalipsis 12:10.

12. 1 Pedro 5:8.

13. Mateo 5:44.

14. Lucas 6:27.

15. Lucas 6:28.

16. Mateo 5:41.

17. Mateo 5:39.

18. Juan 21:3.

19. Juan 21:15.

20. Juan 21:4, NTV.

21. Lamentaciones 3:22-23, NTV.

PARTE 2: Sácale jugo al día

1. Hechos 1:12-14.

2. Doran, L. (productora) y Forster, M. (director). (2006). *Más extraño que la ficción*. EE.UU.: Mandate Pictures.

3. Salmos 50:10.

4. Josué 3:5.

Hábito 3 – ¡Trágate ese sapo!

1. Eat a Live Frog Every Morning, and Nothing Worse Will Happen to You the Rest of the Day [Trágate un sapo vivo cada mañana y no podrá suceder te nada peor en el resto del día]. (3 de abril de 2013). *Quote Investigator*. Recuperado de https://quoteinvestigator.com/2013/04/03/eat-frog.

Capítulo 5: Acumulación de hábitos

1. McRaven, W. H. (2018). *Hazte la cama: Y otros pequeños hábitos que cambiarán tu vida y el mundo*. Barcelona: Editorial Planeta. (Del original en inglés: *Make Your Bed: Little Things That Can Change Your Life… and Maybe the World* (p. 1). Nueva York: Grand Central, 2017.)

2. Twyla Harp. (s.f.). En *Twyla Tharp Dance Foundation*. Recuperado el 6 de octubre de 2020 de www.twylatharp.org/bio.

3. Tharp, T. (2006). *The Creative Habit: Learn It and Use It for Life* [El hábito creativo: Apréndelo y utilízalo para la vida] (p. 15). Nueva York: Simon & Schuster.

4. Tharp, T. (2006). *The Creative Habit: Learn It and Use It for Life* [El hábito creativo: Apréndelo y utilízalo para la vida] (p. 14). Nueva York: Simon & Schuster.

5. Tharp, T. (2006). *The Creative Habit: Learn It and Use It for Life* [El hábito creativo: Apréndelo y utilízalo para la vida], (pp. 14-15). Nueva York: Simon & Schuster.

6. Esta secuencia aparece durante cada uno de los seis días de la creación en Génesis 1.

7. Efesios 4:26.

8. Hammerstein II, O. (1943). Oh, What a Beautiful Morning. En *Oklahoma!* [Musical].

9. Epstein, J. (28 de septiembre de 2002). Think You Have a Book in You? Think Again [«¿Piensas que tienes un libro en ti? Piénsalo de nuevo]. *New York Times*. Recuperado de www.nytimes.com/2002/09/28/opinion/think-you-have-a-book-in-you-think-again.html.

10. McRaven, W. H. (2018). *Hazte la cama: Y otros pequeños hábitos que cambiarán tu vida y el mundo*. Barcelona: Editorial Planeta. (Del original en inglés: *Make Your Bed: Little Things That Can Change Your Life… and Maybe the World*, (p. 111). Nueva York: Grand Central, 2017.)

11. R. A. Torrey, citado en Sweeting, G. y Sweeting, D. (1989). *Lessons from the Life of Moody* [Lecciones de la vida de Moody] (p. 129). Chicago: Moody.

12. Eben Pagan, citado en Elrod, H. (2016). *Mañanas milagrosas*. (p. 37) (Del original en inglés: *The Miracle Morning* (p. 37)).

13. Stilwell, B. (25 de marzo de 2019). Here's What NASA Says Is the Perfect Length for a Power Nap [La NASA dice cuál es la duración perfecta de una buena siesta]. *Business Insider*. Recuperado de www.businessinsider.com/nasa-research-found-the-perfect-length-for-a-power-nap-2019-3.

14. Swanson, R. (2019). *The Strenuous Life: Theodore Roosevelt and the Making of the American Athlete* [Una vida agotadora: Theodore Roosevelt

y la formación del atleta estadounidense] (p. 16). Nueva York: Diversion Books.

15. Deuteronomio 6:7, NTV.

16. Deuteronomio 6:7, NTV.

17. Berger, S. (23 de febrero de 2018). These Are the States with the Longest and Shortest Commutes–How Does Yours Stack Up? [Estos son los estados con los trayectos diarios más largos y más cortos: ¿Cómo es el tuyo?]. *CNBC*. Recuperado de www.cnbc.com/2018/02/22/study-states-with-the-longest-and-shortest-commutes.html.

18. Salmos 37:26, RVR 1960.

19. Salmos 119:164.

20. Salmos 57:8.

21. Daniel 6:10.

22. Marcos 11:12-14.

23. Carroll, L. (2018). *A través del espejo y lo que Alicia encontró allí*. Barcelona: Austral. (Del original en inglés: *Through the Looking-Glass and What Alice Found There* (pp. 48, 50). Philadelphia: Henry Altemus, 1897.)

24. Sword, R. K. M. y Zimbardo, P. (9 de febrero de 2013). Hurry Sickness [La enfermedad del apuro]. *Psychology Today*. Recuperado de www.psychologytoday.com/us/blog/the-time-cure/201302/hurry-sickness.

25. Peterson, E. H. (1994). *Under the Unpredictable Plant: An Exploration in Vocational Holiness* [Bajo la planta impredecible: Una exploración en la santidad vocacional] (p. 50). Grand Rapids, MI: Eerdmans.

26. Nouwen, H. J. M. (1985). *Diario de Genesee: Reportaje desde un monasterio trapense*. Buenos Aires: Editorial Guadalupe. (Del original en inglés: *The Genesee Diary: Report from a Trappist Monastery* (p. 14). Nueva York: Doubleday, 1981.)

27. Leventhal, H., Singer, R. y Jones, S. (1965). Effects of Fear and Specificity of Recommendation upon Attitudes and Behavior [Efectos del miedo y la recomendación particular acerca de las actitudes y el comportamiento] (pp. 20-29). *Journal of Personality and Social Psychology* 2, no. 1.

Capítulo 6: La rutina de la excelencia

1. Electrificado. [Original en inglés: «Electrified»]. (s.f). En David Blaine. Recuperado de https://davidblaine.com/electrified.

2. Smith, J. (23 de mayo de 2018). David Blaine's Grossest, Most Disturbing Magic Tricks [Los trucos de magia más asquerosos y perturbadores de David Blaine]. *Ranker.* Recuperado de www.ranker.com/list/grossest-david-blaine-magic-tricks/jodi-smith.

3. Blaine, D. (octubre de 2009). How I Held My Breath for 17 Minutes [Cómo contuve la respiración durante 17 minutos]. TED. Recuperado de https://www.ted.com/talks/david_blaine_how_i_held_my_breath_for_17_minutes/transcript?language=es.

4. Nietzsche, F. (2018). *Humano, demasiado humano: Un libro para pensadores libres.* Madrid: Editorial Verbum. (Del original en inglés: *Human, All Too Human: A Book for Free Spirits* (Trad. R. J. Hollingdale, p. 80). Cambridge: Cambridge University Press, 1996.)

5. Nietzsche, F. (2018). *Humano, demasiado humano: Un libro para pensadores libres.* Madrid: Editorial Verbum. (Del original en inglés: *Human, All Too Human: A Book for Free Spirits* (Trad. R. J. Hollingdale, p. 100). Cambridge: Cambridge University Press, 1996.)

6. Duckworth, A. (2016). *Grit: El poder de la pasión y la perseverancia.* Barcelona: Ediciones Urano. (Del original en inglés: *Grit: The Power of Passion and Perseverance* (p. 39). Nueva York: Scribner.)

7. Blaine, D. (octubre de 2009). How I Held My Breath for 17 Minutes [Cómo contuve la respiración durante 17 minutos]. TED. Recuperado de https://www.ted.com/talks/david_blaine_how_i_held_my_breath_for_17_minutes/transcript?language=es.

8. Chambliss, D. F. (1989). The Mundanity of Excellence: An Ethnographic Report on Stratification and Olympic Swimmers [La rutina de la excelencia: Un informe etnográfico acerca de la estratificación y los nadadores olímpicos] (7 no. 1, p. 78). *Sociological Theory.* Recuperado de https://academics.hamilton.edu/documents/themundanityofexcellence.pdf.

9. Citado en Livesay, J. (19 de febrero de 2019). The Success Secret Leaders Can Borrow from Michael Phelps [El secreto del éxito que los líderes pueden adoptar de Michael Phelps]. *Forbes.* Recuperado de www.forbes.com/sites/forbescoachescouncil/2019/02/19/

the-success-secret-leaders-can-borrow-from-michael-phelps/#549a-693262db.

10. Éxodo 20:8.

11. Chambliss, D. F. (1989). The Mundanity of Excellence: An Ethnographic Report on Stratification and Olympic Swimmers [La rutina de la excelencia: Un informe etnográfico acerca de la estratificación y los nadadores olímpicos] (7 no. 1, p. 81). *Sociological Theory*. Recuperado de https://academics.hamilton.edu/documents/themundanityofexcellence.pdf.

12. Visualize Your Victory W/ Phil Mickelson [«Visualice su Victoria con Phil Mickelson»]. (s.f.). *The Ed Mylett Show*. Recuperado de https://podcast-gang.com/podcast/ed-mylett-show/310890342872254.

13. Koehrsen, W. (6 de agosto de 2019). The Mundanity of Excellence: Talent Does Not Determine Success and Why That Terrifies People [La rutina de la excelencia: El talento no determina el éxito, ¿por qué esto aterra a las personas?]. *Medium*. Recuperado de https://medium.com/@williamkoehrsen/the-mundanity-of-excellence-talent-does-not-determine-success-and-why-that-terrifies-people-146a67e69f71.

14. Horst Schulze, H. (2019). *Excellence Wins: A No-Nonsense Guide to Becoming the Best in a World of Compromise* [La excelencia gana: Una guía sensata para ser el mejor en un mundo de compromisos] (pp. 19-21). Grand Rapids, MI: Zondervan.

15. McRaven, W. H. (2018). *Hazte la cama: Y otros pequeños hábitos que cambiarán tu vida y el mundo*. Barcelona: Editorial Planeta. (Del original en inglés: *Make Your Bed: Little Things That Can Change Your Life... and Maybe the World*, (p. 111). Nueva York: Grand Central, 2017.)

16. Earl Nightingale, citado en Byron, P. (15 de febrero de 2019). An Extra Hour Learning per Day Will Bring Success Your Way [Una hora adicional de aprendizaje por día te dará éxito en tu caminar]. *Medium*. Recuperado de https://medium.com/swlh/an-extra-hour-learning-per-day-will-bring-success-your-way-6ac69ac47fbb.

17. Rowdy Gaines, citado en Duckworth, A. (2016). *Grit: El poder de la pasión y la perseverancia*. Barcelona: Ediciones Urano. (Del original en inglés: *Grit: The Power of Passion and Perseverance* (p. 132). Nueva York: Scribner.)

18. Gladwell, M. (2008). *Fuera de serie*. Madrid: Santillana. (Del original en inglés: *Outliers: The Story of Success* (p. 249). Nueva York: Little, Brown, 2008.)

19. Palmer, T. H. (1840). *The Teacher's Manual: Being an Exposition of an Efficient and Economical System of Education, Suited to the Wants of a Free People* [El manual del maestro: Una exposición de un sistema de educación eficiente y económico, adecuado a las necesidades de un pueblo libre] (p. 223). Boston: Marsh, Capen, Lyon, and Webb.

20. Goldsmith, M. (2016). *Disparadores: Cómo cambiar tu conducta para ser la persona que quieras ser*. Barcelona: Empresa Activa. (Del original en inglés: *Triggers: Creating Behavior That Lasts, Becoming the Person You Want to Be* (pp. 9-10). Nueva York: Crown Business, 2015.)

21. Orquesta filarmónica de Londres y David Parry. (2009). En*The 50 Greatest Pieces of Classical Music* [album]. Londres: X5 Music Group.

22. Grant, A. (2017). *Originales: Cómo los innovadores e inconformes mueven el mundo*. Bogotá: Paidós Colombia. (Del original en inglés: *Originals: How Non-Conformists Move the World* (p. 36). Nueva York: Penguin Books, 2017.)

23. False positives and false negatives [Falsos positivos y falsos negativos]. (11 de abril de 2020). En *Wikipedia*. Recuperado de https://en.wikipedia.org/wiki/False_positives_and_false_negatives.

24. Grant, A. (2017). *Originales: Cómo los innovadores e inconformes mueven el mundo*. Bogotá: Paidós Colombia. (Del original en inglés: *Originals: How Non-Conformists Move the World* (pp. 34-35). Nueva York: Penguin Books, 2017.)

25. Walters, G. (productor) y Stanton, A. (director). (2003). *Buscando a Nemo*. EE. UU.: Pixar Animation Studios.

26. Shaw, G. B. (2000). *La profesión de la Señora Warren*. Buenos Aires: Editorial Andrés Bello. (Del original en inglés: *Mrs. Warren's Profession: An Unpleasant Play* (p. 41). Nueva York: Brentano's, 1914.)

Hábito 4 – Remonta la cometa

1. Parque Estatal de las Cataratas del Niágara. (s.f.). *Facts About Niagara Falls* [Datos sobre las Cataratas del Niágara]. Niagara Falls State

Park. www.niagarafallsstatepark.com/niagara-falls-state-park/amazing-niagara-facts.

2. Kratts, M. A. (5 de marzo de 2012). *The Cementation of the Dead; the Story of Theodore Graves Hulett's Most Curious Work in Oakwood Cemetery* [La cementación de los muertos; la historia de la obra más curiosa de Theodore Graves Hulett en el cementerio de Oakwood]. *Oakwood Niagara.* https://oakwoodniagara.org/kratts-korner/2012/3/15/the-cementation-of-the-dead-the-story-of-theodore-graves-hul.html.

3. Robinson, M. (2005). *The Kite That Bridged a River* [La cometa que cruzó el río]. *Kite History.* www.kitehistory.com/Miscellaneous/Homan_Walsh.htm.

4. Citado en Niagara Suspension Bridge [Puente colgante del Niágara]. (12 de febrero de 1848). En *American Railroad Journal* (4, no. 7, p. 98).

5. Zacarías 4:10, NVI

Capítulo 7: Haz de cada día una obra maestra

1. John Wooden. (s.f). Encyclopedia Britannica [versión electrónica]. Encyclopaedia Britannica Inc., http://britannica.com; Coach Wooden. (2020). *The Journey* [El viaje]. www.coachwooden.com/the-journey; Penner, M. (14 de octubre de 2009). 99 Things About John Wooden [99 cosas acerca de John Wooden]. *Los Angeles Times.* Recuperado de www.latimes.com/archives/la-xpm-2009-oct-14-sp-john-wooden14-story.html.

2. Hartman, S. (5 de junio de 2010). Wooden Missed Chance to Coach at U [Wooden perdió la oportunidad de entrenar en U]. *Star Tribune.* Recuperado de www.startribune.com/wooden-missed-chance-to-coach-for-gophers/95702419; UCLABruins. (2013). *John Wooden: Preparing for UCLA, Arriving in Westwood* [John Wooden: Preparándose para UCLA y aterrizando en Westwood]. https://uclabruins.com/sports/2013/4/17/208274581.aspx.

3. Putz, P. (17 de mayo de 2017). John Wooden's Homespun Creed Was Not So Homespun [El credo de familiar de John Wooden no era tan familiar]. *Slate.* Recuperado de https://slate.com/culture/2017/05/john-woodens-seven-point-creed-came-from-a-1931-magazine-article.html.

4. No estoy seguro de quién creó esta metáfora, pero Stephen Covey la predicaba muy bien. Ver Covey, S. R. (2015). *Los 7 hábitos de la gente*

altamente efectiva: Lecciones magistrales sobre el cambio personal (Ed. rev. y act.). Buenos Aires: Ediciones Paidós. (Del original en inglés: *The 7 Habits of Highly Effective People: Powerful Lessons in Personal Change* (Ed. rev., p. 112). Nueva York: Simon & Schuster, 2020.)

5. Ramsey, D. (2008). *La transformación total de su dinero: Un plan efectivo para alcanzar bienestar económico.* Nashville, Tennessee: Grupo Nelson. (Del original en inglés: *The Total Money Makeover: A Proven Plan for Financial Fitness* (p. 31) Nashville: Thomas Nelson, 2009.)

6. Génesis 1:10, 12, 18, 21, 25, RVR 1960.

7. Génesis 1:31, RVR 1960.

8. Franklin Institute. (s.f.).*Blood Vessels* [Vasos sanguíneos].www.fi.edu/heart/blood-vessels.

9. Starr, B. (2 de febrero de 2009). A Long and Winding DNA [Un largo y serpenteante ADN]. *KQED.* Recuperado de www.kqed.org/quest/1219/a-long-and-winding-dna.

10. Albert Einstein. (5 de junio de 2020). En *Wikiquote.* https://en.wikiquote.org/wiki/Albert_Einstein.

11. Viorst, J. (2009). *Alexander y el día terrible, horrible, espantoso, horroroso.* Paw Prints.

12. Roosevelt, T. (1988). Foreword to *A Book-Lover's Holidays in the Open, and On an East African Ranch* [Preámbulo para las vacaciones al aire libre de un amante de los libros], citado en William Beebe (Ed.), *The Book of Naturalists: An Anthology of the Best Natural History* [El libro de los naturalistas: una antología de la mejor historia natural] (p. 234). Princeton, NJ: Princeton University Press.

13. Génesis 1:3.

14. Proverbios 6:6.

15. John Wooden, en Wooden, J. y Jamison, S. (2010). *The Wisdom of Wooden: My Century on and off the Court* [La sabiduría de Wooden: Mi siglo dentro y fuera de la cancha]. Nueva York: McGraw-Hill.

16. Sporting News Honors Wooden [Sporting News honra a Wooden]. (29 de julio de 2009). *ESPN.* Recuperado de www.espn.com/mens-college-basketball/news/story?id=4365068.

17. Walton, B. (2017). *Back from the Dead* [Volver de la muerte] (p. 70). Nueva York: Simon & Schuster Paperbacks.

18. Wooden, J. (1997). *Wooden: A Lifetime of Observations and Reflections on and off the Court* [Wooden: una vida de observaciones y reflexiones dentro y fuera de la cancha] (p. 63). Nueva York: McGraw-Hill.

19. Lucas 16:10, NTV.

20. 1 Reyes 7:20, NTV.

21. Sayers, D. L. (2004). Why Work? [¿Por qué trabajar?]. *Letters to a Diminished Church: Passionate Arguments for the Relevance of Christian Doctrine* [Cartas a una iglesia mermada: Argumentos apasionados sobre la relevancia de la doctrina cristiana] (p. 132). Nashville: W Publishing.

22. Colosenses 3:23.

23. King Jr. M. L. (2000). Facing the Challenge of a New Age [Enfrentando el desafío de una Nueva Era] (Discurso en el mitin de la Asociación Nacional para el Progreso de las Personas de Color, NAACP por sus siglas en inglés, del Día de la Emancipación en Atlanta, GA, el 1 de junio de 1957). En C. Carson (Ed.) *The Papers of Martin Luther King Jr.* [Los documentos de Martin Luther King Jr.] (*Symbol of the Movement: January 1957-December 1958* [Símbolo del movimiento: enero 1957-diciembre 1958] (vol. 4, p. 79). Berkeley: University of California Press.

24. Streit, K. (23 de abril de 2018). 15 Facts You Never Knew About Fred Rogers [Quince hechos que jamás supo sobre Fred Rogers]. *Simplemost.* Recuperado de www.simplemost.com/mister-rogers-neighborhood-facts.

25. John Wooden, citado en Maxwell, J. C. (2005). *Hoy es importante: 12 prácticas diarias para garantizar el éxito del mañana.* Miami, FL: Editorial Unilit. (Del original en inglés: *Today Matters: 12 Daily Practices to Guarantee Tomorrow's Success* (p. 34). Nueva York: Warner Faith, 2004.

26. Stein Jr. A. (mayo de 2019). Cadrecon Conference.

26. Stain, Alan Jr., Conferencias Crade Con, mayo de 2018

27. Manfred, T. (23 de febrero de 2013). 16 Examples of Kobe Bryant's Insane Work Ethic [16 ejemplos de la ética de trabajo descabellada de Kobe Bryant]. *Business Insider.* Recuperado de www.businessinsider.com/kobe-bryant-work-ethic-2013-2#he-says-he-taught-himself-to-play-beethovens-moonlight-sonata-on-piano-by-ear-11.

28. Kobe Bryant, citado en Lintag, P. K. (25 de junio de 2016). So What Does Mamba Mentality Really Mean? [¿Y entonces qué significa en realidad la mentalidad Mamba?]. *ABS-CBN Sports*. Recuperado de https://sports.abs-cbn.com/basketball/news/2016/06/25/so-mamba-mentality-really-mean-12684.

29. Bryant, K. (29 de noviembre de 2015). Dear Basketball [Querido baloncesto]. *Players' Tribune*. Recuperado de www.theplayerstribune.com/en-us/articles/dear-basketball.

30. Kobe Bryant, citado en Davis, S. y Perrett, C. (26 de enero de 2020). Kobe Bryant Was Known for His Intense Work Ethics, Here Are 24 Examples [Kobe Bryant fue conocido por su ética del trabajo intenso, y aquí hay 24 ejemplos de ello]. *Business Insider*. Recuperado de www.businessinsider.com/kobe-bryant-insane-work-ethic-2013-8.

31. Mateo 25:23.

Capítulo 8: Kaizen

1. Smiles, S. (1905). *Ayúdate (self-help) con ejemplos sobre el carácter, la conducta y la perseverancia*. París: Garnier hermanos.

2. Liker, J. K. (2000, 2019). *Las claves del éxito de Toyota: 14 principios de gestión del fabricante más grande del mundo*. Barcelona: Gestión. (Del original en inglés: *The Toyota Way: 14 Management Principles from the World's Greatest Manufacturer* (p. 16). Nueva York: McGraw-Hill, 2004.)

3. Toyota Net Worth [Toyota valor neto]. (s.f.). *Celebrity Net Worth*. Recuperado dewww.celebritynetworth.com/richest-businessmen/companies/toyotas-net-worth.

4. Éxodo 23:30.

5. Éxodo 23:29.

6. Éxodo 23:30.

7. Éxodo 23:29.

8. Esta fórmula combina ideas provenientes de una variedad de libros, incluyendo los siguientes: Epstein, D. (2019). *Amplitud: por qué los generalistas triunfan en un mundo especializado*. Argentina: Empresa Activa; Ericsson, A. y Pool, R. (2017). *Número uno: Secretos para ser mejor en lo que nos propongamos*. Barcelona: Conecta; y Clear, J. (2019). *Hábitos atómicos: un*

método sencillo y comprobado para desarrollar buenos hábitos y eliminar los malos. Ciudad de México: Paidós.

9. Margaret Thatcher. (s.f.). En *Goodreads*. Recuperado el 6 de octubre de 2020 de www.goodreads.com/quotes/66737-look-at-a-day-when-you-are-supremely-satisfied-at.

10. Bjork, R. A. (1994). Institutional Impediments to Effective Training [Obstáculos institucionales para un entrenamiento eficaz] (epílogo) en D. Druckman y R. A. Bjork (Eds.), *Learning, Remembering, Believing: Enhanced Human Performance* [Aprender, recordar, creer: desempeño humano mejorado] (p. 299). Washington, DC: National Academy Press.

11. Desirable difficulty [Dificultad deseable]. (25 de agosto de 2020). En *Wikipedia*. https://en.wikipedia.org/wiki/Desirable_difficulty.

12. Santiago 1:2-4.

13. Salmos 84:7, RVR 1960.

14. Citado en Askwith, R. (2017). *Today We Die a Little!* [¡El día de hoy morimos un poquito!] (p. 136). London: Yellow Jersey Press.

15. Emil Zátopek, citado en Broadbent, R. (2016). *Endurance: The Extraordinary Life and Times of Emil Zátopek* [Resistencia: la extraordinaria vida de Emil Zátopek] (p. 218). London: John Wisden.

16. Emil Zátopek, citado en Askwith, R. (2017). *Today We Die a Little!* [¡El día de hoy morimos un poquito!] (p. 199). London: Yellow Jersey Press.

17. Emil Zátopek, citado en Askwith, R. (2017). *Today We Die a Little!* [¡El día de hoy morimos un poquito!] (p. 293). London: Yellow Jersey Press.

18. Lucas 9:23.

19. Finney, B. (25 de octubre de 2019). Washington Nationals' 'Go 1-0 today' Mantra More Important than Ever with World Series Lead [El mantra del «vamos por el 1-0 hoy» es más importante que nunca en la Serie Mundial]. *SBNation Federal Baseball*. www.federalbaseball.com/2019/10/25/20931340/washington-nationals-go-1-0-today-mantra-more-important-than-ever-world-series-lead.

Parte 3: Imagina mañanas por nacer

1. 2 Corintios 10:5.

2. Efesios 2:10, NTV.

3. Bialik H. N. y Ravnitzy, Y. H. (Eds.). (1992). *The Book of Legends-Sefer Ha-Aggadah: Legends from the Talmud and Midrash* [El libro de las leyendas Sefer Ha-Aggadah: Leyendas del Talmud y el Midrash] (Trad. W. G. Braude, p. 16). Nueva York: Schocken.

4. Efesios 3:20.

Hábito 5 – Corta la cuerda

1. Mateo 14:25-32.

2. Paumgarten, N. (28 de julio de 2014). Up and Then Down: The Lives of Elevators [Arriba y abajo: Las vidas de los ascensores]. *New Yorker.* www.newyorker.com/magazine/2008/04/21/up-and-then-down.

3. Otis. (s.f.). *Escalators and Moving Walks* [Ascensores y escaleras mecánicas]. https://www.otis.com/en/us/products-services/products/escalators-and-moving-walks.

Capítulo 9: El adyacente posible

1. Bascomb, N. (22 de octubre de 2019). Skyscrapers: An Upward Journey [Rascacielos: un viaje hacia arriba]. *DELL Technologies.* www.delltechnologies.com/en-us/perspectives/podcasts-trailblazers-s04-e03.

2. Walter Chrysler, citado por Bascomb, N. (22 de octubre de 2019). Skyscrapers: An Upward Journey [Rascacielos: un viaje hacia arriba]. *DELL Technologies.* www.delltechnologies.com/en-us/perspectives/podcasts-trailblazers-s04-e03.

3. Proverbios 27:1.

4. Kauffman, S. (9 de noviembre de 2003). The Adjacent Possible: A Talk with Stuart Kauffman [El adyacente posible: una charla con Stuart Kauffman]. *Edge.org.* www.edge.org/conversation/stuart_a_kauffman-the-adjacent-possible.

5. Efesios 4:26.

6. Hechos 16:7-10.

7. Marcos 12:30-31.

8. Mateo 5-7.

9. Filipenses 4:13.

10. Juan 2:1-10.

11. Juan 6:35; 8:12; 10:9; 15:5; 10:11; 11:25; 14:6.

12. Juan 6:1-13.

13. Juan 9:1-7.

14. Génesis 1:3; Juan 11:1-44.

15. Éxodo 14:26-31.

16. 2 Reyes 6:1-7.

17. Josué 10:12-14.

18. Johnson, S. (25 de septiembre de 2010). The Genius of the Tinkerer [El genio de las reparaciones]. *Wall Street Journal*. www.wsj.com/articles/SB10001424052748703989304575503730101860838.

19. Romanos 8:37.

20. Hebreos 11:1.

21. Hevesi, D. (23 de julio de 1986). Off the Brooklyn Bridge and into History [Saltando del Puente de Brooklyn y entrando en la historia]. *New York Times*. www.nytimes.com/1986/07/23/nyregion/off-the-brooklyn-bridge-and-into-history.html.

Capítulo 10: El gran gesto

1. Staw, B. M. (1976). Knee-Deep in the Big Muddy: A Study of Escalating Commitment to a Chosen Course of Action [Con el barro hasta las rodillas: Un estudio sobre incrementar el compromiso hasta alcanzar un curso de acción deseado]. En *Organizational Behavior and Human Performance* (16, no. 1, pp. 27-44.)

2. Mateo 6:27

3. J. K. Rowling, citada en Newton, C. *Deep Work: Rules for Focused Success in a Distracted World* [Trabajo profundo: reglas para el éxito concentrado en un mundo distraído] (p. 122). Nueva York: Grand Central.

4. Fastest-Selling Book of Fiction in 24 Hours [La venta acelerada de un libro de ficción en 24 horas»]. (s.f.). *Guinness World Records*. www.guinnessworldrecords.com/world-records/fastest-selling-book-of-fiction-in-24-hours; Rich, M. (22 de julio de 2007). Record First-Day Sales for Last 'Harry Potter' Book [Récord de ventas el primer día para el último

libro de Harry Potter]. *New York Times.* www.nytimes.com/2007/07/22/books/22cnd-potter.html; «Harry Potter and the Deathly Hallows» Breaks Records [Harry Potter y «Las reliquias de la muerte» bate todos los récords]. (24 de julio de 2007). *Fox News.* www.foxnews.com/story/harry-potter-and-the-deathly-hallows-breaks-records.

5. Newport, C. (2016). *Deep Work: Rules for Focused Success in a Distracted World* [Trabajo profundo: reglas para el éxito concentrado en un mundo distraído] (p. 122). Nueva York: Grand Central.

6. Josué 6:2-5; 1 Reyes 19:21; Ezequiel 4:4-5; Mateo 2:1-2; Mateo 4:18-20; Hechos 19:17-19.

7. Mateo 27:24.

8. William Ellery Channing, citado en Packer, B. L. (2007). *The Transcendentalists* [Los trascendentalistas] (p. 183). Atenas: University of Georgia Press.

9. Thoreau, H. D. (1897). *Walden* (p. 143). Boston: Houghton, Mifflin.

10. Albert Einstein, citado en Miller, W. (2 de mayo de 1955). Old Man's Advice to Youth: «Never Lost a Holy Curiosity» [Un consejo de un anciano a la juventud: Nunca pierdan la curiosidad santa] (p. 64). *Life.*

11. Mateo 25:23.

12. Franklin, B. (1858). *El camino de la fortuna.* Caracas. (Del original en inglés: *The Way to Wealth* (p. 14). London: W. and T. Darton, 1810.)

13. Mark Twain, citado en Never Put Off till Tomorrow What You Can Do the Day After Tomorrow Just as Well [No dejes para mañana lo que puedes hacer pasado mañana]. (23 de enero de 2013.) *Quote Investigator.* https://quoteinvestigator.com/2013/01/17/put-off.

14. Buechner, F. (1989). *The Alphabet of Grace* [El alfabeto de la gracia] (p. 39). Nueva York: HarperCollins.

15. Buechner, F. (1989). *The Alphabet of Grace* [El alfabeto de la gracia] (p. 40). Nueva York: HarperCollins.

16. Gálatas 2:20.

17. Buechner, F. (1989). *The Alphabet of Grace* [El alfabeto de la gracia] (p. 40). Nueva York: HarperCollins.

18. Santiago 4:17.

19. Josué 6:1-2.

20. Juan 6:5, PDT.

21. Juan 6:6, PDT.

22. Salmos 13:1.

23. Deuteronomio 24:13.

24. Génesis 17:26. RVR 1960

25. Hebreos 3:15.

Hábito 6 – Ajusta el reloj

1. McCullough, D. (2017). Simon Willard's Clock [El reloj de Simon Williard]. En *The American Spirit: Who We Are and What We Stand For* [El espíritu americano: Quiénes somos y por qué cosas peleamos] (p. 14). Nueva York: Simon & Schuster.

2. Pedro 3:8.

3. Efesios 2:10.

4. Proverbios 16:9.

5. Piper, J. (2011). *No desperdicies tu vida.* Grand Rapids, MI: Editorial Portavoz. (Del original en inglés: *Don't Waste Your Life* (p. 19). Wheaton, IL: Crossway Books.)

6. McCullough, D. (2017). Simon Willard's Clock [El reloj de Simon Williard]. En *The American Spirit: Who We Are and What We Stand For* [El espíritu americano: Quiénes somos y por qué cosas peleamos] (p. 12). Nueva York: Simon & Schuster.

7. Efesios 5:16.

8. Browning, E. B. (1979). *Aurora Leigh: A Poem* [Aurora Leigh, un poema] (p. 265). Chicago: Academy Chicago.

Capítulo 11: A contrarreloj

1. Goldberg, P. (1990). *The Babinski Reflex: And 70 Other Useful and Amusing Metaphors from Science, Psychology, Business, Sports... and Everyday Life* [El reflejo de Babinski: y 70 otros usos prácticos y metáforas entretenidas de la ciencia, psicología, deportes y la vida cotidiana] (pp. 18-99). Los Ángeles: Jeremy P. Tarcher.

2. Salmos 118:24, RVR 1960.

3. The Digital Universe of Opportunities: Rich Data and the Increasing Value of the Internet of Things [El universo digital de las oportunidades: la data digital y el valor creciente del internet de las cosas]. (abril de 2014). *EMC*. www.emc.com/leadership/digital-universe/2014iview/executive-summary.htm.

4. Dalman, R. (12 de mayo de 2016). The Real Cost of Interruptions at Work [El costo real de las interrupciones en el trabajo]. *People HR*. www.peoplehr.com/blog/2016/05/12/the-real-cost-of-interruptions-at-work.

5. Salim, S. (4 de enero de 2019). How Much Time Do You Spend on Social Media? Research Says 142 Minutes per Day [¿Cuánto tiempo pasa en las redes sociales? Las investigaciones aseguran que 142 minutos al día]. *Digital Information World*. www.digitalinformationworld.com/2019/01/how-much-time-do-people-spend-social-media-infographic.html.

6. Donnelly, B. G. (2007). People in Big Cities Walk Faster [La gente que vive en grandes ciudades camina más rápido]. *Smart Cities Dive*. www.smartcitiesdive.com/ex/sustainablecitiescollective/people-big-cities-walk-faster/1022061.

7. Szymborska, W. The Three Oddest Words [Las tres palabras más raras]. *Nobel Prize*. www.nobelprize.org/prizes/literature/1996/szymborska/25558-poetry-1996-7.

8. Herrick, R. (1983). To the Virgins, to Make Much of Time [A las vírgenes, para que aprovechen el tiempo]. *Poetry Foundation*. www.poetryfoundation.org/poems/46546/to-the-virgins-to-make-much-of-time.

9. Langer, E. J. (2009). *Atrasa tu reloj: el poder de la posibilidad aplicado a la salud*. (cubierta). Barcelona Rigden-Institut Gestalt.0.

10. Langer, E. J. (2009). *Atrasa tu reloj: el poder de la posibilidad aplicado a la salud*. Barcelona: Rigden-Institut Gestalt. (Del original en inglés: *Counterclockwise: Mindful Health and the Power of Possibility* (p. 5). Nueva York: Ballantine Books.)

11. Langer, E. J. (2009). *Atrasa tu reloj: el poder de la posibilidad aplicado a la salud*. Barcelona: Rigden-Institut Gestalt. (Del original en inglés: *Counterclockwise: Mindful Health and the Power of Possibility* (pp. 8-9). Nueva York: Ballantine Books.)

12. Josué 14:11.

13. Langer, E. J. (2009). *Atrasa tu reloj: el poder de la posibilidad aplicado a la salud.* Barcelona: Rigden-Institut Gestalt. (Del original en inglés: *Counterclockwise: Mindful Health and the Power of Possibility* (p. 10). Nueva York: Ballantine Books.)

14. Friedman, L. F. (6 de abril de 2015). A Radical Experiment Tried to Make Old People Young Again-and the Results Were Astonishing [Un experimento radical intentó hacer que las personas mayores rejuvenecieran, y los resultados fueron asombrosos]. *Business Insider.* www.businessinsider. com/ellen-langers-reversing-aging-experiment-2015-4.

15. Langer, E. J. (2009). *Atrasa tu reloj: el poder de la posibilidad aplicado a la salud.* Barcelona: Rigden-Institut Gestalt. (Del original en inglés: *Counterclockwise: Mindful Health and the Power of Possibility* (p. 11). Nueva York: Ballantine Books.)

16. Proverbios 23:7, RVR 1960.

17. Génesis 39:10, NTV.

18. Carnegie, D. (2017). *Cómo suprimir las preocupaciones y disfrutar de la vida.* CreateSpace. (Del original en inglés: *How to Stop Worrying and Start Living: Time-Tested Methods for Conquering Worry* (Ed. rev., p. 101). Nueva York: Pocket Books, 2004.)

9. Joseph Dispenza, citado en Arntz, W., Chasse, B. y Vicente, M. (productores y directores). (2004). *What the Bleep Do We Know?* [¿Qué rayos sabemos nosotros?]. EE.UU.: Gravitas. 20. Mateo 18:3.

19. Joseph Dispenza, citado en What the Bleep Do We Know? [¿Qué rayos sabemos?], dirigida por William Arntz, Betsy Chasse y Mark Vicente, Gravitas, 2004.

20. Mateo 18: 3

21. Albom, M. (2017). *Tuesdays with Morrie: An Old Man, a Young Man, and Life's Greatest Lesson* [Martes con Morrie: Un viejo, un joven y las mayores lecciones de vida] (p. 118). Nueva York: Broadway Books.

22. Albom, M. (2017). *Tuesdays with Morrie: An Old Man, a Young Man, and Life's Greatest Lesson* [Martes con Morrie: Un viejo, un joven y las mayores lecciones de vida] (p. 118). Nueva York: Broadway Books.

23. Albom, M. (2017). *Tuesdays with Morrie: An Old Man, a Young Man, and Life's Greatest Lesson* [Martes con Morrie: Un viejo, un joven y las mayores lecciones de vida] (pp. 120-121). Nueva York: Broadway Books.

24. Números 13:30.

25. Josué 14:12, RVR 1960.

26. Elise Boulding, citado en Fisher, R. (9 de enero de 2019). The Perils of Short-Termism: Civilisation's Greatest Threat [Los peligros del cortoplacismo: la mayor amenaza a la civilización]. *BBC.* www.bbc.com/future/article/20190109-the-perils-of-short-termism-civilisations-greatest-threat.

27. Showalter, S. (1 de marzo de 2018). The 200-Year Present: A Way to Lengthen Your Days [El presente de 200 años: Una forma de alagar tus días]. *Discover the Power of Writing Your Story.* https://shirleyshowalter.com/the-200-year-present-a-way-to-lengthen-your-days.

Capítulo 12: Caza por persistencia

1. Young, E. (23 de julio de 2013). It's a Myth That Cheetahs Overheat While Hunting [Es un mito que los guepardos se sobrecalientan mientras están cazando]. *National Geographic.* www.nationalgeographic.com/science/phenomena/2013/07/23/its-a-myth-that-cheetahs-overheat-while-hunting.

2. Frederick Schwatka, citado en Crockett, D. (3 de julio de 2019). The Tarahumara Ultrarunners [Los ultramaratonistas tarahumara]. *Ultrarunning History.* http://ultrarunninghistory.com/tarahumara.

3. Crockett, D. (3 de julio de 2019). The Tarahumara Ultrarunners [Los ultramaratonistas Tarahumara]. *Ultrarunning History.* http://ultrarunninghistory.com/tarahumara.

4. Citado en Crockett, D. (3 de julio de 2019). The Tarahumara Ultrarunners [Los ultramaratonistas tarahumara]. *Ultrarunning History.* http://ultrarunninghistory.com/tarahumara.

5. Crockett, D. (3 de julio de 2019). The Tarahumara Ultrarunners [Los ultramaratonistas tarahumara]. *Ultrarunning History.* http://ultrarunninghistory.com/tarahumara.

6. Schwatka, F. (1893). *In the Land of Cave and Cliff Dwellers* [En la tierra de los moradores de cuevas y acantilados] (p. 239). Nueva York: Cassell. https://babel.hathitrust.org/cgi/pt?id=loc.ark:/13960/t2q53d123&view=1up&seq=257.

7. Will Smith, entrevista con Tavis Smiley. CTE Talks Life. (4 de diciembre de 2017). Will Smith Segment on Tavis Smiley [El segmento de Tavis Smiley con Will Smith] [Archivo de video]. Youtube. www.youtube.com/watch?v=VH6mPeQfRLY.

8. Louis Liebenberg, citado en McDougall, C. (2011). *Born to Run: A Hidden Tribe, Superathletes, and the Greatest Race the World Has Never Seen* [Nacidos para correr: Una tribu escondida, superatletas y la mayor carrera que el mundo haya visto] (p. 236). Nueva York: Vintage Books.

9. 1 Samuel 14:6, RVR1960.

9. Samuel 14:6

10. Ester 2:21.

11. Hechos 10:3.

12. Clear, J. (s.f.). *Rome Wasn't Built in a Day, but They Were Laying Bricks Every Hour* [Roma no se construyó en un día, pero estuvieron poniendo ladrillos a cada hora], https://jamesclear.com/lay-a-brick.

13. Citado en Kraus, S. J. (2002). *Psychological Foundations of Success: A Harvard-Trained Scientist Separates the Science of Success from Self-Help Snake Oil* [Fundamentos psicológicos del éxito: un científico de Harvard separa la ciencia del éxito de la charlatanería de la autoayuda] (p. 110). San Francisco: Next Level Sciences

14. Chambers, O. (2019). *En pos de lo supremo* (edición clásica). Barcelona: Editorial Clie.

15. Números 14:34.

16. Salmos 84:10.

17. 2 Pedro 3:8.

18. Pablo Casals, citado en I Feel That I Am Making Daily Progress [Siento que estoy haciendo progresos diarios]. *Quote Investigator.* https://quoteinvestigator.com/2014/02/12/casals-progress.

19. Peterson, E. H. (2005). *Una obediencia larga en la misma dirección: el discipulado en una sociedad instantánea.* Miami, Florida: Editorial Patmos.

20. Gálatas 6:9.

Hábito 7 – Siembra las nubes

1. Ginger Strand, *The Brothers Vonnegut: Science and Fiction in the House of Magic* [Los hermanos Vonnegut: Ciencia y ficción en la casa de la magia], New York: Farrar, Straus, and Giroux, 2015, p. 58.

2. 1 Reyes 18:42

3. Howard Schulz, *Pour Your Heart into It: How Starbucks Built a Company One Cup at a Time* [Pon tu corazón en ello], Elche, Alicante: VS Ediciones, 2001, p. 63 del original en inglés. Para ser preciso, esta cita se refiere a cuando Schultz decidió dejar Starbucks en 1985 como director minorista de operaciones y mercadeo y comenzar una compañía que elabora café y bebidas expreso, habiendo sido inspirado por la popularidad de los bares de expreso en Milán, Italia. Su compañía adquirió acciones de Starbucks en 1987 y Schultz, junto con Howard Behar y Orin Smith, hicieron de Starbucks una marca internacional.

4. Schultz, *Pon tu corazón*, p. 185 del original en inglés.

5. David Brooks, *On Paradise Drive: How We Live (and Always Have) in the Future Tense* [En el viaje al paraíso: Cómo vivimos (y siempre hemos vivido) en el tiempo futuro], New York: Simon and Schuster, 2005, p. 263.

6. Brooks, *On Paradise Drive*, p. 263.

7. 1 Reyes 18:43-44.

8. Hayim Nahman Bialik y Yehoshua Hana Ravnitzky, eds., *The Book of Legends: Legends from the Talmud and Midrash* [El libro de las leyendas: Leyendas del Talmud y el Midrash], traducido por William G. Braude, New York: Schocken Books, 1992, p. 202

9. Wikipedia, s.v. «Jadav Payeng» modificado por última vez el 5 de septiembre de 2020, https://en.wikipedia.org/wiki/Jadav_Payeng.

10. William D McMaster, *Forest Man*, video de YouTube, 16:34, www.youtube.com/watch?v=HkZDSqyE1do.

Capítulo 13: Ahora o nunca

1. Weyl, H. (2016). *Symmetry* [Simetría] (p. 138). Princeton, NJ: Princeton University Press.

2. Évariste Galois. (26 de septiembre de 2020). En *Wikipedia*. https://en.wikipedia.org/wiki/%C3%89variste_Galois.

3. Évariste Galois. (s.f.). *Évariste Galois*. Galois. https://galois.com/team/evariste-galois.

4. Bell, E. T. (2009). *Los grandes matemáticos (Desde Zenón a Poincaré): su vida y sus obras*. Buenos Aires: Editorial Losada. (Del original en inglés: *Men of Mathematics: The Lives and Achievements of the Great Mathematicians from Zeno to Poincaré* (p. 375). Nueva York: Touchstone, 1986.)

5. Bell, E. T. (2009). *Los grandes matemáticos (Desde Zenón a Poincaré): su vida y sus obras*. Buenos Aires: Editorial Losada. (Del original en inglés: *Men of Mathematics: The Lives and Achievements of the Great Mathematicians from Zeno to Poincaré* (p. 375). Nueva York: Touchstone, 1986.)

6. Danziger, S., Levav, J. y Avnaim-Pesso, L. (2011). Extraneous Factors in Judicial Decisions [Factores superfluos en las decisiones judiciales]. En *PNAS* 108 (no. 17, pp. 6889-92); Goldsmith, M. (2016). *Disparadores: cómo cambiar tu conducta para ser la persona que quieras ser*. Barcelona: Empresa Activa. (Del original en inglés: *Triggers: Creating Behavior That Lasts, Becoming the Person You Want to Be* (p. 183). Nueva York: Crown Business, 2015.)

7. Juan 18:10.

8. Juan 18:15-18, 25-27.

9. Marcos 14:51-52.

10. Mateo 26:40-43.

11. Jonathan Levav, citado en Appelbaum, B. (14 de abril de 2011). Up for Parole? Better Hope You're First on the Docket [¿Esperando para la libertad condicional? Mejor que estés primero en la lista]. *Economix*. https://economix.blogs.nytimes.com/2011/04/14/time-and-judgment.

12. Williams, R. (s.f.). How Neuroscience Can Help Us Make Better Decisions [Cómo las neurociencias pueden ayudarnos a tomar mejores decisiones]. *Ray Williams*. https://raywilliams.ca/neuroscience-can-help-us-make-better-decisions.

13. Donne, J. (2000). From a Sermon Preached 12 December 1626 [De un sermón predicado el 12 de diciembre de 1626]. En *John Donne: The Major Works*, ed. John Carey (p. 373). Nueva York: Oxford University Press.

14. Pascal, B. (2011). *Pensamientos*. Barcelona, Ciro D.L. (Del original en inglés: *Pensées* (Trad. A. J. Krailsheimer, rev. Ed., p. 37). London: Penguin Books, 1995.)

15. Filipenses 4:8.

16. Lucas 12:27.

17. Wulf, A. (noviembre de 2017). *Walden* Wasn't Thoreau's Masterpiece [*Walden* no fue la obra maestra de Thoreau]. *Atlantic.* www.theatlantic. com/magazine/archive/2017/11/what-thoreau-saw/540615.

18. Laura Dassow Walls, citado en Wulf, A. (noviembre de 2017). *Walden* Wasn't Thoreau's Masterpiece [*Walden* no fue la obra maestra de Thoreau]. *Atlantic.* www.theatlantic.com/magazine/archive/2017/11/what-thoreau-saw/540615.

19. Pascal, B. (2011). *Pensamientos.* Barcelona, Ciro D.L. (Del original en inglés: *Pensées* (Trad. A. J. Krailsheimer, rev. Ed., p. 136). London: Penguin Books, 1995.)

20. Salmos 118:24, RVR 1960.

21. John D. Rockefeller, citado en Klein, C. (1 de septiembre de 2018). 10 Things You May Not Know About John D. Rockefeller [10 cosas que tal vez no sepas acerca de John D. Rocekfeller]. *History.com.* www.history. com/news/10-things-you-may-not-know-about-john-d-rockefeller.

22. Stevens, M. (2008). *Rich Is a Religion: Breaking the Timeless Code to Wealth* [La riqueza es una religión: Quebrando el código eterno de la riqueza] (p. 135). Hoboken, NJ: John Wiley & Sons, 2008.

23. John D. Rockefeller Net Worth [Valor neto de John D. Rockefeller]. (2020). *Celebrity Net Worth.* www.celebritynetworth.com/richest-businessmen/richest-billionaires/john-rockefeller-net-worth.

24. Chernow, R. (2004). *Titan: The Life of John D. Rockefeller, Sr.* [Titán: La vida de John D. Rockefeller](segunda edición, pp. 45-46). Nueva York: Vintage Books.

25. Romanos 14:5.

26. Éxodo 12:17-18.

27. Jewish Holidays [fiestas judías]. (7 de octubre de 2020). En *Wikipedia.* https://en.wikipedia.org/wiki/Jewish_holidays.

28. Números 10:10.

29. Tenenbaum, N., Roach, R., Rosenthal, J. y De Niro, R. (productores) y Roach, R. (director). (2000). *La familia de mi novia.* EE. UU.: TriBeCa Productions.

30. Nehemías 9:19, NBV.

31. Salmos 110:3, NTV.

32. 2 Corintios 4:16.

33. Lucas 11:3, RVR 1960.

Epílogo: El juego de los minutos

1. 1 Samuel 17:54.

2. Efesios 2:10.

3. Josué 6:2.

4. Thomas Shepard, citado en Whyte, A. (1909). *Thomas Shepard: Pilgrim Father and Founder of Harvard* [Thomas Shepard: Padre peregrino y fundador de Harvard] (p. 34). Edimburgo: O. Anderson and Ferrier.

5. Shepard, citado en Whyte, A. (1909). *Thomas Shepard: Pilgrim Father and Founder of Harvard* [Thomas Shepard: Padre peregrino y fundador de Harvard] (p. 34). Edimburgo: O. Anderson and Ferrier.

6. Laubach, F. C. (2012). The Game with Minutes [El juego de los minutos] (p. 47). Eastford, CT: Martino Fine.

7. Laubach, F. C. (2011). Letters by a Modern Mystic [Cartas de un místico moderno] (p. 39). London: Society for Promoting Christian Knowledge.

8. Laubach, F. C. (2012). The Game with Minutes [El juego de los minutos] (p. 44). Eastford, CT: Martino Fine.

9. Laubach, F. C. (2012). The Game with Minutes [El juego de los minutos] (p. 47). Eastford, CT: Martino Fine.

10. Laubach, F. C. (2012). The Game with Minutes [El juego de los minutos] (p. 46). Eastford, CT: Martino Fine.

11. Salmos 118:24, RVR 1960.

12. Mateo 6:11, RVR 1960.

13. Lamentaciones 3:22-23.

14. Salmos 23:6.

ACERCA DEL AUTOR

Mark Batterson es el pastor principal de la National Community Church en Washington D.C., una iglesia con siete locaciones. La NCC es la propietaria las cafeterías Ebenezer Coffeehouse, del teatro The Miracle Theatre y el DC Dream Center. Actualmente, la NCC está remodelando el Capital Turnaround. Este espacio de 9 000 m² incluirá un lugar para eventos, un centro de desarrollo de la infancia, instalaciones de usos múltiples y un espacio de co-trabajo.

Mark posee un Doctorado en Ministerio de la Universidad Regent y es el autor más vendido del *New York Times* de veinte libros, incluyendo *El hacedor de círculos, Persigue tu león, Con un león en medio de un foso* y *Susurros*. Mark y su esposa Lora tienen tres hijos y viven en Capitol Hill.

Puedes seguir la cuenta Mark @MarkBatterson en Twitter, Instagram y Facebook. También puedes encontrarlo en línea en www.markbatterson.com